AF357507

OEUVRES

DE

G. FILANGIERI.

IV.

DE L'IMPRIMERIE DE P. DIDOT L'AINÉ,

CHEVALIER DE L'ORDRE ROYAL DE SAINT-MICHEL,

IMPRIMEUR DU ROI.

OEUVRES

DE

G. FILANGIERI

TRADUITES DE L'ITALIEN.

NOUVELLE ÉDITION

ACCOMPAGNÉE
D'UN COMMENTAIRE PAR M. BENJAMIN CONSTANT
ET DE L'ÉLOGE DE FILANGIERI PAR M. SALFI.

TOME QUATRIÈME.

A PARIS

CHEZ P. DUFART, LIBRAIRE,
QUAI VOLTAIRE, N° 19.

M. DCCCXXII.

LA SCIENCE

DE LA LÉGISLATION.

LIVRE QUATRIÈME.

Des lois relatives à l'éducation, aux mœurs, et à l'instruction publique.

PREMIÈRE PARTIE.

Des lois relatives à l'éducation.

CHAPITRE PREMIER.

En écrivant sur les lois criminelles, je n'ai eu devant les yeux que le tableau de la dépravation humaine. J'ai eu à vaincre des obstacles qu'on a regardés pendant long-temps comme insurmontables ; j'ai eu à attaquer des erreurs, à heurter des préjugés, à blesser des intérêts particuliers, à combattre d'antiques et dangereux systèmes. L'expérience, guide immuable de la raison, au lieu de m'éclairer, ne faisoit qu'accroître mon incertitude. Elle me montroit les vices des législations anciennes et modernes, et l'inutilité des efforts qu'on a faits dans tous les temps pour corriger et perfectionner la partie la

4.

plus imparfaite des codes de tous les peuples. Si je consultois les écrivains anciens, à côté d'un petit nombre de vérités rarement applicables à l'état actuel des choses, je trouvois un nombre immense d'erreurs. Si je consultois les modernes, je trouvois dans la plupart d'entre eux, avec un moindre nombre d'erreurs, un nombre encore moindre de vérités; et je voyois dans les uns et dans les autres l'impossibilité reconnue de perfectionner cette partie de la législation.

La jurisprudence romaine, composée de différents fragments des lois royales, et de celles d'une république aristocratique, d'une démocratie mixte, et d'un despotisme tour-à-tour secret, hardi, féroce, superstitieux, fanatique, m'entraînoit dans un labyrinthe inextricable, où je risquois à chaque pas de m'égarer sans retour. La jurisprudence postérieure, et particulièrement celle de nos temps modernes, ouvroit sous mes pas un autre abyme, et m'environnoit de difficultés nouvelles. La seule idée d'avoir à rechercher ce que l'on avoit pensé, ce que l'on avoit écrit, ce que l'on avoit établi en différents temps, dans les divers états de la société civile et dans les divers gouvernements, ne suffisoit-elle pas pour me décourager, et me détourner d'une entreprise où les secours devenoient des obstacles, et où les guides qui s'offroient à moi ne pouvoient servir qu'à faciliter mes erreurs?

Tel étoit l'état d'incertitude de mon esprit. Si je parlois ensuite des doutes de mon cœur, pourroit-on imaginer quelle a dû être ma situation, en me voyant toujours entre deux extrêmes également funestes, le danger de compromettre l'innocence, le danger d'assurer l'impunité! Forcé de marcher sans cesse à une distance égale de ces deux abymes, la circonspection et le trouble accompagnoient tous mes pas.

Mon intérêt personnel sembloit s'unir encore à tous ces obstacles, pour leur donner un nouveau degré de force. L'exemple de tant d'hommes généreux proscrits pour avoir eu le courage de combattre les classes les plus puissantes de la société, et les intérêts de corps, contraires aux intérêts de l'humanité et aux droits de la raison, m'annonçoit tous les périls auxquels je m'exposois en suivant leurs traces.

Enfin la nécessité d'observer toujours les hommes sous le point de vue le plus affligeant, dans l'état de crime et de déprávation, m'exagérant sans cesse l'impuissance de la raison à les rendre meilleurs, augmentoit encore mes ennuis par cette triste et décourageante idée.

Tel a été l'état de mon esprit et de mon cœur pendant tout le temps que je me suis occupé des lois criminelles : combien cette situation est différente de celle où je me trouve en ce moment!

Une suite d'idées consolantes et douces se présentent à ma raison ; elles n'ont plus pour objet la punition du crime et l'effroi des méchants, mais la récompense de la vertu.

Dans la première partie de ce livre, j'observerai l'homme à cette époque de la vie où il n'a pas encore eu le temps de se corrompre.

Dans la seconde, je l'observerai à cet âge où, préparé par l'éducation et abandonné à la dépendance immédiate des lois, il doit être conduit à la vertu par la route même des passions.

Dans la troisième, je l'examinerai dans cet état d'instruction nécessaire pour connoître ses vrais intérêts, et les distinguer de ses intérêts apparents ; pour se mettre à l'abri de ces erreurs qui font prendre les prestiges de la vertu pour la vertu même, et pour le bien et le mal ce qui n'en est que la vaine et chimérique image.

L'expérience va m'offrir ici une foule d'exemples tirés de toutes les circonstances de la vie, et des différentes sociétés. C'est elle qui me montre, dans cette célèbre république de la Grèce, des prodiges d'éducation qui avoient en quelque sorte transformé la nature humaine, en altérant toutes ses affections : elle me fait voir dans Sparte le citoyen qui (1), exclu du conseil des trois-cents, se réjouit que sa patrie renferme trois cents hommes plus dignes que lui d'être honorés de sa confiance ; et l'enfant qui, étendu sur l'autel de Diane, expire sous le fouet, sans donner le moindre signe de douleur et d'esprit de vengeance (2) ; et le jeune homme qui, dans les

----

(1) Pédarète.

(2) Tous les anciens écrivains ne parlent jamais sans le plus grand étonnement de l'inconcevable patience avec laquelle les enfants spartiates souffroient cette flagellation, qui s'exécutoit chaque année sur l'autel de Diane, afin de leur apprendre, dit Xénophon que celui qui sait supporter la douleur pendant quelques instants jouit long-temps des louanges et de l'estime publiques. Élien, Plutarque, Cicéron, et plusieurs autres auteurs anciens, assurent que

combats prescrits par les lois, meurt plutôt que de
se déclarer vaincu(1); et la femme qui rend graces
aux dieux de ce que son époux est mort en défendant
la patrie; et les mères qui se félicitent entre elles de
leurs enfants morts à la bataille de Leuctres, tandis
que les autres pleurent sur leurs fils vivants mais
vaincus(2).

Passant ensuite de l'éducation aux mœurs, je vois
dans Rome ces mœurs remédier pendant long-temps
aux vices des lois, de la constitution, du culte, et
même suppléer à ces lois, à cette constitution, à ce
culte. Je vois d'un côté l'excès de la puissance paternelle, et de l'autre la modération avec laquelle on
en fait usage; la liberté du divorce, et la perpétuité
des mariages pendant plusieurs siécles; une cruauté
excessive dans les lois pénales, et un grand respect
pour la vie des citoyens; une foule de troubles, et
peu de révolutions; des principes d'oppression dans
le système du gouvernement, et des fondements
inébranlables de liberté dans la vertu des particuliers; une ambition extrême dans le sénat, et la plus

---

quelquefois ces enfants expiroient dans ce supplice sans pousser
un seul soupir. (Élien, liv. XIII; Plutarque, *Institutis laconicis;* et
Cicéron, *Tuscul.* II et V.) Voyez aussi Sénèque, dans le traité où
il examine pourquoi, sous l'empire d'une Providence, les gens de
bien sont malheureux.

(1) « Adolescentum greges Lacedæmone vidimus, ipsi incredi-
bili contentione certantes pugnis, calcibus, unguibus, morsu denique, ut exanimarentur priusquam se victos faterentur. » Cic.,
Tuscul. V. Voyez encore Sénèque, *de Beneficiis,* lib. V, et Plutarque, *Vie de Lycurgue.*

(2) Plutarq., *Vie d'Agésilas;* et Élien, *Var. Hist.,* lib. XII, cap. 19.

grande modération dans les sénateurs; des sentiments de haine dans l'ame du peuple, et de la douceur dans les procédés; de l'horreur pour la monarchie, et de la confiance dans la vertu d'un dictateur
absolu. Je vois les mœurs triompher de la superstition
même. Sous la forme des abominables divinités du
paganisme, le vice descend vainement du séjour
éternel parmi les hommes; les mœurs le repoussent
avec indignation. Je vois honorer la vertu de Lucréce, tandis qu'on célébre les dissolutions de Jupiter; l'impudique Vénus est adorée par la chaste
vestale; l'intrépide Romain sacrifie à la peur, et
invoque le dieu qui mutila son père, tandis qu'il
meurt sans murmures et sans regrets sous le bras
du sien.

C'est l'expérience qui me montre ensuite l'impuissance des lois sans les mœurs; c'est elle qui m'apprend que, dans une société corrompue, les remédes
que l'on oppose à la corruption du peuple sont une
source féconde de dépravation générale. Je vois la
censure, destinée à conserver les mœurs, devenir,
dans un pays corrompu, une inquisition effrayante,
un instrument d'oppression et de vengeance, avec
lequel quelques hommes attaquent ouvertement la
sûreté de tous. Je vois que cette censure, au lieu
d'étouffer la dépravation morale, la soutient et l'augmente, en plaçant des tributs ignominieux sur la
corruption publique, sur la prostitution, sur les
crimes mêmes. Loin de réprimer la bassesse d'ame
et la trahison, elle remplit la société de vils déla-
teurs, d'infames mercenaires, hardis à protéger le

vice qui les paie, à persécuter la vertu qui les méprise. Je vois la religion la plus pure devenir, dans
une telle société, une source inépuisable de vices et
de crimes; je vois le sanctuaire du Dieu de la justice
se transformer en un marché, où l'impie va acheter
l'expiation de ses fautes, en offrant une portion de la
subsistance qu'il a arrachée au pupille et à la veuve,
et substituer par ce sacrifice la tranquillité de l'innocence aux remords du crime.

Considérant ensuite l'instruction publique, je
vois dans les modernes sociétés de l'Europe les lumières diminuer les tristes effets de la corruption,
et élever la seule barrière que l'on oppose aujour-
d'hui aux progrès du despotisme.

Quelle seroit notre destinée, si, au milieu de la
dépravation de nos mœurs, des vices de notre éducation, de l'imperfection de nos lois; si, au milieu de
quatorze cent mille hommes toujours armés, toujours prêts à soutenir les attentats des princes de
l'Europe, la voix libre et courageuse de la philosophie n'annonçoit pas les vrais principes de la morale,
n'attaquoit pas la tyrannie, ne faisoit pas rougir les
tyrans; si l'opinion publique, éclairée et dirigée par
les écrits des philosophes, ne couvroit pas d'infamie
le monarque qui promulgue une loi injuste, le ministre qui la propose, le magistrat qui la fait exécuter; si les coups arbitraires d'une autorité toute-
puissante n'étoient pas, en quelque sorte, prévenus à
leur naissance, et dénoncés avec courage à la société
entière par les hommes éclairés; si les vertus des
chefs des nations ne trouvoient pas des panégyristes

éloquents, et leurs vices des accusateurs intrépides ;
si, dans les monarchies, la sainte voix de la liberté
ne frappoit pas sans cesse les oreilles du peuple,
et ne lui rappeloit pas ses droits inaliénables ; si les
monarques enfin, éclairés par tant d'écrits patrioti-
ques, n'avoient appris à connoître que leurs intérêts
sont liés à ceux de leurs peuples, que leur force dépend de la prospérité publique, que leur trône sera
toujours chancelant, leur autorité foible, précaire,
et toujours environnée de dangers, s'ils ne sont pas
défendus par l'amour de leurs peuples, qui ne peut
exister sans le respect de leurs droits ?

Tels sont les résultats de l'expérience, et la raison
ne fait que leur donner une nouvelle force. Si l'éducation, à Sparte ; si les mœurs, sans l'éducation, à
Rome ; si, dans nos monarchies modernes, l'instruction publique, sans l'éducation et les mœurs, ont
eu une si grande puissance, quelle seroit leur ener-
gie, quels seroient leurs effets, si ces trois forces
combinées ensemble étoient dirigées par une sage
législation !

Si Lycurgue, par le seul ressort de l'éducation, put
former un peuple de guerriers fanatiques, que ne pouvoient ébranler ni le malheur, ni la force, ni le courage,
pourquoi un législateur plus humain et plus sage ne
pourroit-il former de la même manière un peuple de
citoyens guerriers, vertueux, et raisonnables ? Si l'é-
ducation, à Sparte, a pu inspirer aux femmes mêmes
une grandeur d'ame et une force qui étonnent l'imagination, pourquoi ne pourrions-nous espérer, dans
nos temps modernes, de faire naître en elles, par

les mêmes moyens, des sentiments nobles et généreux, propres à les rendre plus utiles à la patrie,
plus chères à leurs époux, plus respectables à leurs
enfants? Si une éducation qui combattoit la nature
exerça sur les hommes une si grande puissance,
pourquoi une éducation qui ne feroit que la seconder et en faciliter les développements n'auroit-elle
pas sur eux le même empire?

Si la vertu régna dans Rome au sein des dissen-
sions civiles et des guerres étrangères, au milieu de
la lutte perpétuelle de l'ambition et de la liberté,
des patriciens et du peuple, du sénat et des tribuns,
sous une constitution flottante et un gouvernement
toujours altéré, entre une religion sans morale et
un culte corrupteur; pourquoi ne pourroit-elle bril-
ler au sein de la paix et de la tranquillité, dans des
gouvernements stables et réglés, à côté d'une religion qui perfectionne les mœurs des hommes et
supplée au silence des lois.

Si la raison, persécutée tant de fois par le gouvernement, arrêtée par les magistrats, enchaînée par
la loi, calomniée par le fanatique et par l'homme
puissant, a, malgré tant d'obstacles, produit les
plus étonnantes révolutions dans les modernes sociétés de l'Europe, que ne devons-nous pas attendre
d'elle, lorsqu'elle sera encouragée par le gouvernement et protégée par le magistrat, lorsque la loi
l'appellera à son secours, pour donner à ses décrets
cette sanction de l'opinion publique qui doit en faire
chérir et éterniser l'empire?

Si le progrès de nos lumières nous a donné, pour

ainsi dire, la force de dominer la nature et de la faire servir à nos desseins; si la main puissante de l'homme lui fait traverser l'espace immense des airs, dirige la foudre, maîtrise les vents et les eaux, donne aux végétaux et aux animaux de nouvelles qualités individuelles, crée, pour ainsi dire, dans les uns et dans les autres de nouvelles espéces, forme de nouveaux fluides; si, en un mot, la raison a donné à l'homme un si grand empire sur le monde physique, pourquoi n'aurions-nous pas l'espoir de le voir dominer sur le monde moral? Si une sage législation, dirigeant la marche de l'esprit humain, le détournoit des vaines spéculations, pour le rappeler entièrement aux objets qui intéressent le bonheur des peuples et le sort des empires, cette conquête sur le monde moral ne deviendroit-elle pas facile? et la perpétuité du bonheur et de la vertu d'un peuple ne cesseroit-elle pas d'être regardée comme un phénoméne impossible?

Tels sont les objets que je dois examiner dans ce livre; tels sont les motifs qui me font entreprendre ce travail avec confiance et avec courage. Je parlerai d'abord de l'éducation : doit-elle être publique? peut-elle l'être chez des nations nombreuses? toutes les classes de la société peuvent-elles y participer? quel doit en être le but? quels doivent en être les moyens? d'après quel plan pourroit-elle être établie?

CHAPITRE II.

Des avantages et de la nécessité de l'éducation publique.

S'il ne faut que former un homme, l'éducation domestique me paroît préférable; mais s'il s'agit de former un peuple, je crois qu'il faut employer l'éducation publique. L'homme élevé par la loi ne sera point un *Émile :* sans l'éducation de la loi, vous aurez peut-être un *Émile*, une cité; mais vous n'aurez point de citoyens.

Si, au milieu des foyers domestiques, une éducation parfaite est extrêmement rare, parcequ'elle suppose le concours favorable *de la nature, de l'art, et des circonstances;* si un homme doué de toutes les vertus, des talents les plus rares, d'un caractère doux et paisible, d'une constance infatigable, d'une profonde connoissance de l'homme et du développement de l'esprit humain, uniquement occupé, à chaque instant du jour, à observer et à diriger son élève, sans lui faire sentir qu'il l'observe et le dirige; si cet homme, malgré tant de puissants moyens, a besoin d'une disposition favorable de la nature dans son élève, du caractère moral de ses parents et de tous ceux qui l'environnent; si un seul individu méchant ou stupide peut, en s'approchant un moment de l'enfant, détruire le travail de plusieurs années; si, dans le long cours de cette éducation, il ne doit pas y avoir, pour ainsi dire, un seul événement qui ne soit ou préparé, ou utilement employé pour le perfectionnement de l'élève; si les faits plutôt que les paroles, si l'exemple plutôt que les préceptes, si l'expérience plutôt que les régles, doivent former et élever l'homme; si l'art et la marche de l'instituteur doivent être tellement cachés à l'élève, qu'il ne puisse voir dans celui qui dirige ses pas qu'un compagnon, un confident, un ami; si la curiosité doit le mener à l'instruction, la liberté au travail, le plaisir à l'occupation; si tout ce qui est nécessaire pour conserver l'ordre et accélérer le progrès des élèves dans l'éducation publique seroit un défaut essentiel dans l'éducation particulière; si l'horloge qui doit régler toutes les actions dans la première doit être proscrite de la seconde; si l'uniformité, nécessaire dans l'une, doit être soigneusement évitée dans l'autre; si l'émulation, qui doit être employée dans celle-là comme moyen de perfection, devient dans celle-ci un principe de vanité et d'envie; si, en un mot, une foule de circonstances sont indispensables pour obtenir une éducation parfaite, et qu'on puisse à peine espérer de les rencontrer dans l'éducation d'un seul, comment pourroit-on les combiner ensemble dans l'éducation publique?

Mais que pourroit-on attendre de l'éducation, si elle étoit absolument individuelle? Combien peu d'hommes, même dans la société la plus nombreuse, seroient dans une situation propre à donner à leurs enfants une bonne éducation! Dans ce petit nombre combien peu uniroient le pouvoir à la volonté!

et parmi ces derniers, combien peu réussiroient dans cette entreprise!

L'ignorance et la misère dans le bas peuple, la mort des parents, l'abandon des pères, la nécessité du travail, la multitude des occupations dans cette classe de citoyens qui n'existe que du produit de ses mains; la dissipation, le goût des plaisirs dans les riches; les distractions de la vanité et de l'ambition dans les classes supérieures, l'exercice des emplois publics, les préjugés et les erreurs presque universellement repandus, et qui sont totalement contraires aux véritables principes de l'éducation; l'amour excessif des parents pour leurs enfants; le soin extrême de leur conservation physique; l'empressement minutieux à leur offrir des secours lorsqu'ils n'en ont pas besoin, excès de sollicitude qui donne aux enfants une certaine pusillanimité, une certaine foiblesse d'ame propre à anéantir toute espéce de courage, tout sentiment de ses propres forces; le peu de considération, le peu d'avantages réels que procurent les ennuyeuses et difficiles fonctions d'instituteur, qui cependant, lorsqu'elles sont bien remplies, supposent une grande étendue de connoissances et de lumières et une grande perfection de caractére; enfin la corruption des mœurs, contre laquelle les lois devroient lutter sans cesse, mais que nos institutions sociales semblent faites uniquement pour protéger; tous ces abus n'attestent-ils pas évidemment combien peu d'avantages il y a à espérer de l'éducation privée, et combien il y a d'inconvénients à craindre?

Si à ces réflexions, qui démontrent l'impuissance de l'éducation privée, nous en ajoutons d'autres relatives aux avantages de l'éducation publique, nous sentirons bientôt qu'elle est absolument nécessaire, malgré les inévitables imperfections qui l'accompagnent.

Le nombre des instituteurs devant être moins considérable, et le gouvernement pouvant donner à leurs fonctions la considération qu'elles méritent, en composer une espéce d'ordre de magistrature respectable, et offrir à leur émulation de grandes espérances, il trouveroit bientôt beaucoup d'hommes dignes d'exercer des fonctions si respectables. Choisis par le gouvernement et dirigés par la loi, ils s'éleveroient au-dessus de tous ces préjugés, dont un seul peut rendre illusoire le plan d'éducation le plus parfait, et ils seroient véritablement dignes de former les enfants de la patrie, d'après les grands desseins du législateur.

L'éducation étant entièrement fondée sur l'imitation, le législateur n'a besoin, pour former des hommes, que de bien diriger ceux qui doivent leur servir de modéles. Ces hommes, il est vrai, ne seroient pas entièrement semblables; beaucoup resteroient inférieurs aux modéles, quelques uns les surpasseroient; mais le plus grand nombre auroit au moins quelques traits de ressemblance, et ces traits formeroient le *caractère national*.

Tous les hommes, à quelque âge qu'ils soient, sont également dirigés par l'opinion. Ce n'est pas tant l'évidence de la vérité qui frappe le commun des hommes que l'opinion qu'ils ont de la personne qui l'annonce. Que le guerrier illustre, tout couvert de blessures, brillant des signes glorieux de ses triomphes, parle publiquement du courage et des talents militaires; que le magistrat, revêtu des ornements de sa place, enseigne la justice et le respect pour les lois; que le citoyen qui a le mieux mérité de la patrie inspire des sentiments d'amour et de respect pour la mère commune de tous les citoyens, quels effets ne produiront pas leurs instructions! Qui pourra douter de la supériorité de pareilles leçons sur celles d'un pédagogue mercenaire?

« Le moyen le plus efficace, dit un des plus profonds philosophes de l'antiquité, pour conserver la constitution du gouvernement, c'est d'élever la jeunesse suivant l'esprit de cette constitution (1). »

Seroit-il donc possible d'obtenir ce but sans une éducation publique? Quel homme auroit sur ce point un intérêt plus grand que le souverain? qui en auroit plus les moyens? qui en connoîtroit plus l'importance, et pourroit mieux en tracer le plan?

L'homme naît dans l'état d'ignorance, mais il ne naît pas dans l'erreur : toutes les fausses opinions de son esprit sont acquises. L'enfance, étant l'âge de la curiosité et de la foiblesse de la raison, est ordinairement l'époque de cette funeste acquisition. Si les oreilles des enfants pouvoient être inaccessibles à l'erreur, les vérités pénétreroient facilement dans leur ame. Il n'y a qu'une éducation réglée par le

____

(1) Aristote, *Politiq.*, liv. I.

magistrat et par la loi qui puisse produire cet effet dans le peuple; et une telle éducation ne peut être qu'une éducation publique.

Dans tous les gouvernements, chez tous les peuples, l'opinion publique est la plus grande force de l'état; son influence, soit pour le bien, soit pour le mal, est très puissante; elle est supérieure à l'action comme à la résistance de l'autorité publique; et il est par conséquent de la plus grande importance qu'elle soit rectifiée dans son principe, et dirigée dans sa marche. De tous les moyens dont le législateur peut se servir pour produire cet effet, en est-il un plus efficace que celui dont je parle?

Une triste expérience nous apprend que l'instant où les lumières commencent à pénétrer dans une nation est marqué d'une foule de divisions intestines et de luttes sanglantes. Les ennemis de la vérité et les observateurs superficiels de l'esprit humain se sont servis de ces faits pour calomnier les lumières. Il n'eût pas été difficile cependant, avec quelque impartialité et quelque profondeur dans la manière d'observer, de ramener ces effets à une autre cause. Lorsqu'une partie de la nation s'éclaire, tandis qu'on laisse l'autre languir dans les erreurs de toute espèce, la lutte de la vérité avec l'erreur doit produire un combat entre ces deux classes d'hommes. La tranquillité intérieure est troublée, le sang coule à grands flots; l'esprit de parti donne à l'erreur une force invincible, et la vérité calomniée, attaquée de toutes parts, est obligée de retarder sa marche. Quel sera le préservatif contre tant de maux? Il faut chercher à détruire les erreurs dans le peuple, tandis qu'on s'occupe à étendre les lumières de l'autre classe de la société. Mais comment y parviendra-t-on sans une éducation publique?

Parmi les passions qui agitent le cœur de l'homme, il en est qui ont avec la vertu des rapports si étroits qu'on peut dire qu'elles en sont la source. Le cœur de la jeunesse est ouvert à toutes les passions : la première qui s'en empare exerce d'ordinaire pendant la vie entière le plus grand empire sur toutes les autres. Or la passion dominante est la seule qui puisse produire de grands effets. L'intérêt de la société seroit que les passions dominantes des individus n'eussent pour objet que de les rendre utiles à l'état, d'en faire de bons citoyens : il n'est pas douteux que cela ne résultât en grande partie de l'éducation. Le législateur pourroit donc trouver dans l'éducation publique le moyen le plus propre à rendre communes les passions qu'il croit les plus utiles, les plus convenables au but de la société.

A mesure que les liens qui unissent les citoyens se multiplient, le corps social acquiert plus de force, et sa liberté est exposée à moins de dangers. La tyrannie, dit le grand homme que je viens de citer(1), ne peut s'introduire ni se maintenir qu'en semant parmi les citoyens la division, mère de la foiblesse. Les ennemis de la tyrannie rapprochèrent toujours les hommes, et les tyrans les divisèrent. Rapprochons donc les hommes dès leur enfance. L'habitude de

______

(1) Aristote. Voilà l'origine de la maxime *divide et impera*.

4.

vivre ensemble dans un âge où les motifs de division sont rares, foibles et passagers, fortifiera l'union sociale, et accoutumera les citoyens à se regarder comme parties d'un même corps, fils de la même mère, membres de la même famille. L'inégalité des conditions et des fortunes perdra une partie de ses funestes effets; et la voix puissante de la nature, qui annonce et rappelle sans cesse aux hommes leur égalité, trouvera toujours les citoyens disposés à l'étendre: on n'abandonnera plus les enfants à cette solitude dangereuse qui rend leur ame triste et leur caractère farouche; la société de leurs égaux leur donnera de bonne heure cette douce énergie, si nécessaire aux hommes dans tout le cours de leur vie. En s'habituant à éprouver le besoin qu'ils ont de leurs semblables, pour les jeux et les plaisirs de leur âge, ils s'accoutumeront à être reconnoissants et attentifs; et ces échanges continuels de bons offices feront naître dans ces ames tendres l'amour de la société et le sentiment de la dépendance réciproque des hommes: ils apprendront à sentir la nécessité de soumettre leur volonté à celle des autres, à être doux, indulgents, sensibles, bienfaisants, à détester l'opiniâtreté, à avoir en horreur les transports de la colère, et à circonscrire dans les bornes de la justice l'instinct naturel de la liberté.

Telle est une partie des motifs qui me semblent démontrer les avantages et la nécessité de l'éducation publique. Le développement de ce sujet important va nous découvrir d'autres raisons d'adopter cet ordre de choses.

CHAPITRE III.

De l'universalité de l'éducation publique.

Chez les anciens, où l'éducation étoit publique, elle étoit commune à tous les citoyens. Minos (1), Lycurgue (2), Platon (3), eurent la même opinion sur ce sujet. Il suffisoit de n'être ni étranger, ni voyageur, ni esclave, pour participer à l'éducation publique, et être exclus de l'éducation domestique. Les enfants du soldat et du général, du prêtre et du magistrat, du dernier citoyen comme du chef de la nation, étoient instruits, nourris et vêtus de la même manière. A peine un enfant avoit-il atteint la sixième année de sa vie que la patrie le demandoit à ses parents, et ceux-ci le confioient à la mère commune (4).

Cette méthode des peuples anciens pourroit-elle avoir lieu chez les nations modernes de l'Europe? Quelle différence entre une république de quelques milliers de citoyens et une monarchie composée de plusieurs millions de sujets! entre un état renfermé tout entier dans les murs d'une petite ville et un

---

(1) Strabon, liv. X.
(2) Aristot., *Politiq.*, liv. IV; et Plutarq., *Instit. lacon.*
(3) Plato, *De legibus, dialog.* 7.
(4) Plato, *ibid.*, et Nicolaï Gragii, *de Rep. Laced.*, lib. III, *in Thesaur. Græv. et Gronov.*, vol. V.

empire immense, coupé par des fleuves, des bras de mer et des montagnes ! entre un peuple uniquement occupé de la guerre (1) et une nation tout à-la-fois guerrière et agricole, manufacturière et commerçante ! entre des peuples où l'égalité des biens étoit rarement altérée (2) et des nations où la plus grande égalité qu'on pût attendre et obtenir des meilleures lois consisteroit à ne pas placer d'un côté l'excès de l'opulence, et de l'autre l'excès de la misère (3) !

Ces premières réflexions suffisent, je crois, pour montrer la différence qui doit exister entre le système de l'éducation publique des anciens et celui de l'éducation publique des modernes. L'une et l'autre peuvent et doivent cependant avoir un caractère commun de ressemblance, et ce caractère est l'universalité de l'éducation. Le plan que je vais proposer seroit imparfait et vicieux, si une seule classe de citoyens étoit exclue de l'éducation publique : il laisseroit subsister beaucoup de sources de corruption ; il feroit perdre une grande partie des avantages que j'ai attribués à l'éducation publique ;

---

(1) En Crête comme à Sparte la culture des terres étoit abandonnée aux esclaves ; c'étoit aux mains libres qu'étoit réservé l'honneur de manier l'arc et l'épée. La bêche et la charrue étoient abandonnées aux périeciens en Crête, et aux ilotes à Sparte. Voyez Aristot., *Polit.*, liv. II ; Strab., liv. XII ; Athénée, liv. VI ; Plat., *Vie de Lycurgue.*

(2) Voyez Platon, *De legib.*, *dialog.* 5 ; et quant aux Spartiates, lisez le traité de Nicolas Gragius, *de Republ. Lacedæm.* 3, *tabula* 4, *in Thesaur. Græv. et Gronov.*, vol. V.

(3) Je prie le lecteur de se rappeler ce que j'ai dit à ce sujet dans le livre II de cet ouvrage, chap. III, IV, XXXIV, XXXV, XXXVI.

il priveroit une partie des membres de la société
des secours que la loi offriroit aux autres ; il rendroit
la législation tout entière partiale et injuste, puisque l'égalité des peines et des récompenses ne seroit
alors qu'une injustice manifeste.

Je laisse le lecteur réfléchir sur ces idées, et je
vais m'occuper à chercher comment, dans des états
considérables, chez les nations modernes de l'Europe, l'éducation publique pourroit s'étendre à tous
les individus de la société.

CHAPITRE IV.

De la possibilité de cette entreprise.

S'il falloit construire un édifice qui dût contenir tous les enfants de l'état, où l'homme destiné à cultiver la terre fût obligé de recevoir la même éducation que celui qui un jour gouvernera l'état; où les enfants de l'artiste et du guerrier, du paysan et du magistrat, réunis sous le même toit, fussent élevés d'après le même plan; si l'éducation publique, en un mot, pour être générale exigeoit cette uniformité constante de système et de moyens, sans doute une telle entreprise seroit absolument impossible à exécuter; et celui-là commettroit une très grande erreur, qui, séduit par l'exemple des anciens et ne réfléchissant pas à la différence des circonstances, oseroit la proposer pour les peuples modernes de l'Europe.

Mais il n'est pas nécessaire, pour rendre générale cette éducation publique, d'établir cette uniformité de système et de moyens; il faut seulement que tous les individus d'une société puissent participer à l'éducation du magistrat et de la loi, chacun suivant sa destination particulière et les circonstances où il se trouve. Il faut que le paysan soit élevé pour être citoyen et homme des champs, et non pour être magistrat ou général; il faut que l'artisan puisse recevoir dans son enfance l'instruction qui doit l'éloigner du vice, le conduire à la vertu, à l'amour de la patrie, au respect pour les lois, lui faciliter les connoissances et l'exercice du genre d'industrie auquel il doit s'attacher, et non lui faire étudier les principes d'après lesquels on dirige l'état ou on administre la chose publique; il faut enfin, pour que l'éducation publique soit générale, que toutes les classes, tous les ordres de l'état puissent y participer; mais il ne faut pas que toutes ces classes, tous ces ordres y participent de la même manière : en un mot, elle doit être générale et non uniforme, publique et non commune.

En considérant sous ce point de vue l'universalité de l'éducation publique, les doutes sur la possibilité de cet ordre de choses dans de grandes nations commencent à s'évanouir, et j'espère les dissiper entièrement par l'exposition du plan que j'ai conçu sur ce sujet.

Puisque l'éducation publique ne doit pas être uniforme, cherchons de quelle manière on peut classer et répartir le peuple pour cet objet, et examinons quelles sont les différences nécessaires qu'exige l'éducation respective de ces classes.

CHAPITRE V.

De la répartition du peuple.

Je divise d'abord le peuple en deux classes principales. Dans la première, je comprends tous ceux qui servent ou pourroient servir la société de leurs bras; dans la seconde, tous ceux qui la servent ou pourroient la servir des talents de leur esprit. Je subdivise chacune de ces deux classes en plusieurs classes secondaires. Il n'est pas nécessaire de les compter ou de les indiquer toutes.

Il est aisé de voir, d'après le simple exposé de cette répartition, que, quoique les classes secondaires dans lesquelles se subdivisent ces deux classes générales exigent des différences quant à leurs institutions respectives, ces différences ne peuvent être néanmoins ni aussi nombreuses ni aussi considérables que celles qui distinguent les deux classes principales auxquelles ces classes secondaires appartiennent. Pour procéder avec cette méthode qui facilite à l'écrivain la découverte de la vérité, et qui met le lecteur à portée de l'entendre, commençons donc par observer les différences de l'éducation des deux classes principales du peuple; nous examinerons ensuite les différences de l'éducation des classes secondaires qui appartiennent à chacune de ces deux classes générales (1).

____

(1) Je prie le lecteur de ne pas juger mon plan avant de l'avoir

CHAPITRE VI.

**Différences générales entre l'éducation des deux classes principales
du peuple.**

La première de ces différences naît de la disproportion immense qui existe entre ces deux classes
quant au nombre des individus qui les composent.
Les maisons publiques d'éducation suffiroient à
peine pour la seconde classe; comment donc pourroient-elles servir encore à la première? Il faudroit
construire des colléges aussi vastes que des villes ,
et par conséquent surcharger le peuple d'impôts
excessifs, ou épuiser, pour la seule construction des
édifices, des sommes qui, dans l'état ordinaire des

---

observé en son entier. Je ne puis exposer toutes mes idées à-la-
fois. Chacun de ces articles préliminaires fera naître au lecteur
des difficultés et des objections; mais à mesure qu'il avancera ,
j'espère qu'il les verra disparoître. Ma répartition du peuple pourroit sur-tout donner lieu à une difficulté qui, si elle existoit véritablement , seroit capable toute seule de faire rejeter mon plan
par tout homme qui auroit quelque philosophie et quelques sentiments d'humanité. On pourroit croire en effet que je veux introduire en Europe et perpétuer par les lois la division des *castes*
qui existe chez les Indiens : mais on verra dans le huitième et le
seizième chapitre de ce livre combien je suis éloigné d'un pareil
dessein , et combien par conséquent une telle imputation seroit injuste. En me réservant de prévenir ces objections dans les chapitres
indiqués , je dirai ici d'une manière générale que les deux classes
dans lesquelles j'ai divisé les individus de la société ne sont qu'une
division imaginée pour exprimer , non leur état politique, mais leur
destination; non leur condition naturelle, mais l'ordre de choses où
les circonstances que nous détaillerons doivent les placer.

choses, suffiroient pour assurer à jamais les dépenses de l'éducation même. Nous réserverons donc les maisons publiques d'éducation pour la seconde classe, et nous recourrons à un autre moyen pour la première. Telle est la première différence qui naît du nombre ; les autres naissent de la destination.

L'agriculteur, l'artisan, destinés à servir la société de leurs bras, n'ont besoin que d'une instruction courte et facile pour acquérir les connoissances nécessaires à leur conduite civile et aux progrès de leur art; mais en est-il de même des hommes destinés à servir la société par les talents de leur esprit? Quelle différence entre le temps qu'exige l'instruction des uns et celui qu'exige l'instruction des autres !

Si, dans les premiers, la vigueur et la force du corps sont indispensables pour l'objet de leur destination, et que, dans les autres, ces qualités ne soient qu'utiles, la partie physique de l'éducation des uns ne doit-elle pas autant l'emporter sur la partie purement scientifique, que dans les autres celle-ci doit être préférée à celle-là?

Et quant à la partie morale de l'éducation, la différence de leur destination respective ne doit-elle pas produire aussi quelques différences essentielles? Si les hommes destinés à servir la société de leurs talents sont d'ordinaire disposés à mépriser ceux qui se livrent à des travaux mécaniques; si la vanité et l'orgueil sont ordinairement les vices des uns, comme la bassesse et le mépris d'eux-mêmes sont les vices des autres; si c'est de la nature même

de ces deux destinations que naissent pour ainsi dire
ces vices contraires, il est aisé de voir que le besoin de
les prévenir doit produire une grande différence
dans la partie morale de leur éducation respective.
Les moyens qui rappellent aux hommes leur égalité
naturelle, et qui leur annoncent la dépendance réciproque de tous les membres de l'espéce humaine,
doivent être employés dans l'éducation des uns, et
l'on doit se servir, dans l'éducation des autres, de
toutes les ressources qui peuvent leur faire sentir la
dignité originelle de l'homme, et par conséquent
élever leur ame et leur inspirer cette noble fierté
qui exclut la bassesse des sentiments.

Telles sont les différences générales dont j'ai parlé.
Il suffit de réfléchir un peu sur ce que je viens de
dire pour apercevoir que chacune d'elles en renferme beaucoup d'autres. Je ne les indique pas ici,
parcequ'elles seront développées dans le cours de
cet ouvrage. Je vais maintenant exposer le système
que je crois le plus propre aux deux classes de la
société. Je parlerai d'abord de la première classe,
considérée en général; je passerai ensuite aux classes
secondaires dans lesquelles elle se subdivise.

~~~~~~

CHAPITRE VII.

Vues générales sur l'éducation de la première classe.

Proposer, comme je l'ai dit, des maisons publiques d'éducation pour les individus de cette première classe, c'est renoncer à l'espérance de voir exécuter ce plan d'éducation publique. Si l'on propose au contraire de laisser dans les murs domestiques, et sous la vigilance immédiate des pères, les enfants qui appartiennent à cette première classe, quels avantages peut-on attendre de ce plan d'éducation? Voici, ce me semble, à quoi il se réduiroit. Dans chaque ville ou village, on pourroit tout au plus rassembler ces enfants à certaines heures du jour, pour leur inspirer des principes de morale publique, que l'exemple domestique, pendant le cours de la journée, leur apprendroit bientôt à violer. On éleveroit foiblement d'un côté ce qu'on détruiroit de l'autre violemment et tout d'un coup; on abandonneroit aux mains de la corruption le soin de semer les germes de la vertu; on renonceroit entièrement à l'espoir de donner, par le moyen de l'éducation, à la nation un caractère, et au peuple une passion capable de les modifier suivant les grands desseins du législateur. Voilà ce qui résulteroit de ce puéril et ridicule plan d'éducation populaire. Pour prévenir ces deux maux, dont le premier rendroit
~~~~~~

inexécutable tout projet d'éducation publique pour cette première classe, et dont le second rendroit cette éducation même inutile, je vais proposer le moyen que j'ai imaginé.

Dans chaque communauté le magistrat suprême, chargé de l'éducation publique de la province, devroit choisir entre les plus honnêtes citoyens un nombre d'instituteurs proportionné à sa population. Cette magistrature populaire jouiroit de distinctions et d'émoluments, propres, non seulement à la rendre desirable, mais à en faire un objet de récompense pour les hommes de cette classe qui se seroient distingués par leur probité et leurs vertus. La loi, qui peut, avec de très petits moyens, produire les plus grands effets, devroit accompagner ce choix de cérémonies imposantes, qui en augmenteroient le prix aux yeux des citoyens, et qui en feroient pour eux un objet de considération et de respect.

A chacun de ces instituteurs devroit être confié un certain nombre d'enfants, et ce nombre ne devroit pas excéder celui de quinze. Chacun de ces instituteurs seroit chargé de veiller sur les enfants, de les diriger, de les nourrir, et de les habiller, d'après les instructions qui lui seroient données.

Comme une des parties les plus importantes de cette direction seroit, ainsi que je l'observerai dans peu, d'instruire les enfants dans le métier auquel ils seroient destinés, ces instituteurs devroient être choisis dans les différentes professions qui sont établies ou qu'il conviendroit d'établir dans la communauté; et le plus grand nombre de ces instituteurs devroit être pris en particulier dans la profession qu'exerce ou doit exercer dans ce district le plus grand nombre des citoyens.

Ces instituteurs devroient être instruits de leurs devoirs et surveillés dans leur conduite par le magistrat chargé de l'éducation de cette communauté, sous la dépendance immédiate du *magistrat suprême d'éducation* de la province dans le ressort duquel est cette communauté.

Le collége de la magistrature d'éducation pour cette première classe devroit être composé des magistrats suprêmes des provinces, des magistrats inférieurs de la communauté, et des instituteurs (1).

Le plan d'éducation que nous allons exposer montrera les fonctions respectives, les devoirs particuliers et les prérogatives de chacune de ces magistratures. Ce plan d'éducation devroit être établi par la loi; aucun de ceux qui seroient chargés de l'exécution ne devroit avoir le droit de l'altérer. Nous le diviserons en trois parties: la première aura pour objet la partie physique; la seconde, la partie mo-

---

(1) Je ne veux pas oublier d'avertir que, dans les grandes capitales, un seul magistrat inférieur d'éducation ne suffiroit pas pour remplir toutes les parties de son ministère. Lorsqu'on en aura connu les devoirs, on sentira combien il seroit nécessaire de diviser ces grandes villes en plusieurs quartiers, proportionnés à leur population, et d'assigner à chaque quartier son magistrat particulier. Il conviendroit encore que, dans ces grandes villes, les instituteurs établissent leur habitation dans les faubourgs, ou dans les lieux qui sont aux environs, plutôt que dans le centre même de la ville. La lecture de ce plan d'éducation fera connoître les motifs de cette disposition.

rale; la troisième, la partie instructive ou scientifique. Avant de l'exposer, je prie le lecteur de se rappeler ce que j'ai dit. L'éducation publique ne peut relativement à un individu être aussi parfaite que pourroit l'être une éducation particulière. Mais si celle-ci peut à peine former un individu, celle-là peut instituer un peuple entier. Obligés de renoncer dans ce plan d'éducation publique à l'idée d'une perfection absolue, tâchons du moins d'obtenir une perfection relative; et s'il ne nous est pas permis de former par ce moyen un homme, occupons-nous à former un citoyen. Rappelons-nous que dans les murs de Sparte, si célèbre par son éducation, il n'y avoit peut-être pas un seul *homme;* mais il n'y avoit pas un seul Spartiate qui ne fût citoyen. Héros sur la place publique, dans les armées, dans le sénat, il étoit un tyran en présence des ilotes: il étoit tout à-la-fois un prodige dans l'ordre de la cité et un monstre dans l'ordre de la nature (1). Pourrons-nous,

____

(1) Il suffit, pour être convaincu de la vérité de cette expression, de lire ce que Plutarque dans la vie de Lycurgue, et Athénée, liv. VI et liv. XIV, nous disent de la férocité avec laquelle les Spartiates traitoient les ilotes. Thucydide, liv. IV, n. 80, et Diodore, liv. XII, nous apprennent que le nombre des ilotes s'étant une fois accru jusqu'au point d'inspirer de l'effroi aux citoyens, on publia une loi par laquelle les plus vigoureux de ces esclaves étoient invités à se présenter pour être incorporés dans l'ordre des citoyens. Deux mille de ces malheureux se présentèrent; ils furent couronnés de fleurs, et conduits dans les temples : mais peu après ces deux mille ilotes disparurent, et on croit communément qu'ils furent égorgés. On connoit l'horrible histoire des *embuscades.* De temps en temps ceux qui, à Sparte, présidoient à l'éducation de la jeunesse choisissoient les plus prudents et les plus déterminés

sans nous rendre coupables de ces excès, obtenir la perfection dont ils étoient doués à tant d'égards?

Afin de procéder avec méthode, nous examinerons d'abord comment la loi doit régler l'admission et la distribution des enfants, pour les différentes classes secondaires dans lesquelles cette première classe est subdivisée; et nous préviendrons par ce moyen quelques objections que l'on pourroit nous faire.

---

de leurs élèves; ils les armoient de poignards, et leur donnoient la quantité de vivres suffisante pour un certain nombre de jours : après cela, ces jeunes gens se répandoient dans la campagne, et se cachoient durant le jour dans des bois ou des cavernes; la nuit ils sortoient de leurs retraites, se postoient dans les routes publiques, et assassinoient tous les ilotes qui se présentoient. Quelquefois ils marchoient de jour, et égorgeoient les ilotes qui leur paroissoient les plus forts et les plus robustes.

Si l'on veut être encore plus persuadé que les Spartiates méritoient le nom que nous leur avons donné, on n'a qu'à lire tout ce que les anciens auteurs nous racontent de leur conduite avec les habitants d'Armine et de Syracuse. Diodore, liv. XXIV, et Xénophon, *de reb. gest. græc.*, lib. II. Voyez dans Hérodote le portrait qu'il trace de leur caractère, liv. 9, n. 53; et Xénoph., *de Republ. Lacedæm.*

CHAPITRE VIII.

Établissements relatifs à l'admission et à la distribution des enfants
de cette première classe.

Si la perpétuité des classes et la succession héré-
ditaire des professions déshonorent aux yeux du
sage la législation beaucoup trop admirée des anciens Égyptiens(1); si les historiens les plus impar-
tiaux et les voyageurs les plus dignes de foi nous
attestent les tristes effets que produisit cette institution chez quelques peuples de l'Inde, où la division
et la perpétuité des *castes* est introduite de temps
immémorial, et conservée avec une sévérité religieuse (2); si la raison suffit sans le secours de l'expérience pour nous prouver qu'un tel usage relâche
tous les liens sociaux, divise la société en une foule
de sociétés séparées par leurs intérêts comme par
leurs occupations, détruit toute espèce de talent,
ôte à la vertu l'énergie de l'espérance, détruit l'unité
si nécessaire de l'intérêt commun; si tels sont, en un
mot, les funestes effets de ce système absurde, nous
nous garderons bien de favoriser une division si per-
nicieuse par notre plan d'éducation publique.

---

(1) Aristot., *Polit.*, lib. VII, cap. 10, *init.*; Herodot., lib. II,
n° 163; Plat. *in Tim.*; Diodor., lib. I.

(2) Diodor., lib. II; Strab., lib. XV; *Voyage de la Boulaye*; Le
Goul., p. 159, 160, 122; *Lettres édif.*, tom. V, XII, XXIV, XXVI
de l'édition in-12; *Voyages de Pyrard*, pag. 273.

Pour éviter cet abus autant qu'il est possible, je crois devoir régler de la manière suivante l'admission et la distribution des enfants de cette première classe.

Dans chaque communauté, tout père de famille aura le droit de présenter son fils au magistrat chargé de l'éducation publique du lieu, dès que cet enfant aura atteint l'âge de cinq ans. Comme toutes les dépenses pour l'entretien et l'éducation des enfants de cette première classe seront au compte du gouvernement, on sent aisément que peu de pères voudront renoncer à cet avantage. La certitude de voir un fils bien élevé et instruit, et l'avantage de n'avoir pas à s'occuper de sa subsistance, suffisent, sans aucune espéce de contrainte envers les parents, pour faire cesser l'éducation domestique, et confier à celle du magistrat et de la loi tous les enfants de cette classe. Ennemie de la violence, la loi doit, autant qu'il lui est possible, inviter les hommes à concourir à ses desseins sans les y forcer. Son empire n'est jamais plus puissant et plus auguste que lorsqu'il s'exerce sur la volonté, et non sur les actions.

Nous excepterons de cette régle les enfants des mendiants. Le magistrat ne doit pas dans ce cas demander le consentement des pères pour les arracher à des mains si dangereuses, et les confier à l'éducation de la loi.

Le magistrat exercera le même droit sur les enfants trouvés, sur les orphelins, sur les enfants de ceux qui ont perdu le libre usage de la raison. Il est juste qu'un enfant qui ne connoît pas son père, ou qui l'a perdu, ou qui ne peut recevoir de lui aucune éducation, trouve dans la mère commune un dédommagement de cette perte.

Le magistrat, après avoir reçu l'enfant, enregistrera son nom, son surnom, indiquera le jour où il aura été présenté, et donnera au père ou au tuteur une copie de cet enregistrement. Mais qui déterminera la première destination ?

J'ai dit que cette première classe principale est subdivisée, comme la seconde, en différentes classes secondaires ; qu'il faudroit choisir les instituteurs dans les différentes professions qui existent ou qu'on voudroit établir dans la communauté ; que le plus grand nombre des instituteurs doit être pris dans la profession qui occupe ou qui doit occuper dans cette communauté le plus grand nombre des individus ; que chacun de ces instituteurs doit avoir un certain nombre d'enfants, et que ce nombre ne doit pas excéder celui de quinze ; enfin, qu'un des devoirs de l'instituteur est d'instruire ces enfants dans la profession qu'il exerce.

Puisque la première destination de l'enfant dépendra de celle de l'instituteur, voyons qui doit choisir celui-ci. Sera-ce le magistrat? sera-ce le père? sera-ce l'un et l'autre en même temps?

Il seroit dangereux de laisser au père un pouvoir illimité à cet égard, il en pourroit résulter deux inconvénients très graves. Le premier seroit de rendre inutiles toutes les mesures prises par le magistrat suprême d'éducation de la province, pour le choix des instituteurs des différentes communautés de cette province. Si, par exemple, dans une communauté où l'on a besoin de beaucoup d'agriculteurs et d'un très petit nombre d'artisans, le magistrat suprême avoit choisi, proportionnément à sa population et à ses intérêts, cent instituteurs agriculteurs et dix instituteurs artisans, il pourroit arriver que la plus grande partie des pères préférât les derniers; et alors il faudroit multiplier le nombre des instituteurs artisans, et diminuer celui des instituteurs agriculteurs.

Le second inconvénient, plus dangereux sans doute que le premier, naît de la vanité des péres, et des illusions d'après lesquelles ils ont coutume de calculer les intérêts de leurs enfants. Les arts qui exigent un grand nombre de bras, sont les plus nécessaires à la subsistance du peuple; mais en même temps ce sont ceux qui donnent le moins de considération aux hommes qui les exercent. Soit que la multiplicité même, divisant entre un grand nombre d'individus la considération qu'on a pour l'art, rende plus petite la portion qui appartient à chacun, soit parce que l'étude de ces arts n'exige que des qualités très médiocres, et un court espace de temps; il est certain que l'exercice de ces arts ne procure pas la même considération que celui d'un art moins nécessaire et moins commun. L'art le plus précieux à l'état, c'est l'agriculture, et cependant l'artisan le moins estimé est l'agriculteur.

Il y a plus; il arrive souvent que, dans les arts moins nécessaires, l'homme emploie ses bras beaucoup plus chèrement que dans les arts qui sont le plus indispensables. Un père, ne consultant que sa vanité et son prétendu intérêt, préféreroit pour son fils les arts les moins nécessaires, sans faire attention qu'en multipliant au delà du besoin une classe d'artisans, non seulement on diminue les profits de chacun par la concurrence, mais qu'une partie même de ces artisans doit être condamnée à l'indigence, et que les arts les plus nécessaires venant à dépérir, le corps politique doit tomber dans une véritable langueur.

Tels sont les maux qui naîtroient de la volonté arbitraire des pères. Ceux que produiroit la volonté arbitraire des magistrats sont également funestes. Un père, fixé dans une profession, trouve souvent un grand intérêt à y faire entrer son fils. Le seul avantage de pouvoir lui laisser les instruments de son art, et l'instruire des petits secrets, des moyens particuliers de cet art, qu'il doit à une longue expérience, cet avantage suffiroit pour le déterminer à cette destination. Si, au lieu de dépendre de son père pour cet objet, l'enfant dépendoit du magistrat, il arriveroit très souvent que le fils d'un riche artisan seroit destiné à l'agriculture, et que le fils d'un agriculteur qui a un fonds à cultiver, seroit destiné à un art mécanique; et dans cette hypothèse, l'un et l'autre seroient privés d'une grande partie des avantages de l'hérédité paternelle. De ce désordre en naîtroit un autre. Beaucoup de pères, pour ne pas s'exposer à ce risque, renonceroient aux avantages de l'éducation publique; et la loi, malgré tous ses encouragements, trompée dans son attente, verroit une partie considérable des individus de cette première classe exclue de l'éducation publique.

Après avoir profondément examiné cette matière, je n'ai trouvé qu'un moyen d'éviter les désordres qui, dans l'un ou l'autre cas, accompagneroient cette première destination ; c'est de restreindre la volonté du magistrat et du père, et de donner à l'un et à l'autre de l'influence sur ce choix. Le père devroit avoir uniquement le droit de prétendre que son fils entrât dans sa profession. Le magistrat auroit celui d'indiquer l'instituteur, ou de la profession du père, si celui-ci vouloit faire usage de son droit, ou de toute autre profession, si le père renonçoit à ce droit.

Comme, suivant notre plan, le choix des instituteurs doit appartenir au magistrat suprême de la province, et non au magistrat particulier de la communauté ; que le nombre et la condition de ces instituteurs doivent être réglés par la population et les intérêts politiques de cette communauté ; que le nombre des enfants confiés à chaque instituteur doit être fixé par la loi : dans l'un et l'autre cas, la volonté du magistrat particulier de la communauté, quant à la destination de l'instituteur, seroit limitée par les dispositions antérieures du magistrat suprême et de la loi ; toute sa volonté seroit restreinte à la faculté de choisir entre les instituteurs qui n'auroient pas encore le nombre complet d'enfants fixé par la loi (1).

____

(1) La destination des enfants trouvés devroit être entièrement

On dira peut-être : Il est des communautés, même assez nombreuses, qui, dans telle espèce d'indus-

---

subordonnée à la volonté du magistrat suprême d'éducation de chaque province ; il pourroit se servir de cette liberté que la loi lui donneroit, pour les employer aux genres d'industrie qu'il conviendroit d'introduire ou d'étendre dans sa province.

Dans le cours de ce plan d'éducation, je ne ferai pas une mention particulière de cette partie des citoyens. Comme ils doivent être admis à l'éducation publique à l'âge de cinq ans, ainsi que tous les autres citoyens, il ne doit y avoir aucune différence entre eux et les autres enfants de la classe dont je parle. Il n'y auroit qu'une disposition particulière à établir en leur faveur, relativement à leur émancipation ; époque à laquelle le gouvernement devroit leur donner un secours pécuniaire pour pourvoir à leurs premiers besoins. Je ne puis déterminer la valeur de ce secours, parcequ'il doit dépendre des circonstances, des lieux, et des peuples où ce plan seroit adopté.

Je crois devoir profiter de cette occasion pour exprimer ici les vœux de mon cœur sur les moyens d'améliorer l'éducation de ces malheureuses victimes du vice, de la foiblesse et de la misère. L'effrayante mortalité de cette classe d'enfants a, dans plusieurs gouvernements de l'Europe, réveillé la sensibilité publique sur cet important objet d'administration. On cherche avec sollicitude les moyens de remédier à cette grande calamité. Mais, il faut en convenir, tout ce qu'on a dit, tout ce qu'on a écrit à cet égard, est encore beaucoup insuffisant pour les amis de l'humanité.

Le mal est toujours resté supérieur aux remèdes, parcequ'on n'a pas encore trouvé le moyen de l'attaquer dans son principe. Si l'on veut conserver la vie des enfants trouvés, il faut détruire leurs hôpitaux. Tant qu'un enfant à peine né sera obligé de souffrir la fatigue d'un voyage, quelquefois de plusieurs jours, pour être transporté à l'hôpital ; tant qu'il sera abandonné à une nourrice forcée de partager son lait et ses soins entre plusieurs enfants ; tant qu'il devra respirer l'air infect et souffrir les autres incommodités de ces retraites, malgré toute l'attention et la vigilance du gouvernement, la conservation de ses jours sera une espèce de prodige.

Je crois que, suivant le plan d'éducation que je propose, il se-

trie , ont à peine besoin d'un seul ouvrier pour fournir à leurs besoins. Il faudroit donc ou rejeter toute
sorte d'institution pour ces arts, ou avoir un instituteur particulier pour un seul élève, ou multiplier
inutilement les membres de cette espéce d'industrie,
trois abus également funestes, entre lesquels, d'a-
près ce plan , le législateur seroit malheureusement
obligé de choisir.

Cette objection auroit quelque force , s'il étoit
absolument nécessaire, d'après mon plan , que tous
les membres d'une communauté fussent élevés dans
le même lieu. Mais si ce plan embrasse toutes les
parties d'un état, quel inconvénient y auroit-il à
établir dans toute la province, pour toutes ces espéces de professions, un nombre déterminé d'insti-

---

roit facile de prévenir tous ces abus. Dans chaque communauté,
le magistrat devroit prendre soin de tous les enfants trouvés qui
seroient présentés. Une famille choisie par lui pour cet objet recevroit l'enfant, et le nourriroit les premiers jours. Le magistrat feroit publier dans toute la communauté qu'il y a un enfant trouvé
à nourrir; la pension, fixée d'avance, seroit connue de tout le
monde, et elle seroit exactement payée à quiconque se chargeroit
du soin de le nourrir : on la continueroit pour les enfants mâles
jusqu'à l'âge de cinq ans, époque où ils doivent être admis à l'éducation publique ; et pour les filles , jusqu'à l'âge de douze ans, parcequ'on doit présumer qu'à cet âge une jeune personne peut, avec
le fruit de son travail, pourvoir honnêtement à sa subsistance. On
ne peut douter que les fonds qu'on emploie à l'entretien des hôpitaux des enfants trouvés ne suffisent pour payer toutes ces pen-
sions et faire les autres dépenses nécessaires, parmi lesquelles on
comprendroit le secours pour les enfants mâles après leur émancipation et les dots pour les femmes. Ce genre de dépense est assez
généralement en usage chez toutes les nations où il existe des établissements publics pour les enfants trouvés.

tuteurs, proportionné au nombre des individus qu'il conviendroit d'y faire entrer? Quel inconvénient y auroit-il à ce que les enfants qu'on y destine allassent dans tel lieu de la province où l'un des instituteurs, pour cette profession, est autorisé à donner, sous la protection des lois, la même éducation qu'il donneroit dans toute autre partie de l'état.

On devroit faire la même chose dans tous les cas où un père, voulant exercer son droit relativement à la destination de son fils, trouveroit le nombre des enfants confiés à l'instituteur, pour la profession qu'il desire, entièrement complet dans sa communauté : alors le magistrat particulier en feroit part au magistrat suprême de la province, qui, ayant un registre exact de toute la distribution des enfants de sa province, confieroit l'enfant à l'instituteur de cet art, qui n'auroit pas encore le nombre d'enfants fixé par la loi.

Après avoir réglé de cette manière la première destination des enfants; après avoir renfermé dans de justes limites la volonté des pères et celle du magistrat, et prévenu les objections qu'on pouvoit faire à ce sujet, il faut en prévenir une autre, qui est plus importante. Comment concilier, dira-t-on, ce système de distribution avec la liberté qu'on doit laisser au talent? L'enfant que vous destinez à cet art y sera inférieur; un autre y sera supérieur : celui-ci annoncera un goût particulier pour une profession différente de celle à laquelle il se trouve destiné; celui-là manifestera les plus rares dispositions pour être utile à la société par les talents de son esprit. Tous ces enfants pourroient un jour être précieux à l'état dans une destination plus analogue à leurs talents, et ils seront sûrement inutiles dans celle où vous les faites entrer sans consulter leur choix. A l'âge de cinq ans, ni le magistrat, ni le père ne pouvoient découvrir dans leur enfant de telles dispositions, elles se sont manifestées dans son adolescence. Qui les secondera?

Mais qui les seconde aujourd'hui? pourrois - je répondre à mon tour. Combien d'agriculteurs, combien d'artisans auroient été propres à l'administration de l'état! combien de magistrats, combien de ministres étoient nés pour cultiver la terre, ou travailler dans un atelier! Cet inconvénient, effet nécessaire de l'état social, ne diminueroit-il pas plutôt que de s'accroître dans ce plan d'éducation publique? Quand même je ne proposerois aucun remède pour ce mal, l'éducation *morale et scientifique* qui doit avoir lieu pour tous les individus de cette première classe, l'affoibliroit assez d'elle-même. Dans l'état actuel des choses, le fils d'un agriculteur et d'un artisan, né avec des dispositions marquées pour devenir un grand écrivain ou un magistrat illustre, trouveroit-il dans la maison paternelle, pour seconder ses dispositions, les secours qui lui seront offerts dans le système d'éducation que je propose? Trouveroit-il, dans un père ignorant et une mère imbécile, les instructions d'un magistrat éclairé? instructions qui, en même temps qu'elles doivent l'éclairer sur ses devoirs, exciteront dans son ame de grandes passions, et lui inspireront

cette noble fierté si difficile à concilier avec l'abjection de son état. En maniant la bêche et la hache
sous les yeux d'un père, en proie à l'ignorance et
aux erreurs, environné d'hommes vicieux et vils,
n'ayant sous les yeux que le spectacle de l'indigence
et de l'oisiveté, trouvera-t-il quelqu'un qui féconde
son esprit, et qui le dispose à la vertu, comme il le
trouvera dans l'éducation du magistrat et de la loi?
A l'âge de dix-huit ans, le fils de l'agriculteur et
de l'artisan, instruit dans la profession de son père,
et élevé suivant ce plan d'éducation publique, n'aura-
t-il pas moins d'erreurs et moins de préjugés, plus de
respect de lui-même, plus d'énergie, plus de véritable instruction, que n'en ont aujourd'hui la plupart
des jeunes gens, je ne dis pas de la première classe,
mais de la seconde? Nous pouvons donc répondre
à cette objection, en prouvant que le mal diminuera beaucoup. Mais il ne faut pas nous contenter
de ce léger triomphe. Après avoir montré que les
obstacles qu'on oppose à la liberté des talents, sont
plus forts dans l'état actuel des choses, qu'ils ne le
seroient dans notre plan d'éducation publique,
voyons comment ceux qui resteroient pourroient
être encore diminués et affoiblis. Voici le moyen
que j'ai imaginé.

Une des fonctions du magistrat particulier de
chaque communauté devroit être d'observer, dans
le cours de l'éducation, si, parmi les enfants des
diverses classes secondaires, il en est qui ne semblent pas propres à l'art auquel on les destine, et s'il
en est d'autres qui manifestent de grandes disposi-

tions pour un autre art, ou qui soient propres à être utiles à la société par les talents de leur esprit. Si la première destination de l'enfant dépend du père, le magistrat ne pourra rien faire avant d'avoir persuadé celui-ci de la nécessité de donner une autre destination à l'enfant, et d'avoir obtenu son consentement. Si cette destination ne dépend pas du père, ou si celui-ci a donné son consentement, le magistrat de la communauté sera obligé d'avertir le magistrat suprême de la province du résultat de ses observations. Comme ce magistrat suprême sera obligé de visiter, au moins deux fois par an, les différentes communautés de sa province, dans le cours de sa visite il examinera les observations du magistrat de la communauté ; et s'il les trouve justes, il procédera au changement de destination. Il n'y auroit aucune difficulté à faire passer un homme d'un art mécanique à un autre ; mais il ne seroit pas facile de le faire passer de l'éducation de la première classe à celle de la seconde, attendu les dépenses de l'entretien. Dans notre plan, les dépenses pour l'éducation de la première classe sont, comme nous avons dit, au compte du gouvernement ; mais celles de la seconde sont à la charge des individus qui en profitent. Le fils d'un pauvre agriculteur, qui montre les plus grandes dispositions pour servir la patrie par les talents de son esprit, trouvera-t-il quelque part les moyens de fournir à ces dépenses ? Pour obvier à ce mal, je crois qu'on pourroit établir une caisse d'éducation dont chaque province auroit une portion déterminée, pour faire élever dans le sys-

-tème d'éducation de la seconde classe, un égal nombre d'enfants de la première. Ce nombre devant être limité, le magistrat suprême seroit chargé de choisir entre les enfants de la première classe ceux qui donnent de plus grandes espérances. Cette caisse seroit formée avec l'excédant des revenus publics destinés à l'éducation du peuple. On verra la possibilité d'établir cet ordre de choses, lorsque je parlerai des moyens de pourvoir aux frais de ce plan d'éducation publique.

Enfin, pour ne rien négliger dans un plan auquel je cherche à donner l'évidence qu'exige la grandeur de l'objet, j'observerai que, parmi les arts et métiers dont la société a besoin, il en est quelques-uns qui n'exigent, pour ainsi dire, aucune espèce d'instruction, et que chaque homme qui a quelque vigueur et quelque usage de ses propres forces, peut remplir, après peu de jours d'exercice, avec la même perfection que celui qui s'en occupe depuis un grand nombre d'années. Il n'est donc pas nécessaire de donner des instituteurs pour ces arts et métiers, et d'y destiner tel ou tel enfant, puisque chacun a la liberté d'entrer dans ces professions, toutes les fois qu'il le voudra, après être sorti de l'éducation publique. Il aura alors l'avantage de pouvoir porter avec lui le talent d'un autre art, qu'il ne pourroit apprendre avec la même facilité. Ces professions seront encore la ressource de tous ceux qui n'ont pu réussir dans celles auxquelles ils avoient été destinés dès l'origine. Telle sera, par exemple, la ressource des voituriers, des domestiques, de tous ceux, en un mot, qui exercent des professions qu'un homme peut entreprendre en tout temps, pourvu qu'il n'ait pas entièrement perdu l'usage de sa raison ou de ses forces.

Après avoir réglé la destination et la distribution des enfants dans cette première classe, développons quelques idées sur la partie physique de leur éducation.

CHAPITRE IX.

Idées générales sur l'éducation physique de la première classe.

L'homme a tout perfectionné; ses mains, sa raison, et son instinct de sociabilité lui ont donné une sorte d'empire sur toute la nature. Les êtres qui végètent, et ceux qui vivent; ceux qui sont cachés dans les entrailles de la terre, et ceux qui sont répandus sur sa surface, tout nous annonce également le pouvoir de l'être supérieur, qui est l'émule de la nature, et qui en perfectionne les ouvrages. Puissant sur tout ce qui l'approche et l'environne, cet être prodigieux ne sera-t-il donc foible et impuissant que sur lui-même? Ne pourra-t-il perfectionner son espéce, comme il a perfectionné les autres espéces d'animaux?

L'histoire fait cesser ce doute que l'état actuel des choses nous inspire. Il faut renoncer à toute certitude historique, pour douter que le physique de l'homme ait reçu chez quelques peuples ce perfectionnement dont aujourd'hui nous sommes si éloignés. Le Crétois, le Spartiate, le Romain ne sembleroient-ils pas aujourd'hui des hommes d'une espéce différente de la nôtre? Au milieu d'un million quatre cent mille mercenaires armés, quel est parmi nous le guerrier qui pourroit se plier aux exercices de la phalange grecque, ou de la légion romaine? Est-il dans toutes nos armées un seul homme qui pût supporter seulement le poids de leurs armes, qui pût résister à leurs longues et fatigantes marches? Il suffit de lire dans le huitiéme dialogue de Platon sur les lois, la description des exercices gymnastiques qu'il propose, pour voir jusqu'où s'étendoit cette différence, et comment elle étoit en entier l'ouvrage du législateur. Entre les maux que nous devons attribuer à la découverte de la poudre, il faut sans doute compter l'indifférence des législateurs, relativement au physique des hommes. Lorsque l'idée de la guerre excitoit celle d'une lutte, où les hommes étoient exercés comme êtres intelligents, et non comme machines; lorsque sur la mer comme sur la terre, les hommes luttoient corps à corps, et se défendoient de l'épée et de la main ; lorsque le soldat voyoit et touchoit celui à qui il donnoit ou dont il recevoit la mort; lorsque les armes dont on se servoit n'excluoient ni la force, ni la dextérité, mais l'exigeoient et la secondoient; alors, comme la force, l'énergie, et la dextérité des individus avoient la plus grande part dans l'issue de la guerre, la perfection physique des corps devenoit le principal instrument de la sûreté ou de l'ambition des peuples, et par conséquent le principal objet des soins du législateur.

Mais aujourd'hui qu'on a donné à des machines l'énergie des hommes, et qu'on a tranformé les hommes en machines; aujourd'hui que les vrais soldats sont le fusil et le canon; aujourd'hui que le soldat meurt sans savoir qui le tue, évite, poursuit ou attaque des êtres qu'il ne voit pas et qu'il ne touche pas; qu'il reçoit également la mort de la main du plus foible, comme de celle du plus fort; aujourd'hui enfin que la guerre a changé de face, les législateurs ont tourné vers la perfection des armes des soins qui autrefois étoient dirigés vers la perfection de l'homme.

A la revue du corps qui se faisoit chez les Grecs, a été substituée celle des armes (1); et pourvu que celles-ci soient en bon état, l'inspecteur moderne, bien différent de l'ancien, jette à peine un coup d'œil sur la force et l'énergie du bras qui doit les employer.

Il n'est donc pas vrai que l'espéce humaine soit le seul objet sur lequel l'homme ne puisse exercer son pouvoir. Il n'est pas vrai qu'il ne puisse perfectionner son physique comme il pourroit perfectionner son moral. Corrigeons l'éducation, corrigeons les mœurs, corrigeons les lois, et le corps du citoyen se perfectionnera avec son esprit; et si, par ce moyen, un peuple ne peut avoir aujourd'hui, sur le champ de bataille, cette supériorité qu'il auroit eue dans d'autres temps, il en aura une plus précieuse

---

(1) Élien nous a conservé une loi de Sparte sur ce sujet. « Adscriptum etiam hoc erat in lege ut, decimo quoque die, ephebi ad unum omnes se coram ephoris nudos publicè sisterent; ac si essent solidâ corporis habitudine, validique, et quasi sculpti ex certaminibus, et tornati, commendabantur: sin aliquod membrum illis esset turgidum vel molle, ob suppositam et subcrescentem ex otio pinguedinem, verberabantur et mulctabantur. » *Vid. Æl., Var. histor.*, lib. XIV, cap. 7. *Vid. etiam* Athen., lib. XII.

en temps de paix : il sera moins pauvre, et plus heureux.

Pour rapporter à cet objet l'éducation physique de cette première classe, je crois que le législateur devroit la diriger sur le plan suivant.

ARTICLE PREMIER.

De la nourriture.

La quantité et la qualité des aliments ayant une grande influence sur le physique et sur le moral de l'homme, et une plus grande encore sur le développement des facultés intellectuelles de l'enfance, le législateur ne doit pas négliger de régler cette partie de leur éducation physique. L'éducation publique lui offre un moyen sûr d'y parvenir ; c'est même là un des plus grands avantages de cette éducation.

Le choix de la qualité et de la quantité des aliments dépendant beaucoup du climat et de la nature de chaque pays, je ne pourrois entrer dans de grands détails sur cet objet sans m'éloigner de la généralité de mon plan. Je laisserai aux médecins qui ont les vraies connoissances de leur état, sans en avoir les préjugés, le soin de suppléer en chaque contrée à l'imperfection nécessaire de cette partie de mon plan ; j'établirai seulement les principes qui me paroissent susceptibles d'une application générale.

Comme les enfants ont une digestion plus facile et un plus fréquent besoin d'aliments, on ne pourroit leur en refuser sans contrarier le vœu de la nature. On doit donc leur donner du pain à chaque moment où ils en demandent. Un enfant, dit Locke (1), qui se contente de cette nourriture montre assez que son besoin est réel. Chez les paysans, la huche est toujours ouverte aux enfants, et ils n'ont jamais de ces indigestions si communes aux enfants des villes, sur-tout à ceux des classes distinguées, qui, presque toujours contrariés dans leur appétit, se rassasient sans mesure toutes les fois qu'ils en trouvent l'occasion. Entre le dîner et le souper, il faudroit établir deux autres repas, qui consisteroient en fruits de la saison et du pays mêlés avec du pain. Le dîner devroit aussi être composé d'un et quelquefois de deux plats de viande et de fruits, et une soupe de pain bien cuit suffiroit au souper.

Les aliments du dîner devroient être d'herbes, de légumes, de pâtes, de poisson et de viande. Ce dernier aliment ne seroit pas donné tous les jours, pour ne pas accoutumer les enfants à un besoin que, dans la maturité de l'âge, ils ne pourroient peut-être pas satisfaire aussi fréquemment; et entre les différentes espéces de viande, il faudroit toujours préférer celles dont les fibres sont plus fortes. Moins délicates que les autres, elles fortifient l'estomac en exigeant une plus grande trituration. Quelques personnes croient qu'il seroit utile de ne pas accoutumer les enfants à l'usage de la viande. L'éloquent traité de Plutarque, sur la manière de vivre des py-

----

(1) *Traité sur l'education*, sect. 2.

thagoriciens, n'a pas peu contribué à augmenter le nombre des partisans de ce régime (1).

Des hommes éclairés et de savants médecins croient que l'usage modéré de cet aliment peut contribuer à la force du corps, particulièrement dans les enfants. Cette opinion n'est pas neuve, puisque nous voyons que Lycurgue avoit permis et même prescrit aux enfants l'usage de la viande qu'il avoit défendu aux adultes (2).

L'uniformité d'aliments devroit être proscrite pour deux raisons qui me semblent évidentes : la pre-

---

(1) L'auteur d'Émile est de ce nombre. Voyez liv. II. Je ne suis pas surpris que ce grand écrivain ait adopté cette opinion, mais je le suis beaucoup qu'un si profond penseur soit tombé dans l'erreur commune aux hommes superficiels, c'est-à-dire qu'il ait déduit d'une seule cause ce qui est l'effet de plusieurs causes combinées. Il attribue au grand usage de la viande la *barbarie angloise* et celle des sauvages, et à l'abstinence de cet aliment l'extrême douceur des Gaures et des Banians. Combien de causes physiques, morales et politiques ont concouru et concourent à produire cet effet ! Pourquoi l'humanité et la douceur sont-elles des qualités si rares dans les classes d'individus chez lesquels cette abstinence est un précepte de leur institut ? On se tromperoit beaucoup moins, si, au lieu d'attribuer plusieurs effets à une seule cause, on attribuoit plusieurs causes à un seul effet.

(2) « Inter opsonia prima laus erat juri nigro : quare carnibus non indigebant majores natu, sed eas permittebant junioribus, ipsi decuriati jure vescebantur. » Plut., *Instit. Laconicis;* id., *in vitâ Lycurgi.*

Dans les pays extrêmement chauds, on pourroit faire une exception à la règle relative à l'usage avantageux de la viande. Comme dans ces pays les humeurs du corps se tournent aisément en alcalis, les végétaux sont une nourriture plus salutaire que la viande. La nature même nous indique cette exception, puisque dans le temps de la canicule nous sommes moins disposés à manger de la viande que dans l'hiver.

mière, pour ne pas accoutumer à une seule nourriture l'estomac d'un homme à qui le défaut de cette
nourriture pourroit devenir un jour extrêmement
nuisible. Un des plus grands soins de l'éducation
doit être de diminuer et non de multiplier les besoins : or l'uniformité d'aliments seroit contraire à
ce principe. La seconde raison se déduit d'une observation de médecine dont la justesse est constante.
On a observé que la variété des aliments simples
fait un meilleur chyle que l'usage continuel du même
aliment, quelque bon qu'il soit, parceque les alcalis
et les acides dominant plus ou moins dans les divers
aliments, les sucs des uns se combinent avec le ré-
sidu ou sédiment des autres qu'ils transportent dans
les intestins, et débarrassent ainsi l'estomac des précédentes digestions. On a observé que les hommes
qui ont l'habitude de se nourrir d'un seul aliment,
sont plus exposés aux maladies d'humeur que ceux
qui en prennent de plusieurs espéces ; et l'on attribue cet effet au défaut de cette combinaison.

En proposant la variété des mets simples, je suis
bien éloigné de conseiller l'usage des aliments composés. Outre qu'on ne doit pas accoutumer à une
nourriture recherchée la classe d'hommes dont je
parle, cette espéce d'aliments est elle-même très
funeste pour la santé. Les viandes trop délicatement
apprêtées et l'usage des épiceries devroient être proscrits de ces repas de l'éducation. On doit dire la
même chose des liqueurs et de tout ce qui met le
sang dans une trop forte agitation. Le vin seul, dis-
tribué avec une sage économie, pourroit être ex-

cepté. Un savant médecin, digne de la célébrité
dont il jouit (1), a démontré la salutaire influence
de cette boisson sur les enfants, et a attaqué la prévention contraire où l'on étoit à cet égard, et qui
avoit pour appui l'opinion de Platon (2), de Locke (3)
et de Rousseau (4).

Quant à l'usage de l'eau, on devroit le permettre
toutes les fois que l'impérieux besoin de la nature
l'exige. Le préjugé contraire a été combattu jusqu'à
l'évidence, et j'ai assez de confiance dans les lumières du siècle pour me croire dispensé de démontrer des vérités déja prouvées.

ARTICLE II.

Du sommeil.

Le meilleur cordial, dit Locke, que la nature ait
préparé pour l'homme, c'est le sommeil (5); c'est lui
en effet qui répare nos forces, qui rétablit nos facultés physiques et morales, qui suspend et adoucit
les anxiétés inséparables de la condition humaine.
Nécessaire au vieillard, au jeune homme et à l'enfant, on n'est pas obligé de lui consacrer le même
temps à tous les périodes de la vie. Les vieillards,
chez qui la diminution des forces est compensée par

(1) Tissot.
(2) Platon vouloit qu'on interdit aux enfants l'usage du vin jusqu'à l'âge de dix-huit ans. Voyez le dialogue 2, *De legibus.*
(3) Locke, *de l'Éducat.*, sect. 1, chap. 1.
(4) *Émile*, liv. II.
(5) *De l'Éducat.*, sect. 1, §. 23.

l'inertie naturelle à cet âge, n'ont pas autant besoin de repos que les jeunes gens, chez qui le développement des forces est accompagné d'un mouvement proportionné ; les jeunes gens à leur tour ont moins besoin de sommeil que les enfants, dont la foiblesse est jointe à une mobilité extrême.

L'enfance est donc l'âge de la vie où un long sommeil est le plus nécessaire. La nature nous l'indique avec évidence, et nous devons suivre ses lois. On prescrira dix heures de sommeil par jour à chaque enfant de la première classe, et on abrégera ce temps à proportion qu'il avancera en âge, jusqu'à ce que l'on puisse le restreindre à sept heures dans la dernière année de l'éducation.

La nuit seule sera consacrée au repos, et l'on défendra dans cette classe le sommeil de l'après-dînée, en quelque saison que ce soit. Un usage contraire s'opposeroit à la destination commune des enfants de cette classe.

D'autres motifs doivent encore engager à fixer de grand matin l'heure du réveil. Les enfants devroient se lever à cinq heures pendant l'hiver, et à quatre heures pendant l'été. L'air du matin est plus propre à donner de l'énergie au corps et à l'esprit, lorsqu'on a joui d'un repos suffisant. Le vif degré d'élasticité qu'il communique à la fibre, fortifie l'organe de la vue. La journée devient plus longue, et offre une plus grande carrière aux occupations qui doivent la remplir, lorsqu'on n'en consacre aucune partie au sommeil. Les enfants, accoutumés à se coucher de bonne heure, auront un obstacle de

plus à surmonter lorsqu'ils seront parvenus à cet
âge où ils doivent être tentés de consumer la nuit
dans les dissipations des plaisirs dangereux, et l'on
aura par conséquent l'avantage de les habituer au
genre de vie qui est le plus conforme à la nature de
leur destination. On défendra aux personnes chargées de leur surveillance d'employer, pour les réveiller, un bruit trop fort ou trop effrayant : on
sent aisément les motifs de cette défense (1).

La dureté des lits n'en doit pas être une qualité
exclusive; il ne faut exiger à cet égard qu'une chaleur modérée (2) et une grande propreté. Un man-
teau grossier formoit le lit des jeunes Spartiates (3),
et l'on sait qu'ils devenoient très forts et très vigoureux. Locke attribue à l'usage des lits trop mous
une foule de maladies que l'excès même de leur
dureté ne feroit jamais naître (4). Ce seroit même
une très grande erreur que d'accoutumer les enfants de cette classe à des commodités et à des besoins qu'ils ne pourroient plus satisfaire en entrant
dans la société. Le passage d'une vie austère à une
vie agréable est facile, mais le passage contraire

(1) Le père de Montaigne, persuadé de cette vérité, ne faisoit
jamais réveiller son fils qu'au son de quelque instrument agréable.
Essais, liv. 1, chap. 25.

(2) Je dis une *chaleur modérée*, parceque les transpirations abondantes nuisent aux enfants en affoiblissant leur corps.

(3) Platon se sert du mot ασρωσιαν, *instratum*, *lectum*, pour désigner la manière de dormir des jeunes Spartiates. *Dialog.* 1, *De leg.*
Justin., lib. III, dit *Statuisse Lycurgum nihil ut somni causâ sub-
sterneretur.*

(4) *De l'Éducation*, sect. 1, §. 23.

ne s'achéte que par la perte de la santé et du bonheur.

ARTICLE III.

Du vêtement et de la propreté.

La peau de l'homme, unique vêtement que la nature lui ait donné, pourroit lui suffire, si elle étoit endurcie aux impressions de l'air. L'exemple de plusieurs peuples, et la fameuse réponse du Scythe Anacharsis, montrent qu'il seroit possible d'accoutumer le reste du corps, comme le visage, à toutes les influences de l'atmosphère. Je ne prétends pas ramener les hommes à leur état de nudité primitive, ni les priver des jouissances que le progrès de la société et la perfection des arts leur procurent; je desirerois seulement que l'homme, en profitant des secours de l'industrie humaine, ne renonçât pas à ceux de la nature, afin que, lorsque les premiers viennent à lui manquer, les autres ne fussent pas nuisibles pour lui.

Pourquoi donc accoutumer les enfants, principalement ceux de cette classe, à avoir toujours leurs pieds enveloppés d'une peau de veau ou de chévre? En les habituant à aller pieds nus, les priverons-nous de la commodité de marcher avec des souliers, lorsqu'ils seront sortis de l'enfance? Mais en commençant par là, s'ils viennent quelquefois à manquer de cette ressource, leurs pieds amollis pourront-ils soutenir les fatigues d'une route longue et difficile?

Les pieds des enfants de cette première classe seront donc nus, un long et large caleçon de toile couvrira leurs cuisses et leurs jambes ; le reste du corps sera couvert d'une chemise grossière, qu'on changera souvent, et d'une large veste de laine ou de coton, qui, se terminant à la ceinture, s'accrochera par-devant, sans avoir besoin d'aucun autre lien. Ils pourront, dans l'hiver comme dans l'été, se dépouiller de cette veste, toutes les fois qu'ils le voudront, et ils l'abandonneront lorsque leur surveillant le leur prescrira, d'après les instructions qui leur seront données. Leur tête sera garantie du soleil et de la pluie par un bonnet de cuir ; et pour prévenir la perte de temps que pourroit occasioner le soin de leur coiffure, on coupera leurs cheveux à mesure qu'ils croîtront, et on aura soin chaque jour d'entretenir la propreté de leur tête. Le visage, les mains, et les pieds, devront au moins une fois par jour être lavés dans de l'eau froide en présence du surveillant ; le reste du corps sera lavé les jours destinés aux leçons de natation.

Le surveillant accoutumera les enfants à nettoyer le lieu de leur demeure, et à y entretenir la propreté nécessaire. Il se servira du secours des plus âgés d'entre eux, pour aider les plus petits, et il les préparera ainsi à devenir de bons pères de famille.

On ne peut assez inspirer aux enfants le goût de la propreté, soit pour leur corps, soit pour leur habitation. Cette influence ne se borne pas au physique de l'homme ; elle s'étend sur son moral, et la plus légère expérience suffit pour en faire sentir la nécessité.

ARTICLE IV.

Des exercices.

Le besoin de se mouvoir constitue une grande partie de l'existence physique des enfants ; c'est un don que leur fait la nature dans cet âge d'accroissement, où les fibres ont besoin d'une action plus forte pour s'alonger et s'étendre, et concourir au développement général de la machine. Toutes les fois que ce mouvement sera retardé ou arrêté, les digestions deviendront imparfaites, le chyle sera mal préparé, l'accroissement en souffrira. Ministre de la santé et de la vie, la nature nous indique les moyens, et l'homme orgueilleux ou stupide méprise ses leçons ou ne les entend pas, et substitue aux lumières de l'instinct les erreurs d'une fausse raison. Eloignons-nous de cette route. Ecoutons les préceptes de la nature, secondons ses desseins, suivons ses traces, concourons à ses fins par les moyens qu'elle nous prescrit, et servons-nous de ses propres instruments pour perfectionner son ouvrage.

Tous les exercices propres à fortifier le corps doivent être non seulement permis, mais ordonnés par la loi. Dans les heures destinées à cet objet, les enfants de cette classe seront à leur tour invités à courir, à sauter, à grimper sur les arbres, à lutter ensemble, à élever des poids, à les transporter (1),

_____

(1) Excepté sur la tête : comme elle est le siège de tous les nerfs,

à éprouver et exercer leurs forces de différentes manières; en un mot, à accroître la force et l'agilité de leurs membres, et à douer leur corps de cette énergie qui s'use et s'éteint dans la langueur de l'inaction.

Pour donner à ces exercices l'avantage d'une utile émulation, de l'esprit de société, et d'une secréte mais nécessaire direction, le législateur ordonnera que, dans les heures destinées à ces exercices, tous les enfants soient conduits dans le même lieu par leurs surveillants respectifs, et mêlés ensemble sans aucune sorte de distinction.

Le magistrat de la communauté présidera à ces exercices; en son absence, ce sera le plus ancien des surveillants. Quelques légères récompenses, toutes en signe de distinction et d'honneur, donneront au magistrat le moyen d'exciter les exercices qu'il croit les plus utiles, sans ôter aux enfants la liberté de se divertir à leur gré, et elles feront naître en même temps l'amour de la gloire dans des cœurs naissants, qui ne se sont encore ouverts à aucune passion vile (1).

---

si on la chargeoit d'un poids un peu considérable, on comprimeroit les vertébres du cou, et le poids n'étant pas perpendiculaire l'épine du dos pourroit fléchir d'un côté, et la moelle alongée en souffriroit beaucoup. Les surveillants empêcheront donc les enfants de porter des poids sur leur tête.

(1) « In omnibus enim ludendo conari debemus, ut eò voluptates et cupiditates puerorum vertamus, quò eos tandem pervenire cupimus. Caput autem disciplinæ rectam educationem dicimus, quæ ludentis animum in amorem præcipuè illius perducit, quod virili ætate perfecte sit, comparata virtute artis ejus, jam acturus. » *Plato*, *De legibus*, *dialog*. 1.

Ni la pluie, ni la neige, ni la gelée, ni les vents, ni les ardeurs de l'été, ni les frimas de l'hiver, ne suspendront ces exercices si utiles et si agréables; ils seront même alors plus avantageux, parcequ'ils accoutumeront de plus les enfants aux intempéries de la saison et à toutes les altérations de l'air. Chaque surveillant aura soin de les faire bien ressuyer, lorsqu'ils seront de retour chez eux, et ce sera la seule circonstance où l'on permettra aux enfants de s'approcher du feu.

Il n'est rien qui rende l'homme plus délicat, plus mou, plus pesant, plus nonchalant, moins propre à résister au froid; qui relâche autant la fibre, qui lui ôte davantage ce ton nécessaire à son action, qui occasione plus de rhumes et d'autres maux de ce genre, que l'usage immodéré du feu. La nature nous a pourvus d'un moyen infaillible pour nous délivrer des rigueurs du froid, c'est le mouvement. Nous sommes en effet plus disposés au mouvement pendant l'hiver, et plus enclins au repos pendant l'été. Dans les enfants, sur-tout dans ceux de cette classe, il est aisé de satisfaire ce besoin par le moyen que nous indiquons.

Revenant aux exercices qui sont l'objet de cet article, je crois ne devoir pas oublier la natation. Le proverbe connu des Latins et des Grecs nous montre combien la connoissance de cet art leur étoit familière, et combien il étoit honteux de l'ignorer (1). Dans toutes les communautés où le voisi-

____

(1) *Nec litteras didicit, nec natare.* Il y avoit aussi un proverbe semblable chez les Grecs pour désigner un ignorant.

nage de la mer et des rivières permet de se livrer à cet exercice, on devroit le prescrire une fois par semaine. Dans l'été comme dans l'hiver on devroit, aux jours fixés, apprendre ou exercer cet art ; mais il ne faudroit commencer cette instruction que l'été ; par ce moyen, l'enfant s'accoutumeroit peu à peu à l'impression du froid, et il se prépareroit à braver les eaux glacées de l'hiver.

Cet exercice donneroit au corps la plus grande énergie ; car on sait que l'usage seul des bains froids a donné aux hommes les plus délicats la vigueur des hommes les plus robustes (1).

A cet avantage je joindrai celui d'apprendre aux enfants un art dont l'ignorance a coûté et coûte chaque jour la vie à un si grand nombre d'hommes, et celui d'entretenir la propreté du corps, si utile à la santé et à l'énergie de l'ame.

Cet exercice, qui auroit lieu chaque semaine, seroit accompagné d'un autre. Le profond auteur d'*Émile* (2) a développé les avantages de cet exercice, dont il doit peut-être l'idée à l'un des plus grands observateurs de la nature, et des plus illustres écrivains de la France (3). Il conseille l'usage des jeux nocturnes, plus véritablement utiles, selon lui, qu'ils ne le sont en apparence. La nuit effraie naturellement les hommes et quelquefois les animaux. La raison, les connoissances, l'esprit, le cou-

____

(1) Locke, *Traité de l'Éducation*, sect. I, liv. VIII.

(2) *Émile*, liv. II.

(3) Voyez dans Buffon, *Hist. natur.*, tom. VI, édit. in-12, l'endroit où il parle de l'origine des spectres.

rage, mettent peu d'hommes à l'abri de cette crainte.
On attribue cet effet aux contes des nourrices, et on
se trompe. Il y en a une cause naturelle; c'est la
même qui rend les sourds défiants et le peuple superstitieux; l'ignorance des choses qui nous environnent et de ce qui arrive près de nous. Accoutumés
à découvrir de loin les objets, et à prévoir d'avance
les impressions qu'ils doivent faire sur nous, lorsque
nous ne voyons pas et que nous ne pouvons voir ce
qui nous environne, notre imagination s'échauffe,
nous représente mille objets, mille mouvements,
mille accidents qui peuvent nous nuire, et dont il
est impossible de se garantir. Quelque idée que l'on
se fasse de sa sûreté dans le lieu ou l'on se trouve,
on n'en est jamais aussi certain que si l'on pouvoit
en juger par ses propres yeux.

On a donc toujours pendant la nuit un motif de
crainte que l'on n'auroit pas eu dans le jour. Au
moindre bruit dont on ne peut distinguer la cause,
le besoin de sa conservation force de se mettre en
état de défense, de surveillance, et par conséquent
de crainte et d'effroi. N'entend-on aucun bruit, on
n'en est pas pour cela plus tranquille, parcequ'on
sait que sans bruit on peut être surpris. Pour se rassurer contre ce silence, il faut pouvoir supposer les
choses telles qu'elles étoient d'abord, telles qu'elles
sont; il faut voir ce qu'on ne peut voir en ce moment. Forcé de mettre en mouvement son imagination, on finit par n'en plus être le maître, et tout ce
qu'on fait pour se rassurer ne sert qu'à épouvanter
davantage. Les motifs de sûreté sont dans la raison,

et ceux de crainte dans l'instinct qui a plus de puissance qu'elle.

A cette cause s'en joint une autre. Lorsque par
des circonstances particulières nous ne pouvons avoir
des idées justes des distances, et lorsque nous ne
pouvons juger des objets que par la grandeur de
l'angle, ou plutôt de l'image qu'ils forment sur
notre organe, nous devons nécessairement nous
tromper sur la grandeur réelle de ces objets. Tout
homme qui a voyagé de nuit a éprouvé qu'un arbrisseau qui étoit près de lui ressembloit à un grand
arbre éloigné, et que celui-ci à son tour ressembloit
à un arbrisseau placé à une certaine distance. Si les
ténébres ou d'autres circonstances ne lui permettoient pas de distinguer les objets par leurs formes,
il se sera trompé, non seulement sur la grandeur,
mais sur la nature de l'objet ; il aura pris une mou-
che qui passoit rapidement à quelques pouces de ses
yeux pour un oiseau fort éloigné de lui, et un belier
qui étoit à ses pieds pour un bœuf qui traversoit au
loin la campagne. Un matelot anglois dans une île
inhabitée de la mer du Sud, qui, depuis deux jours,
épuisé d'inanition et le corps tout couvert de plaies,
ne pouvoit ni crier ni marcher sur ses pieds, parut
pendant la nuit un monstre deux fois plus grand
qu'un éléphant aux yeux des braves guerriers que
Cook avoit envoyés à son secours(1). On sait com-

____

(1) Voyez la relation du troisième voyage de Cook, faite par un
officier de sa suite, dont la traduction françoise a été imprimée à
Paris en 1782, tom. I, in-8°, depuis la page 267 jusqu'à la page 289.
La relation de cet événement est très intéressante.

semblables ont été produites par les deux causes indiquées ci-dessus, et combien de maux sont résultés
de ces erreurs.

Après avoir découvert les deux sources du mal,
il ne sera pas difficile d'en trouver le remède. Les
objets nouveaux réveillent l'imagination ; s'ils se présentent fréquemment, ce n'est plus l'imagination qui
agit, c'est la mémoire : quant aux erreurs de la vue,
c'est l'habitude d'y tomber qui nous enseigne à nous
en garantir. Combien de fois il faut que l'enfant se
trompe sur la situation et sur le nombre des objets,
avant d'apprendre à les voir dans leur véritable position et dans leur véritable nombre! Toutes les images
ne se forment-elles pas renversées sur notre rétine ?
chaque objet simple ne nous paroît-il pas double?
N'avons-nous pas besoin d'une longue suite de méprises pour apprendre à rectifier par le tact les erreurs de la vue, et ne nous accoutumons-nous pas
à voir simples et droits les objets qui nous paroissent
doubles et renversés? Combien de fois ne faut-il pas
qu'un enfant étende en vain son bras pour prendre
un corps auquel il ne peut atteindre, avant d'avoir
appris la distance à laquelle il peut le porter? Combien de fois le pêcheur doit-il jeter inutilement son
harpon dans la mer, avant d'avoir appris à connoître
la grandeur de l'angle que fait un corps qui entre
d'un milieu plus dense dans un autre qui l'est moins?
Ainsi, un homme qui, dans la nuit, s'est plusieurs
fois trompé sur la grandeur des objets apprendra à
ne pas se fier à ses sens dans les ténèbres ; et après
beaucoup d'erreurs, il saura ne plus se tromper.

4.   5

Il faut donc accoutumer les enfants aux ténèbres pour les préserver des erreurs qu'elles inspirent, et des méprises de la vue qu'elles occasionnent. Il faut affoiblir l'imagination par l'habitude, et détruire l'erreur par l'expérience. Voilà pourquoi, suivant les conseils du grand homme que j'ai cité, je propose l'exercice des divertissements nocturnes pour les enfants de cette classe une fois au moins chaque semaine. Le surveillant conduira les enfants dont il est chargé, tantôt dans un lieu, tantôt dans un autre, et il leur permettra tous les jeux innocents que peuvent suggérer les circonstances du lieu et du temps. La supériorité que des hommes formés à ces exercices de nuit auroient nécessairement sur les autres hommes, est trop évidente pour qu'il soit nécessaire de la démontrer. Cet objet paroîtra encore plus important, si l'on réfléchit aux différentes destinations des individus de cette classe, soit dans la paix, soit dans la guerre. Rappelons-nous que Lycurgue prescrivit les exercices de nuit pour les enfants (1), et défendit l'usage des flambeaux aux adultes (2).

Je passe rapidement à un autre objet, trop important en lui-même pour le négliger dans un plan d'éducation physique.

---

(1) Plut. *in vitâ Lycurgi.*

(2) . . . . . « Ut in tenebris et noctu audacter et sine ullo metu incedere consuescant. » Idem, *in Institutis laconicis.*

ARTICLE V.

De l'inoculation de la petite vérole.

Ce mal qui détruit ou déforme la moitié de l'espèce humaine, qui s'annonce par des signes équivoques et se communique avant de se déclarer ; ce mal devient encore plus funeste, lorsque le mélange des enfants en facilite la communication. Heureusement pour les hommes, la vanité et l'intérêt d'un peuple qui fait de la beauté un objet d'industrie et de commerce a combattu ce mal par un remède qui, non seulement lui enlève son activité homicide, mais en rend la communication moins rapide : l'inoculation est cet heureux remède. Laissons les fanatiques et les ignorants soutenir sur ce sujet des opinions déraisonnables ; laissons-les opposer de futiles et absurdes propositions à une pratique invariable, qui a conservé la vie de plusieurs millions d'hommes, et qui a maintenu dans plusieurs autres millions la vigueur, la santé, la beauté. Répondons aux décisions de l'ignorance, de l'intérêt, par l'impérieuse voix de l'expérience ; et au milieu de tant de découvertes qui n'ont servi d'ordinaire qu'à étendre l'empire de la mort, n'affectons point de renoncer précisément à celles qui ont eu le bonheur de produire l'effet contraire. Le législateur devroit donc établir dans chaque province un hôpital d'inoculation, où chaque enfant de cette classe, qui n'auroit pas eu la petite vérole avant son admission, seroit conduit, dès que le médecin de la communauté le croiroit

5.

disposé à recevoir l'inoculation (1). Cette opération seroit l'unique reméde préservatif que l'on donneroit aux enfants élevés suivant la manière que j'ai indiquée. L'observation des régles prescrites ci-dessus par rapport aux aliments, au sommeil, aux vêtements et aux exercices, seroit toute seule beaucoup plus efficace pour les préserver des maladies auxquelles ils sont exposés, que ne le seroient tous les remédes que l'art de la médecine a imaginés, et dont l'usage, loin de prévenir les maux du corps, ne fait que les faire naître et les rendre plus terribles (2).

Voilà tout ce que j'ai cru pouvoir dire sur l'éducation physique de cette première classe. Ceux qui connoissent l'influence du présent sur l'avenir, et les rapports nécessaires de l'enfance avec les âges suivants, verront quels seroient les effets de cette institution, soit sur un peuple entier, soit sur les générations suivantes, et en temps de paix comme en temps de guerre.

---

(1) Cet hôpital pourroit encore être ouvert aux jeunes filles de la même province.

(2) L'établissement des infirmeries seroit nécessaire pour éviter la contagion des maux, qui se communiquent plus rapidement parmi les enfants que parmi les adultes. On en établiroit une pour l'usage de plusieurs communautés toutes les fois que leur proximité le permettroit. Cette réunion diminueroit les dépenses, et faciliteroit le bon ordre.

CHAPITRE X.

Idées générales sur l'éducation morale de la première classe

Avant de nous occuper de la recherche des moyens, déterminons avec précision la fin que nous nous proposons d'obtenir; éclairons le point où nous devons parvenir, afin de rendre notre route plus facile et plus sûre.

Quel est, ou, pour mieux dire, quel doit être l'objet de la partie morale de l'éducation de cette première classe? Voilà ce qu'avant tout il convient de déterminer.

L'ame de l'homme est à sa naissance dans le même état de nudité, pour ainsi dire, que son corps; il n'a ni idée ni desirs; il est indifférent à tout, même à ses besoins : un sentiment aveugle, fort inférieur à celui des bêtes, est le premier ressort de ses mouvements. Les facultés de sentir, de penser, de vouloir sont en lui; mais les causes du développement de ses facultés sont hors de lui. Ces facultés, ces puissances ne sont pas égales dans tous les hommes, mais elles sont toutes dans eux. Dès l'instant qu'ils voient le jour, elles forment une partie de leur existence. Le sauvage peut en être doué à un plus haut degré que l'homme civilisé; mais l'absence des causes extérieures, nécessaires pour les développer, les fait, pour ainsi dire, rester sans action et sans mouvement dans

l'un, tandis que le concours des causes qui se combinent pour les développer dans le second, en excitent
toute l'activité. Newton n'eût été peut-être qu'un
chasseur intrépide, s'il fût né parmi les Iroquois;
et le plus brave chasseur d'entre les Iroquois seroit
devenu un Newton, s'il se fût trouvé dans les mêmes
circonstances.

L'inégalité qui existe entre un homme et un autre
vient moins de l'inégale aptitude originaire entre
leurs facultés de sentir, de penser, de vouloir, que
de la diversité des causes qui se combinent pour les
développer. Ces causes sont les circonstances où
l'homme se trouve; et parmi ces circonstances, celles
qui naissent de l'éducation sont les premières, et
par conséquent celles qui influent le plus sur ce développement. L'objet de l'éducation morale en général est donc de préparer le concours de circonstances le plus propre à développer ces facultés,
conformément à la destination de l'individu et aux
intérêts de la société dont il est membre.

La destination des individus de cette première
classe est d'être utile à la société par le secours de
leurs bras. Les intérêts de la société sont de trouver en
eux des citoyens laborieux et industrieux en temps
de paix, et des défenseurs intrépides en temps de
guerre, de bons époux, de bons pères, instruits de
leurs droits et de leurs devoirs, animés par ces passions qui conduisent à la vertu, pénétrés de respect pour les lois, et du sentiment de leur propre
dignité.

L'objet de la partie morale de l'éducation des individus de cette première classe est donc de faire naître le concours de circonstances le plus propre à développer leurs facultés, par rapport à cette destination et aux intérêts de la société.

Après avoir déterminé l'objet, occupons-nous de la recherche des moyens.

ARTICLE PREMIER.

Des instructions et des discours moraux.

Un principe que l'auteur d'*Émile* a très bien développé, mais qui seroit inapplicable à un plan d'éducation publique, est d'attacher l'instruction aux faits et le précepte à l'expérience. L'éducation d'un homme, nous l'avons dit, est bien différente de l'éducation d'un peuple. Un instituteur particulier, toujours à côté de son élève, peut à son gré disposer des événements (1); il peut profiter de ceux que le hasard présente; il peut, en un mot, suivre la méthode de l'auteur d'*Émile*, pourvu qu'il ait des lumières, de l'instruction, de la constance. Mais l'instituteur public, quoique pourvu de toutes ces qualités, pourroit-il en suivant la même route se promettre quelque succès?

Dans le plan que je trace ici, on ne pourroit charger de ce soin les surveillants, parcequ'il n'est pas

---

(1) Voyez sur-tout le moyen employé par Rousseau pour donner à Émile l'idée de la propriété; il dit lui-même que l'événement du jardinier, qu'il avoit préparé à son gré, auroit seul exigé plusieurs mois d'instruction.

possible de trouver en eux les lumières nécessaires à cet objet. On pourroit beaucoup moins obtenir le même succès du magistrat particulier de la communauté, qui est l'instituteur général, parceque quelques connoissances, quelques vertus, quelque constance qu'on pût lui supposer, l'étendue de ses soins sur tous les enfants de la communauté, ne lui permettroit certainement pas de faire ce qui est à peine possible dans l'éducation d'un seul homme. Nous sommes donc obligés de renoncer à cette méthode, qui devient chimérique et impraticable, dès qu'on veut l'étendre de l'éducation privée à l'éducation publique. Contentons-nous d'obtenir ce qu'on peut, et ne mêlons pas à ce plan des idées de perfection impossible.

Si l'ignorance des pères et la superstition des mères font passer dans l'ame des enfants des préjugés et de fausses maximes de morale et de religion ; si l'empire de l'erreur et du vice s'étend et se fortifie par les leçons dangereuses qu'on reçoit dans l'enfance plus que par tout autre moyen, pourquoi ne pourrions-nous pas fonder et étendre l'empire de la vérité et de la vertu par des instructions toutes contraires ?

Pourquoi à ces erreurs compliquées, à ces faux principes de morale dont on charge la mémoire des enfants, ne pourrions-nous pas substituer les principes si simples de la justice, de la bienfaisance, de toutes les vertus sociales ?

Pourquoi au lieu de ces fausses maximes de religion que nous entendons avec horreur sortir de la bouche de ces naissants prosélytes de l'erreur, devenus superstitieux avant d'être croyants, ne pourrions-nous pas faire entendre des expressions conformes aux principes de cette morale religieuse qui exige la miséricorde et non le sacrifice (1)? Pourquoi à ces idées de bassesse qui avilissent et dégradent leur cœur, ne pourroit-on substituer celles qui peuvent l'ennoblir et l'élever? Pourquoi au lieu de dire à un enfant, d'un ton de mépris, qu'il est un *ver de terre*, ne pourroit-on pas lui dire, Tu es le roi de la nature, pourvu que tu en respectes les lois, et tu seras le monstre le plus odieux dès que tu deviendras vil et méchant?

Pourquoi, en un mot, au lieu de ces discours, de ces actions, de ces exemples, qui ouvrent l'ame des enfants à des passions dangereuses et à des sentiments coupables, ne pourroit-on par d'autres discours, par d'autres actions, par d'autres exemples, les disposer aux actions généreuses et utiles?

Je le répéte, l'homme naît dans l'ignorance et non dans l'erreur. Lorsqu'il est en état d'apprendre une erreur, il est en état d'apprendre une vérité. Mais toutes les erreurs ne sont pas à la portée des enfants; il en est de même des vérités. Il faut commencer par les plus simples, et s'élever par degrés jusqu'aux plus composées. Par la méthode contraire, on inculquera aux enfants des mots au lieu d'idées: la bouche proférera une vérité, lorsque l'intelligence concevra une erreur. Voilà sur-tout l'inconvénient que

---

(1) *Misericordiam volo, non sacrificium.* Osée, chap. 6, vers. 6

l'on doit éviter lorsqu'on s'occupe de l'instruction des enfants. A qui sera donc confiée cette importante partie de notre plan? qui sera l'instituteur moral des enfants de cette première classe? de quelle manière, en quel temps, en quel ordre sera réglé ce premier moyen de leur éducation morale?

L'instituteur moral sera le magistrat même d'éducation de la communauté; ce sera la plus importante et la plus noble de ses fonctions. La dignité, l'éclat de son emploi, le respect qui en accompagnera les fonctions, la vénération que les surveillants inspireront aux enfants envers ce chef commun, les qualités dont doit être doué l'homme chargé de tels soins; toutes ces circonstances donneront une plus grande efficacité à ses instructions, et fortifieront la vérité de toute la force de l'opinion (1).

Le temps de l'instruction devroit être toujours fixé au matin, parceque l'ame n'étant point encore livrée aux distractions du jour, auroit le recueillement nécessaire pour se pénétrer des vérités qu'il lui importe de connoître.

La durée de l'instruction ne devroit pas excéder une demi-heure, afin de n'en pas affoiblir la force par l'ennui, et de ne pas exiger des enfants un recueillement plus long qu'ils n'en sont susceptibles.

L'âge où l'enfant doit être admis à l'instruction seroit fixé entre sept et huit ans.

Je dis entre sept et huit ans, parcequ'une différence de quelques mois seroit nécessaire, par une

____

(1) Voyez ce que j'ai dit ci-dessus, chap. II de ce livre.

raison que je ne dois pas négliger d'énoncer. Comme l'entrée de chaque enfant dans l'éducation publique seroit fixée, ainsi que je l'ai dit(1), au jour où il achéveroit sa cinquième année, soit afin de le laisser exposé le moins qu'il seroit possible à la contagion des erreurs et des préjugés de ses parents, soit afin d'avoir chaque année le nombre d'enfants nécessaires pour suivre le cours d'instructions morales, on doit nécessairement négliger cette petite différence qui ne produit aucun inconvénient. Chaque année, tous les enfants qui se trouveront entre l'âge de sept à huit ans seront donc admis au cours d'instructions morales.

Si l'on me demande pourquoi je commence si tôt une instruction qu'on pourroit donner dans un âge plus mûr, je demanderai à mon tour quels seront, si l'on commence plus tard, les principes capables de diriger les actions de ces enfants? Si on les laisse plus long-temps dans l'ignorance de ces principes, ne s'expose-t-on pas au risque de les voir s'en former eux-mêmes d'arbitraires, de faux et de dangereux?

Puisque nous voyons la plus grande partie des enfants à l'âge de sept ans déja égarés dans la route de l'erreur, pourquoi ne pourrions-nous pas à la même époque les faire entrer dans la route de la vérité? Celle-ci n'est-elle pas plus facile et plus lumineuse, lorsqu'on y marche avec un guide sage et éclairé?

_____

(1) Voyez le chap. VIII de ce livre.

L'objet de cette partie de l'éducation n'est point d'enseigner une science, mais d'apprendre des devoirs. On ne doit pas s'y occuper du soin de définir, mais de celui de prescrire : c'est en cela que consiste le grand art de l'instituteur. Il doit supprimer tout ce qui porte l'empreinte de la science proprement dite. Il ne doit se proposer que la vérité, qui n'en est ou du moins qui n'en devroit être que le but, que le résultat unique. Heureusement les principes qui dirigent les actions humaines, sont aussi lumineux, aussi simples, aussi évidents que l'erreur et le pédantisme du savoir qui veulent en affoiblir l'éclat sont obscurs, compliqués, et susceptibles de contestations interminables. Que l'instituteur ait donc toujours devant les yeux l'âge et la destination de ses élèves ; qu'il recoure à tous les moyens qui peuvent intéresser les enfants auxquels il parle, pour rendre ses instructions plus claires, plus durables et moins ennuyeuses ; qu'il mette à profit, autant qu'il est possible, les événements dont ils ont été les objets ou les témoins ; qu'en un mot, il se serve de tous les moyens que pourront lui suggérer la raison, le bon sens, l'expérience et la connoissance de l'état de l'esprit humain dans l'âge de ceux à qui il s'adresse, et qu'il ne craigne pas alors de rendre ses instructions inutiles.

Je distingue les *instructions* des *discours moraux*. Les premières ne devront durer qu'une année, les autres seront continués pendant toute la durée de l'éducation ; les premières seront faites suivant l'ordre prescrit par le législateur, les autres dépendront

de la volonté du magistrat, pourvu qu'ils soient relatifs aux objets indiqués par la loi. On répétera
les premières dans le même ordre chaque année,
afin que les enfants qui y seront admis ensuite puissent en profiter ; les autres ne seront pas soumis à
la même loi, parcequ'ils ne doivent pas être soumis
au même ordre. Examinons donc d'après quel ordre
le législateur devroit fixer les *instructions*, et quels
objets il devroit indiquer pour sujets des *discours*.

*Ne faites pas aux autres ce que vous ne voudriez
pas qu'on vous fît.* Tel est le premier principe de
morale, dont le développement et l'application doivent être l'objet de cette première suite d'instructions.

*Faites aux autres tout le bien que vous pouvez
leur faire.* Tel est le second principe qui doit être
développé dans une seconde suite d'instructions.

Ces deux principes dont le développement renferme toutes les idées de *justice* et de *bienfaisance*
ou *vertu*, considérées par rapport à l'*homme*, devroient être suivis de deux autres principes qui con-
stituent la *justice* et la *vertu* par rapport au *citoyen*.

*Observez les lois, respectez les décrets de l'autorité
publique, défendez la patrie contre les invasions des
ennemis et les attentats des rebelles et des séditieux.*
Ce troisième principe seroit l'objet d'une troisième
suite d'instructions.

*Procurez à la patrie tous les avantages qui sont
en votre pouvoir ; ne vous bornez pas aux actions
utiles que les lois vous prescrivent ; faites encore tout
le bien que votre amour pour elle peut vous inspirer ;
que son intérêt soit votre suprême loi.* Tel est le qua-

trième principe qui seroit développé dans une quatrième suite d'instructions.

Dans le développement de ces deux derniers principes, le législateur consultera la nature du gouvernement sous lequel il vit, et les conséquences qui
doivent naître de l'application de ces principes à la
constitution. Un objet d'une si grande importance
ne sera jamais assez clairement déterminé par un
sage législateur.

Ces quatre suites d'instructions devroient toutes
être comprises dans le cours de morale qui se répé-
teroit chaque année. Afin que les vérités qu'on y
enseigne restent mieux gravées dans la mémoire des
enfants, on pourra ordonner que ceux qui auront
terminé le cours entier le recommenceront l'année
suivante avec les enfants qui y seront admis pour la
première fois. Par ce moyen, chaque enfant suivroit
deux fois de suite ce cours complet d'instructions
morales. La seconde année, on exigera d'eux quelque chose de plus que la première. L'instruction de
chaque jour terminée, le magistrat leur fera, tantôt
aux uns, tantôt aux autres, quelques demandes sur
cet objet. Ces demandes renfermeront des doutes à
éclaircir, des faits à juger, d'après les principes exposés. Cet exercice, qui rempliroit la demi-heure
qui doit suivre celle de l'instruction, procureroit en
même temps trois grands avantages. Le premier seroit d'obliger les enfants à l'attention la plus suivie,
en les mettant sans cesse dans le cas d'en donner des
preuves; le second seroit de les accoutumer à appliquer les principes généraux aux événements parti-

culiers, et à dissiper tous les doutes qui pourroient se présenter à leur esprit ; le troisième avantage enfin seroit de faciliter aux enfants qui suivent pour la première fois le cours de ces instructions, l'intelligence des principes et des vérités qui y sont enseignés, par la discussion qu'en feroient devant eux les enfants qui suivent le cours de la seconde année. Si le magistrat qui fait la demande n'obtient pas une réponse convenable, il en montrera le défaut, répètera la demande à un autre enfant, et ainsi de suite, jusqu'à ce qu'il ait obtenu une réponse juste. Si la question n'est pas encore résolue avant la fin de l'instruction, le magistrat fera une courte exposition du principe d'où doit dépendre la solution du doute ou du fait proposé, et il résoudra lui-même la question avec la plus grande clarté. Les enfants qui auront donné des preuves d'un défaut d'attention seront punis par le magistrat, suivant les réglements dont nous parlerons plus bas.

Dès que les enfants auront achevé le second cours d'instructions morales, ils seront admis aux discours moraux qui doivent leur succéder. L'orateur sera le magistrat lui-même. Tous les enfants de la communauté qui auront achevé le second cours d'instruction, y assisteront, comme je l'ai dit, pendant toute la durée de leur éducation ; ils auront encore le droit d'y venir après être sortis de l'éducation publique. On destinera à cet exercice la demi-heure qui suit immédiatement l'heure des instructions. Tels sont les objets qui peuvent être prescrits à cet égard par le législateur.

On leur fera sentir tout ce qu'on leur a enseigné;
on fera passer dans leur cœur les vérités qu'on a
d'abord démontrées à leur intelligence par les instructions morales; on leur fera sentir ce que c'est
que la vertu, quels plaisirs délicieux l'accompagnent
et la suivent; on leur fera sentir ce que c'est que la
patrie, quels bienfaits elle leur procure, quelle reconnoissance ils doivent avoir pour elle. Il n'est pas
inutile de répéter que dans ces discours, ainsi que
dans ces instructions morales, la constitution du
gouvernement doit toujours fixer les regards du magistrat.

On leur développera ensuite les vérités contraires
aux préjugés de l'opinion publique, et on préparera
de cette manière les moyens de la corriger et de
l'éclairer.

On leur inspirera le sentiment de leur propre dignité; on leur apprendra à être estimables à leurs
yeux, à connoître la véritable grandeur, la véritable
gloire; on leur montrera comment chacun peut
l'obtenir par ses talents et ses vertus. Pour imprimer
avec force cette vérité dans l'ame des enfants, le sage
instituteur rassemblera tous les faits qui peuvent la
confirmer, et qui ont tant d'empire sur la raison et
sur le cœur. Le grand art de l'éducation, comme je
l'ai dit, est de prévenir dans ces enfants le dangereux
avilissement auquel la nature de leur destination
semble les exposer. Cet objet paroîtra encore plus
important, si l'on réfléchit que le moyen de se rendre estimable est de pouvoir s'estimer soi-même, et
que l'homme dégradé à ses propres yeux est in-

capable des grandes passions et des grandes vertus.

L'amour du travail sera un autre objet de ces dis- cours moraux. On leur fera comparer les tristes et dangereux effets de l'oisiveté et de l'ennui avec les avantages et les plaisirs de toute espèce qui accom- pagnent le travail, et on parviendra d'autant plus facilement à leur en inspirer le goût pour toute la vie, que le système de l'éducation qu'ils suivront leur en fera contracter l'habitude.

Enfin, si plusieurs motifs concourent à rendre précieuse pour la société entière la multiplicité des mariages, si elle est sur-tout nécessaire à la conser- vation des mœurs, et si l'idée d'un terme ou d'un but légitime pour les besoins qui tourmentent l'âge postérieur à la puberté, est plus propre à en prévenir les désordres que tout autre moyen; on sent aisé- ment qu'un des plus importants objets de ces dis- cours moraux est de rendre cet état desirable et cher aux enfants qui doivent sortir de l'éducation publi- que (1), et de leur montrer les droits et les devoirs qui se lient aux doux noms de père et d'époux. Les maux qui sont attachés à un célibat vicieux, la triste indifférence de cet état, les agitations qui l'accom- pagnent dans la jeunesse, l'ennui qui le suit dans

---

(1) Les discours moraux relatifs à cet objet ne devroient être prononcés qu'en présence des élèves qui sont près de terminer le cours de leur éducation : ils ne devroient par conséquent avoir lieu que rarement, et dans des cas extraordinaires. Le magistrat consacreroit à ces discours les moments et les jours qui lui convien- droient davantage, et où les enfants auxquels ils sont destinés seroient le moins occupés.

la vieillesse, doivent y être peints avec les plus vives couleurs, et la touchante image de deux époux vertueux, entourés des tendres fruits de leur amour, doit être présentée à leurs yeux avec tout l'éclat de la vérité et toute l'énergie de la passion.

En leur faisant considérer le mariage comme l'état le plus doux de la société, on le leur montrera encore comme le plus inviolable et le plus sacré de tous les contrats. On rappellera avec force tous les motifs qui doivent en faire l'objet du respect de tous les hommes, et qui doivent rendre dignes de haine et de malédictions ceux qui osent en souiller la pureté. Les devoirs fondamentaux des pères et des époux feront partie de ces discours. On appliquera à l'un et à l'autre de ces états le principe général qui détermine l'exercice de toute autorité; on leur apprendra que l'autorité de celui qui gouverne ne peut exister que pour l'intérêt de celui qui est gouverné, et qu'alors seulement elle devient utile et agréable pour celui qui l'exerce.

Les effets de ces discours seront d'autant plus sûrs, que les vices des lois économiques de l'état n'arrêteront plus le cours des mariages. La certitude de trouver dans le magistrat et dans la loi l'éducation des enfants jusqu'au temps où ils seront en état de se diriger eux-mêmes et de pourvoir à leurs besoins, sera encore un nouveau motif de choisir un état de vie qui est le plus heureux de tous, lorsqu'il n'est déterminé que par l'amour, qu'il n'est point accompagné de l'indigence, précédé ou suivi de la corruption.

Tels sont les objets qui devroient être prescrits par la loi pour les discours moraux.

L'exemple devroit répondre aux instructions et aux discours.

ARTICLE II.

De l'exemple.

Les philosophes de la Gréce appelèrent l'homme un *animal imitateur* (1).

De toutes les espéces d'animaux, les hommes sont en effet ceux qui, par leur système physique et une plus grande perfection de sensibilité, sont le plus disposés à s'imiter mutuellement. Cette imitation est une espéce de besoin qui se manifeste dès l'enfance, et que l'éducation doit mettre à profit pour remplir l'objet auquel la nature semble l'avoir destiné. Le magistrat et les surveillants sont les modèles que la loi doit offrir aux enfants de cette classe dans le plan d'éducation que nous traçons ici. Ils devroient donc concourir à ce grand objet par des exemples continuels de justice, d'humanité, de douceur, d'indulgence, d'amour pour le travail, de zéle pour le bien, de reconnoissance pour la patrie, de respect pour les lois. La présence des enfants leur rappelleroit l'importance de leur ministère, et leur apprendroit à mettre toujours dans leur conduite cette décence et cette modération qu'inspirent la force de l'exemple et la puissance de l'imitation.

---

(1) Aristot. *Problemat.*, sect. 3o.

On devroit sur cet objet établir une instruction particulière pour les surveillants, qui leur seroit communiquée par le magistrat particulier d'éducation de la communauté avant de les admettre à cet important ministère, et qui leur seroit rappelée au moins deux fois par mois, conformément aux régles prescrites par le législateur (1). Nous supposons que le magistrat est déja parfaitement instruit de ses devoirs et de ceux des personnes qui sont dans sa dépendance immédiate.

Il aura soin de ne jamais réprimander un surveillant en présence des élèves. Si quelqu'un d'entre eux se montre indigne ou incapable du ministère qui lui est confié, il en avertira le magistrat suprême d'éducation de la province dans laquelle se trouve comprise la communanté, et il en attendra les ordres. S'il est nécessaire de procéder à un changement, cela se fera avec toute la célérité que pourront exiger les circonstances. Si l'inconduite du surveillant est connue de ses éléves, l'exclusion aura de la publicité; mais s'ils ignorent le délit, ils en ignoreront également la peine : on leur laissera croire que le surveillant a volontairement renoncé à une charge qu'il avoit un juste et honorable motif de ne plus exercer.

Le magistrat de la communauté ne négligera au-

---

(1) On pourroit consacrer à cet objet les heures du dimanche où les enfants seroient occupés des exercices réservés pour ce jour de la semaine. La moitié des surveillants nécessaires à ces exercices ne pourroit assister à l'instruction. Par ce moyen, chacun d'eux y assisteroit deux fois par mois.

cun soin pour être instruit de la conduite de chaque surveillant, et pour la diriger dans toutes les circonstances où ils auront besoin de ses lumières.

Un des principaux objets des instructions relatives aux surveillants sera de les familiariser avec la manière dont ils doivent répondre aux demandes qui pourront leur être faites par les enfants sur les différents objets qui piqueront leur curiosité. Comme un des plus grands avantages de ce plan d'éducation publique seroit de soustraire les enfants à l'influence des erreurs, afin de laisser à la vérité la force de pénétrer dans leurs ames, et que nous ne supposons pas les surveillants assez instruits pour pouvoir donner des notions vraies et justes aux enfants sur tout ce qui peut éveiller leur curiosité, nous croyons qu'on doit préférer le parti du silence, au risque de faire des réponses absurdes ou peu convenables à leur âge.

Toutes les fois qu'un enfant fera au surveillant une question au-dessus de son intelligence, celui-ci devra lui conseiller de la proposer au magistrat, immédiat et suprême instituteur, et il lui avouera tout simplement qu'il n'est pas lui-même assez instruit pour l'éclairer sur cet objet. Cette méthode produiroit à-la-fois deux grands avantages ; elle préviendroit la contagion involontaire des préjugés et des erreurs ; et donnant aux enfants l'utile exemple du respect qu'on doit avoir pour la vérité, elle les accoutumeroit à être moins honteux de l'ignorance que de l'erreur.

Je n'ai pas cru devoir négliger cet avertissement, que je regarde comme très important.

Parlons maintenant d'un autre moyen qui devroit faire partie de l'éducation morale, comme extrêmement nécessaire au but qu'elle se propose, quand même nos idées sur ce sujet devroient nous exposer à la dérision des ignorants et aux reproches des insensés et des fanatiques.

ARTICLE III.

Lectures qui devroient être prescrites aux enfants de cette classe.

Je propose la lecture des romans pour les enfants qui ont atteint l'âge fixé dans notre plan pour assister aux discours moraux.

Mais quels seront ces romans? et quel temps destinera-t-on à cette lecture?

Chaque état peut avoir ses prodiges de vertu et de scélératesse. Chez toutes les nations, dans tous les siècles, dans tous les gouvernements, les différentes classes de la société en offrent des exemples. Les haillons du pauvre citoyen et la robe du premier magistrat couvrent souvent les plus grandes vertus et les crimes les plus détestables. L'œil du philosophe pénétre à travers ce voile, tandis que le vulgaire ne voit que des haillons et une robe.

C'est sur de tels faits, qui nous sont révélés par l'histoire de tous les siècles, que devroient être formés les romans dont je parle. Le grand homme qui en est le héros devroit toujours être tiré de la classe de ceux auxquels la lecture en est destinée. L'agriculteur, le berger, le matelot, l'artisan, le simple soldat, ou le général qui a commencé par l'être, et qui a conduit la charrue avant de conduire une légion, devroient être le sujet des romans destinés aux enfants de cette classe. L'art de l'écrivain consisteroit à présenter avec le plus d'éclat les vertus civiles et guerrières qui sont plus à la portée des individus de cette classe, à peindre des plus noires couleurs les vices auxquels ils sont le plus exposés, à féconder ces germes d'amour de la patrie ou d'amour de la gloire qu'on auroit déja jetés de tant de manières dans l'ame des enfants, à leur inspirer cette élévation de caractère, qui est d'autant plus glorieuse, qu'elle s'allie plus rarement à la richesse, et à la dignité originaire et factice des distinctions sociales.

Je voudrois que le sujet des romans fût presque toujours un fait vrai ou non entièrement imaginé, et que l'auteur en assurât le lecteur. On ne connoît pas jusqu'à quel point cette prévention en rendroit la lecture efficace.

La multiplicité des bons ouvrages de ce genre qui existent chez presque toutes les nations de l'Europe, rend plus facile à faire la collection des romans d'éducation que je propose. Les avantages que produiroit cette lecture sont connus de tous ceux qui savent combien la force des sentiments moraux doit avoir d'influence sur la formation du caractère et le développement des passions.

Outre les romans, il faudroit chaque année faire un recueil de tous les événements qui pourroient produire le même effet, et l'imprimer pour l'usage des élèves. Par ce moyen, ils auroient continuellement sous les yeux une histoire complète des vertus ; et si des annales de ce genre sont quelquefois très courtes, elles ne sont du moins jamais interrompues, pourvu qu'on ne les restreigne pas à une seule ville et à un seul peuple, mais qu'elles embrassent la patrie, et même l'espéce entière, à laquelle elles appartiennent.

On destineroit la soirée à cette lecture. Dans le chapitre précédent (1), nous avons dit que les dix heures fixées pour le sommeil de l'enfant au moment de son admission doivent être diminuées à proportion qu'il avance en âge, de manière à pouvoir fixer le temps de son sommeil à sept heures dans la dernière année de l'éducation. Pour obtenir cette diminution progressive, sans changer l'heure du réveil qui doit être le même pour tous les âges, il faudroit déterminer l'heure du coucher aux différentes époques de l'éducation. Or le meilleur moyen de donner aux enfants une occupation agréable qui les éloigne du sommeil, sans les exposer à l'ennui qu'on doit éviter avec soin dans quelque plan que ce soit d'éducation publique, seroit d'établir cet ordre de lecture, pourvu que les enfants pussent les varier à leur gré (2). Ce seroit là un nouvel avantage de cette institution. Enfin à tous ces avantages s'en joindroit un autre ; on inspireroit le goût de la lec-

---

(1) Voyez l'article du *Sommeil* dans le chapitre de l'*Éducation physique*.

(2) On ne devroit obliger aucun enfant de lire un livre plutôt que l'autre. Chaque surveillant auroit plusieurs exemplaires de ces collections pour satisfaire les différents goûts.

ture aux individus de cette classe, et l'on hâteroit par ce moyen les progrès de l'instruction populaire.

ARTICLE IV.

Des récompenses.

Deux passions, dont l'une est petite, dangereuse, avilissante, et dont l'autre porte le caractère de la grandeur, de l'élévation, de l'utilité, dérivent de la même source. Ces passions, la *vanité* et l'*amour de la gloire*, naissent du *desir de se distinguer*. Ce desir, signe et effet de la sociabilité qui anime également le barbare et l'homme civilisé, l'insensé et le sage, le scélérat et l'homme de bien ; ce desir qui se manifeste presque depuis les premiers pas de la vie, et qui accompagne l'homme jusqu'au tombeau ; ce desir produit l'une ou l'autre de ces passions, selon qu'il est bien ou mal dirigé. Il devient vanité dans les uns, amour de la gloire dans les autres ; il couvre d'ornements somptueux le char de l'homme riche, et précipite au combat le guerrier intrépide ; il plonge l'impudique Poppée dans un bain de lait, et enfonce le poignard dans le sein de Lucréce ; il fait étaler à Crésus ses immenses trésors, et porter au feu la main de Scévola.

C'est dans la seconde partie de ce livre que nous examinerons d'une manière générale l'usage que le législateur doit faire de ce desir : nous nous contenterons ici de le considérer sous le seul point de vue qui a rapport à ce plan d'éducation publique. Voyons donc comment l'usage des récompenses, en même temps qu'il doit hâter les progrès des enfants, peut préparer le développement de ce desir de distinction, et produire, non la vanité, mais l'amour de la gloire.

Pour peu qu'on réfléchisse à cet objet important, on sentira qu'il doit résulter de deux causes, de la nature des récompenses et de leur destination.

Toute distinction est une récompense; mais toute récompense n'est pas une distinction. Dans l'éducation particulière, les récompenses ne peuvent ni seconder ni diriger le desir de se distinguer, parceque l'éducation particulière manque d'objets de comparaison, et qu'un enfant isolé n'a rien dont il puisse se distinguer. Ses récompenses doivent être toutes réelles, puisque celles d'opinion ne peuvent exister que là où l'opinion existe véritablement. Dans l'éducation publique au contraire, les récompenses qui sont fondées sur la seule distinction, lorsqu'elles sont bien dirigées, peuvent devenir un objet de desirs, parceque l'amour de la distinction est puissamment excité par la multiplicité et la proximité des personnes dont on veut se distinguer.

Le maréchal de Villars répétoit souvent que les deux plaisirs les plus vifs qu'il eût goûtés dans sa vie, étoient d'avoir remporté un prix au collége et une victoire.

L'amour de la distinction déterminera donc la nature des récompenses dans notre plan; et comme elles peuvent être réelles ou d'opinion, nous n'emploierons que les dernières pour accoutumer les en-

fants à ne desirer rien de plus que la gloire. Nous
couvrirons sa tête, par exemple, d'une couronne de
laurier; mais nous ne lui donnerons pas un habit
plus beau que celui des autres, parceque cette espéce
de distinction pourroit exciter en lui un sentiment
de vanité; ni un mets plus délicat, qui lui donneroit
du penchant à la gourmandise; nous ne le dispense-
rons pas non plus de ses occupations ordinaires,
parcequ'une telle exemption pourroit rendre hono-
rables à ses yeux l'oisiveté et le repos.

Ce plan d'éducation publique ne renfermera donc
d'autres récompenses que celles qui seront fondées
sur l'opinion publique. Le soin du législateur sera
d'imaginer ces récompenses distinctives du mérite,
et d'en déterminer la valeur relative proportionnel-
lement à la valeur relative du mérite auquel elles
sont destinées. La couronne de la victoire et celle de
la paix; celle qui ornoit le front de l'athléte et celle
qu'on plaçoit sur la tête du général victorieux avoient
la même valeur réelle, mais non la même valeur
d'opinion. L'espéce de mérite auquel elles étoient
destinées en déterminoit l'importance, et le degré
de distinction qu'elles indiquoient en étoit l'unique
valeur. Que le législateur détermine donc les différentes espéces de mérite auxquelles on doit assigner
les différentes récompenses; qu'il accorde la première
à ces actions généreuses qui annoncent l'élévation de
l'ame; que, parcourant ensuite les objets relatifs aux
trois parties dans lesquelles nous avons divisé notre
système d'éducation, il fixe pour chacun d'eux une
récompense en faveur de l'enfant qui s'y est distin-

gué, et qu'il donne à la récompense et à l'objet un degré proportionné à leur importance; qu'il en établisse pour ceux qui se sont distingués dans les différents exercices relatifs à la partie physique de l'éducation, pour ceux qui ont donné des preuves de hardiesse et de courage, pour ceux qui ont délivré un de leurs compagnons d'un danger imminent, pour ceux qui ont montré le plus d'attention et le plus de sagacité dans les différentes espèces d'instructions, pour ceux qui font le plus de progrès dans l'art auquel ils se sont attachés, mais avec la condition essentielle qu'ils n'auront pas par quelque faute particulière perdu le droit à cette récompense; que deux fois par an on fixe la distribution de ces prix, afin que la fréquence n'en diminue pas la valeur, et que la rareté n'en affoiblisse pas l'espérance; que pour en régler la répartition, on ordonne au magistrat de chaque communauté de tenir un registre exact des objets sur lesquels chaque enfant s'est distingué, et des motifs qui peuvent le priver de la récompense qu'il a méritée d'une autre manière; qu'enfin le temps de la distribution arrivé, elle ait lieu de la manière suivante.

On convoquera tous les enfants de la communauté. Ceux qui auront terminé le cours des instructions morales pourront être admis à la distribution. Pour prévenir l'envie et ses funestes effets, il n'y a pas, ce me semble, de moyen plus efficace que de faire récompenser et honorer le mérite par ceux mêmes qui pourroient en être envieux. Celui qui honore et récompense un homme de mérite s'associe en quelque sorte à sa gloire, et cette idée suffit pour étouffer dans son ame tout sentiment d'envie. C'est à cette cause que j'attribue le peu d'influence qu'a l'envie dans les gouvernements libres.

Après que le magistrat aura prononcé un discours sommaire sur l'exacte impartialité de la justice, et qu'il aura exhorté ces jeunes juges à en observer les devoirs, il commencera par leur annoncer les noms des enfants qui se sont distingués durant le cours des six derniers mois par des actions grandes et généreuses; il les entretiendra du mérite de chacune de ces actions, et les présentera sous le point de vue qu'il croira le plus propre à en faire sentir la valeur relative. Les enfants détermineront leur jugement d'après cet exposé; ils proclameront eux-mêmes l'action qui mérite d'être couronnée, et décideront encore du mérite relatif des autres. Les suffrages seront publics, et la pluralité décidera toutes les fois que le magistrat ne trouvera pas le jugement injuste: dans ce cas, il leur montrera leur erreur, et corrigera le jugement.

De ce premier jugement, on passera au second relatif à la récompense établie par le législateur en faveur du mérite secondaire, et on procédera dans le même ordre jusqu'à la récompense de l'objet le moins important. La distribution des prix achevée, on en renverra la proclamation au jour de fête le plus prochain. Un cortége accompagnera les enfants dans l'église. Celui qui a mérité la première couronne marchera le premier au milieu de cette pompe solennelle, accompagné de tous ceux qui se sont distingués sur le même objet, mais non avec le même talent : chacun de ceux-ci le suivra dans l'ordre qu'exige le mérite relatif des actions. Celui qui a obtenu le second prix paroîtra accompagné de ses concurrents les plus distingués, et ainsi de suite jusqu'au dernier qui a reçu le dernier prix. Si l'un de ceux qui se sont fait remarquer par quelque action généreuse a encore mérité un prix pour un autre objet, il recevra cette nouvelle récompense, mais sans quitter la place que lui a assignée le degré de mérite de son action généreuse. La dernière place parmi ceux qui se sont distingués par cette espéce d'action doit être plus honorable que la première parmi ceux qui se sont distingués d'une autre manière. C'est ainsi que l'on donnera aux enfants des idées justes du mérite et de ses différents degrés.

Les enfants qui n'ont mérité aucune distinction fermeront la marche.

La porte de l'église sera ouverte à tout le monde, et les pères seront particulièrement invités à la cérémonie. Arrivés dans l'église, le magistrat proclamera les noms des vainqueurs, et les prix qui leur sont destinés ; il louera la justice des juges, et fera un discours rapide sur l'estime et la gloire qui accompagnent le vrai mérite.

Au lieu d'adresser des reproches humiliants à ceux qui n'ont mérité aucune distinction, il les encouragera à s'en rendre dignes. Tout ce qui peut affoiblir ou détruire l'énergie de l'ame, et dépraver le caractère des enfants, sera soigneusement proscrit de ce plan d'éducation publique.

La cérémonie sera terminée par une hymne convenable à l'objet, et les enfants récompensés conserveront pendant tout le jour les signes distinctifs de leur mérite.

On voit tout d'un coup les avantages qui doivent naître de cette institution. On inspirera une noble émulation aux enfants, sans les exposer aux dangers qui y sont ordinairement attachés. Par ce moyen, on récompensera le mérite, et on préviendra l'envie. L'élévation et la générosité de l'ame s'introduiront dans la classe d'individus qui en paroît le moins susceptible. La force, l'adresse, le courage, l'instruction seront encouragés. L'idée de la dignité personnelle aura plus de force et d'étendue; le desir de la distinction se changera en un noble amour de la gloire, et non en un dangereux sentiment de vanité. L'amour de la justice dictera les jugements, et la véritable idée du mérite et de ses différents degrés se communiquera de la même manière; en un mot, un enchaînement de circonstances, toutes favorables au développement des facultés morales des enfants, naîtra de cette seule institution.

ARTICLE V.

Des châtiments.

Le législateur ne doit pas certainement former un code pénal pour les enfants; il ne doit pas se défier jusqu'à ce point de la probité et des lumières du magistrat instituteur; il ne doit pas circonscrire ainsi son autorité. Les motifs qui pourroient l'engager à en abuser sont si foibles et en si petit nombre; les qualités que l'on exige de celui qui l'exerce sont si contraires aux dispositions de l'ame qui pourroient justifier cette défiance; les circonstances qui rendroient inapplicables ou dangereux les réglements particuliers de ce code sont si fréquentes, que le meilleur moyen à mon avis seroit d'établir quelques réglements généraux relatifs à cet objet, et de laisser à la prudence du magistrat le soin de seconder dans l'application les vues du législateur, sans descendre dans ces détails qui pourroient non seulement l'embarrasser, mais encore devenir inutiles et dangereux.

La partie la plus considérable de ces réglements devroit être plutôt négative que positive. Le législateur devroit plutôt sur ce sujet dire ce qu'on ne doit pas faire, qu'exprimer avec une précision trop minutieuse tout ce qu'on devroit faire.

Il devroit avant tout proscrire entièrement l'usage du fouet et du bâton; ni le magistrat ni les surveillants ne devroient avoir le droit de battre un enfant, de quelque manière et pour quelque cause que ce fût. Le législateur ne doit pas permettre que les moyens destinés à faire naître le sentiment de la dignité personnelle soient mêlés à ceux qui avilissent et dégradent; que ceux qui tendent à fortifier le corps et l'esprit soient unis avec ceux qui nuisent à l'un et à l'autre; en un mot, que des moyens destinés à former les citoyens soient confondus avec des moyens propres à créer des esclaves. L'expérience prouve que des enfants accoutumés au bâton

et au fouet perdent d'ordinaire cette force du corps
et cette sensibilité naturelle, source féconde de tant
de qualités sociales; ils deviennent vils, hypocrites,
dissimulés, méchants, vindicatifs et cruels; ils s'ha-
bituent dès l'enfance au plaisir secret de faire éprouver aux autres les maux dont ils sont les victimes.

Un autre réglement préviendroit l'abus des peines
ignominieuses. Dans la société des enfants, de même
que dans celle des adultes, l'extrême fréquence de
cette espéce de peines, et le nombre trop considérable de ceux à qui elle est infligée, en affoiblissent
la force et l'intensité. Dans l'une et l'autre société,
ces peines, fondées sur la seule opinion, doivent être
employées avec réserve; elles ne doivent être destinées qu'aux délits ou aux fautes qui, de leur nature, sont condamnées à l'ignominie par l'opinion
même. Les principes qui doivent prévenir l'abus
de ces peines sont communs pour l'une et l'autre
société, et je les ai assez développés dans le livre
précédent pour ne pas me croire obligé de les répéter ici (1).

Le législateur, fidéle à ces principes, défendra
au magistrat instituteur l'abus de cette espéce de
châtiment, et en prescrira l'usage raisonnable et
modéré; il lui fera sentir l'inconvénient qu'il y auroit d'accoutumer les enfants à voir avec moins de
peine la diminution ou la perte de l'estime de leurs
semblables; il lui fera voir comment cet inconvé-

____

(1) Voyez dans le livre III le chapitre relatif aux peines d'infamie.

4.   7

nient pourroit éteindre en eux le sentiment de l'amour de la gloire, et celui de leur propre dignité, qu'on s'est efforcé par tant de moyens de leur inspirer; il montrera comment on pourroit graduer les divers châtiments de cette espèce, pour les proportionner aux divers degrés de délits qui doivent être punis par cette sorte de peine; il montrera enfin comment on devroit en régler la publicité, et prévenir un grand mal qui pourroit en naître. Si un enfant commet un délit infamant, et que ce délit ne soit connu que des enfants qui vivent avec lui sous la direction du même surveillant, ceux-ci auront soin de recommander aux enfants le secret, et de leur montrer la nécessité de cacher aux autres le délit de leur camarade. Sa peine dans ce cas sera sévère, mais elle ne sera pas publique; elle ne sera connue que des enfants qui demeureront sous le même toit. Mais si le délit infamant a eu de la publicité, le châtiment sera public, et le magistrat donnera à l'exécution tout l'appareil qu'exigent la nature du délit et la nécessité d'en inspirer l'horreur. Mais dans ce cas l'enfant coupable, publiquement déshonoré, ne sera-t-il pas un enfant perdu pour la vertu? le sentiment de sa bassesse et de l'abandon de l'opinion publique n'étouffera-t-il pas en lui l'action de toutes les causes qui pourroient le corriger et le rendre meilleur?

Je propose pour prévenir ce mal un remède que je crois très efficace. Le magistrat, après l'exécution de la peine infamante, fera un discours énergique sur les suites du délit et les maux qui l'accompagnent;

ensuite se tournant vers l'enfant coupable, il lui dira : « Le droit que tu avois à l'amitié et à l'estime de tes camarades est perdu pour toi, mais il est encore en ton pouvoir de le recouvrer. La générosité d'une action peut effacer l'ignominie d'une autre ; un changement heureux peut réparer les maux d'une corruption déshonorante. Lorsque tu auras de nouveau mérité notre estime et notre amitié, ce droit précieux te sera rendu avec un appareil aussi public ; et moi, qui suis par la loi votre père commun, je serai le garant de la promesse que je te fais au nom de mes enfants et de tes frères. » Je laisse au lecteur le soin de réfléchir sur le double avantage qui résulteroit de la peine et du pardon. Passons aux autres réglements généraux relatifs à cet objet.

Afin de rendre la personne du surveillant plus respectable et ses fonctions plus utiles, il faudroit lui laisser encore le droit de les punir par quelque espéce de châtiment. Telle seroit, par exemple, la privation de quelque mets ou de quelque divertissement, pourvu que cette privation ne durât pas plus d'un jour ; car il ne doit appartenir qu'au magistrat instituteur de prononcer des peines plus sévères, ou par leur nature ou par leur durée.

Le magistrat et le surveillant, lorsqu'il s'agira ou de faire des reproches ou de punir, conserveront tout le calme et la froideur de la raison, et ne s'abandonneront jamais à ces mouvements, à ces transports qui annoncent la passion et qui en dérivent. Le législateur insistera avec force sur ce principe, dont l'oubli pourroit, en un grand nombre de circonstances, rendre non seulement inutiles, mais même dangereux les reproches ou les châtiments.

Afin d'inspirer aux enfants le plus grand respect pour la vérité et la plus grande horreur pour le mensonge, le législateur ne permettra jamais qu'il demeure impuni, et il chargera le magistrat et les surveillants de diminuer la gravité du châtiment toutes les fois que la faute sera suivie d'un aveu sincère.

La calomnie sera punie avec sévérité, comme toute action qui indiquera la perversité du cœur et la bassesse. On usera au contraire d'indulgence pour les fautes qui naissent de la vivacité, qualité qu'on doit plutôt chercher à exciter dans cet âge qu'on ne doit la redouter.

On évitera avec le plus grand soin toute espéce de partialité et d'injustice. Ceux qui ont réfléchi avec attention sur les dispositions de l'esprit humain sentiront aisément quelle funeste altération doit produire dans le caractère moral d'un enfant la conscience d'une injustice et d'un tort causés par l'instituteur. Dans l'éducation publique, cette faute doit être évitée avec encore plus de soin, parceque les occasions de la commettre sont plus fréquentes, et que les conséquences en sont plus funestes. Si le magistrat ou le surveillant s'aperçoit qu'il a involontairement commis une injustice contre un enfant, il doit la réparer sur-le-champ, et ne montrer aucune répugnance à avouer son erreur. Le magistrat instituteur aura soin de veiller sur l'impartialité et la justice des surveillants, et de les obliger à observer le règlement proposé toutes les fois que volontairement ou involontairement ils auront manqué aux devoirs qui y sont prescrits.

Tels sont les réglements généraux par lesquels le législateur devroit diriger l'usage des châtiments ; leur rapport avec le système général de l'éducation morale est évident. Voyons maintenant quel est le rapport des réglements relatifs à la religion.

ARTICLE VI.

De la religion.

Si je n'écrivois pas pour tous les pays, pour tous les peuples, et pour tous les temps ; si l'universalité et la durée n'étoient pas l'objet de la science de la législation ; ou plutôt s'il ne pouvoit exister qu'un seul système d'opinions religieuses et une seule forme de culte public dans la longue durée des siécles et au milieu de tant de nations différentes, je ne négligerois pas certainement d'entrer dans tous les détails qui tiennent à ce sujet, et que mon plan m'oblige de laisser à l'écart ; et au lieu de me borner à quelques principes susceptibles d'une application plus générale, j'exposerois avec étendue tous ceux qui doivent diriger cette partie morale de l'éducation. Après cette réflexion préliminaire, le lecteur ne m'accusera pas, je l'espère, d'avoir attaché peu d'importance à cet objet essentiel, en me voyant traiter cette matière avec briéveté, et d'une manière en apparence superficielle. Je passe maintenant à l'exposition du petit nombre de régles qui me paroissent susceptibles d'un usage plus général.

Sans admettre ni rejeter le principe connu de l'auteur d'*Émile* sur l'âge où il conviendroit de donner les premières idées de religion à un enfant, on peut convenir, ce me semble, que son système ne peut être admis dans aucun plan d'éducation publique. Les motifs de cette impossibilité d'application me paroissent si évidents par eux-mêmes, que je crois inutile de les développer.

L'âge que je consacrerois aux institutions religieuses seroit celui que je destine dans ce plan aux instructions morales. Chaque dimanche, celles-ci seroient suivies des autres, et c'est le magistrat qui seroit chargé de cette dernière instruction. Si on m'objecte que ce soin devroit plutôt être confié aux ministres des autels, je répondrai que comme aucune religion ne défend aux pères d'instruire leurs enfants des dogmes qui la composent, elle peut beaucoup moins le défendre au magistrat que l'autorité publique a choisi pour en remplir les devoirs; je dirai que l'on ne doit jamais multiplier inutilement le nombre des instituteurs; que l'on doit supposer au magistrat beaucoup plus d'habileté dans l'art d'instruire les enfants sur cette matière, que n'en peut avoir un homme qui s'est entièrement occupé d'autres objets; je dirai enfin que, jusqu'à ce que les intérêts du sacerdoce soient parfaitement d'accord avec les intérêts de la société et du gouvernement, il est extrêmement dangereux de lui donner une influence exclusive sur l'éducation publique.

Comme il ne faut pas faire des enfants autant d'idolâtres ou d'*anthropomorphites*, le magistrat ne

négligera aucun des moyens qui peuvent leur imprimer l'idée la plus simple et la plus auguste de la
Divinité, en rejetant avec soin de ses discours toutes
les expressions propres à faire associer cette idée à
des images matérielles, association à laquelle l'esprit de l'homme est naturellement disposé.

« Ne vous efforcez pas, leur dira-t-il, de concevoir la nature de l'être que vous devez adorer; qu'il
vous suffise de savoir que rien de ce que vous voyez,
de ce que vous touchez, de ce que vous connoissez
ou de ce que vous pouvez connoître, ne constitue
son essence. Auteur de tout ce qui existe, une distance infinie et incompréhensible sépare l'ouvrage
de l'ouvrier suprême. Le commencement et la fin
n'ont aucun rapport avec lui, parcequ'il a toujours
été et qu'il sera toujours. Pure intelligence, il n'a
avec la matière d'autre rapport que celui de l'avoir
créée et de la conserver. Dans cette partie de l'univers que nous habitons, l'homme est de tous les êtres
celui qui a reçu de lui un plus grand nombre de
bienfaits, et qui doit par conséquent être pénétré
pour lui de la plus profonde reconnoissance. Le
respect et l'amour de l'Etre suprême renferment une
partie des devoirs qui naissent de cette reconnoissance; l'autre partie consiste à répondre à la destination qu'il lui a donnée. La première suite de ces
devoirs sera l'objet des instructions religieuses; la
seconde sera l'objet des instructions morales. »

C'est à peu près de cette manière que le magistrat
devroit donner aux enfants l'idée de la Divinité, et
leur exposer les devoirs qui y sont relatifs. J'ai voulu
plutôt indiquer l'ordre des pensées que le dévelop-

pement qu'on doit leur donner. C'est au magistrat de présenter ces idées dans leur véritable jour, et de les mettre à portée des enfants de cet âge (1).

Je ne rechercherai pas ici comment le magistrat doit développer les principes particuliers de la religion nationale et du culte public, parceque cette recherche, comme je l'ai déja dit, seroit impossible, vu l'immense variété des religions et des cultes. Je me bornerai à lui conseiller de déployer le plus grand zèle pour prévenir le fanatisme et les fausses idées de morale qui pourroient naître des fausses idées de religion ; idées bien plus dangereuses dans cette classe que dans toutes les autres, parceque, destinée à servir la société de ses bras, elle n'est pas en état de participer à ces instructions et à ces connoissances qui, dans les autres classes, peuvent détruire les premières impressions de l'erreur.

La pratique du culte sera conforme à l'idée que le magistrat en aura donnée. Un petit nombre de prières simples et courtes, mais pleines des principes lumineux de la morale universelle, qui sont proprement ceux de notre divine religion, seront récitées chaque jour, matin et soir, par les enfants en présence des surveillants. Le silence et la dignité accompagneront cet exercice journalier du culte religieux.

Voilà tout ce que la généralité de mon plan me permet de dire relativement à la religion. C'est à chaque législateur particulier de suppléer à cette partie du système d'éducation morale.

____

(1) Voyez dans le premier article de ce chapitre ce que j'ai dit sur l'âge destiné aux instructions morales

CHAPITRE XI.

Règles générales sur l'éducation scientifique de cette première classe.

Je mettrai autant de briéveté dans cette troisième partie de mon plan d'éducation populaire que j'ai mis d'étendue dans les deux autres ; il suffit de réfléchir un instant à l'objet qu'elle embrasse, pour sentir combien elle doit être restreinte à l'égard de la classe dont nous nous occupons.

Les instructions communes aux enfants de cette classe se réduisent à leur apprendre à lire et à écrire dans leur propre langue, à leur enseigner cette partie de l'arithmétique qui est nécessaire à leur destination, à les former aux exercices militaires, et à leur faire connoître les lois de la patrie qui doivent régler leurs actions, les éloigner du crime, et les protéger contre la violence et la fraude.

Il y aura dans chaque communauté un instituteur pour les trois premiers objets ; il y en aura un autre pour le quatrième, et le magistrat sera chargé du dernier.

Les enfants qui n'ont pas encore atteint l'âge nécessaire pour être admis aux instructions morales (1) emploieront l'heure destinée à cet objet à apprendre

---

(1) Voyez l'article 1er du chapitre précédent.

à lire et à écrire (1). Lorsque l'heure des instructions morales sera terminée, et pendant que le magistrat prononcera un discours moral aux enfants de la troisième division, c'est-à-dire à ceux qui ont achevé le second cours des instructions morales, la moitié de l'heure destinée à cet objet sera employée à l'instruction de l'arithmétique par les enfants de la première division et par ceux de la seconde (2).

On n'apprendra les exercices militaires qu'aux enfants qui ont terminé les deux années du cours d'instructions morales, et on consacrera à cet objet l'heure que les enfants de la seconde division emploient aux instructions morales. Ces exercices se continueront jusqu'à la fin de l'éducation; ils seront dirigés par les régles de la véritable tactique, et non par ces ridicules mouvements de théâtre auxquels

---

(1) La méthode inventée dernièrement pour enseigner à lire et à écrire à plusieurs enfants en même temps est extrémement utile ; je la rapporterois ici, si elle n'étoit généralement connue. Un seul maître peut avec cette méthode instruire plusieurs enfants à-la-fois, et cette instruction générale exige moins de temps que l'instruction d'un seul. Une partie du temps destiné à cette instruction de lecture et d'écriture sera employée à lire et à écrire les chiffres numériques ; ce qui est également facile d'après la même méthode.

(2) Afin de prévenir toute équivoque, j'avertis que j'appelle enfants de la première division ceux qui ne sont pas encore admis aux instructions morales, c'est-à-dire ceux qui n'ont pas encore atteint l'âge de sept à huit ans, époque à laquelle ils sont admis à ces instructions. Les enfants de la seconde division sont ceux qui sont admis à ces instructions, et par conséquent qui s'avancent de la septième ou huitième année à la neuvième ou dixième. Les enfants de la troisième division sont ceux qui sont admis aux discours moraux, depuis la neuvième ou dixième année jusqu'à la fin de l'éducation.

on en a trop souvent donné le nom. Quelques évolutions simples et promptes, de longues marches réglées et rapides, seront les principaux objets de ces exercices (1). Défenseur né de la patrie, chaque citoyen seroit de cette manière parfaitement instruit d'un art qui est aujourd'hui, d'une manière si dangereuse, le métier exclusif d'un nombre immense de mercenaires oisifs; et notre plan de réforme sur ce sujet (2) recevroit de cette institution un nouvel appui et une plus grande facilité d'exécution.

La dernière instruction commune à tous les enfants de cette classe consiste, comme je l'ai dit, dans la connoissance de cette partie des lois nationales qui, dans un état bien réglé, doit être commune à tous les citoyens. Si un code de lois étoit véritablement ce qu'il doit être; s'il étoit formé d'après le plan que nous traçons dans cet ouvrage, un cours rapide de leçons suffiroit pour instruire chaque individu de la partie des lois qui doivent diriger sa conduite personnelle. On devroit, pour remplir cet objet, faire un extrait du code qui contînt la portion du droit qui répond à ce but. Cet extrait seroit partagé en quarante-huit leçons, de manière qu'en apprenant une leçon chaque dimanche, le cours entier pût être achevé en une seule année : on n'y admettroit que les enfants qui sont entre l'avant-dernière et la dernière année de leur éducation. Par ce

---

(1) On peut voir dans le chap. 3 du liv. Ier des *Institutions militaires* de Végèce combien ces principes sont conformes à ceux de la discipline ancienne.

(2) Voyez le livre II de cet ouvrage, chap. VII.

moyen, chaque citoyen, avant de sortir de l'éducation publique, connoîtroit bien cette partie de l'instruction.

Il est évident que, dans toutes les formes de gouvernement où la classe dont je m'occupe ici participe à l'exercice de la souveraineté, cette instruction
devroit être suivie de la connoissance approfondie
des principes généraux de l'ordre social, et de toutes
les notions particulières que rendent indispensables
pour eux, comme pour la société entière, les fonctions publiques qu'ils doivent exercer. Dans ces gouvernements, on consacrera donc la dernière année
de l'éducation à cette espéce d'instruction. Comme
elle est extrêmement importante de sa nature, elle
doit être dirigée par la loi d'une manière exacte et
précise, afin de ne laisser aucun arbitraire sur cet
objet au magistrat instituteur.

J'indiquerai, dans le chapitre de la distribution
des heures, le temps que l'on doit destiner à ces
objets.

A ces instructions, qui doivent être communes à
tous les individus de cette classe, il faut joindre
celles qui concernent les éléves des diverses classes
secondaires dans lesquelles cette première classe
est subdivisée.

Mais quelles sont ces instructions, et quelle est la
manière de les communiquer? Tel est l'objet du
chapitre suivant.

CHAPITRE XII.

Instructions particulières pour les élèves des différentes classes secondaires dans lesquelles cette première classe est subdivisée.

Dans le chapitre relatif à la division et à la destination des enfants dans les différentes classes secondaires entre lesquelles la première classe principale est subdivisée, on a laissé à chaque surveillant le soin d'instruire dans la profession qu'il exerce les enfants qui lui sont confiés. Mais comme l'agriculture de même que les arts et tous les objets des travaux manuels des hommes sont susceptibles de perfectionnement ; comme la méthode usitée dans un pays n'est pas convenable dans un autre ; comme les conditions que nous exigeons des surveillants ne nous permettent pas de supposer dans celui-ci le calcul et les connoissances que cet objet rend indispensables ; enfin, comme il seroit non seulement utile, mais nécessaire, que les préjugés qui existent, soit en agriculture, soit dans les arts, fussent détruits, que les découvertes nouvelles fussent adoptées, et que les vrais principes de l'économie publique se répandissent de toutes parts, je me suis occupé à chercher un moyen qui pût répondre à un but si important. Après avoir long-temps médité sur cet objet, je n'ai pas cru qu'on pût en imaginer un meilleur que l'institution d'une société économique,

dont les membres, répandus dans toutes les provinces de l'état, se communiqueroient librement
leurs réflexions sur les vues de perfectionnement
dont seroient susceptibles, dans leurs cantons réci-
proques, les objets qui forment l'occupation des individus des diverses classes secondaires dont je parle.
Lorsque ces idées auroient eu l'approbation de la
société, chaque surveillant seroit obligé d'adopter,
dans la matière qu'il enseigne, la nouvelle méthode
qui seroit prescrite. Ces instructions pratiques, en
même temps qu'elles serviroient à la perfection de
l'agriculture et des arts, communiqueroient aux enfants les nouvelles découvertes, et les accoutumeroient à ne pas attacher tant de prix aux vieux usages,
qui d'ordinaire ont le plus grand empire sur l'opinion du peuple.

Il est inutile de dire que dans les pays agricoles
l'agriculture est le premier objet qui doive fixer les
regards de cette société. Dans la troisième partie de
ce quatrième livre, lorsqu'il sera question des lois
relatives à l'instruction publique, nous parlerons
avec étendue de l'institution de cette société économique, et nous indiquerons les lois suivant lesquelles elle doit être établie et dirigée. Il suffit ici
d'observer l'influence de cette société sur le plan
d'éducation populaire.

Deux instructions inutiles aux élèves de quelques
unes de ces classes secondaires seroient nécessaires
aux élèves de plusieurs autres classes : c'est l'étude
de la géométrie pratique et du dessin. On sait combien l'ignorance de ces deux objets nuit à la perfec-

tion de la plus grande partie des arts ; on sait quelle
foule d'erreurs naissent chaque jour de cette ignorance, quelle perte de temps il en résulte, quelle
multitude d'essais infructueux exige le même travail, et quelle imperfection en est souvent le résultat. Je crois donc non seulement utile, mais nécessaire d'établir dans chaque communauté ces deux
espéces d'instructions, auxquelles on n'admettra que
les éléves de ces classes secondaires qui en ont besoin. On destinera à cet objet l'heure qui suit celle
des discours moraux ; en sorte que les enfants qui
auront atteint l'âge requis pour être admis à ces discours, et qui appartiennent aux classes secondaires
auxquelles ces instructions particulières sont destinées, iront, pendant une année entière, une heure
plus tard que les autres à l'exercice du métier qu'ils
doivent professer. Ces deux instructions, nécessaires
jusqu'à un certain point, auront pour borne la nature de la destination de ces enfants. Tout ce qui est
inutile doit être rejeté d'un plan d'éducation publique, où chaque moment est si précieux qu'on ne
pourroit l'employer à un objet indifférent sans le
dérober à un objet essentiel, et où il est nécessaire
de proportionner toujours la fin avec les moyens par
lesquels on veut l'obtenir. C'est par le premier de
ces motifs que l'on doit borner à une heure par jour,
et à une seule année, la durée de ces deux instructions ; quant au second, afin d'éviter la dépense d'un
instituteur particulier, on chargeroit de ces deux
instructions la personne même qui seroit employée
aux trois instructions communes dont j'ai parlé dans

le chapitre précédent. La différence des heures où ces diverses instructions auroient lieu, leur courte durée (1), et la facilité de trouver dans la même personne les connoissances nécessaires à ces différents objets, peuvent justifier ce projet d'économie de temps.

Si l'on observe la nature des différentes professions auxquelles les enfants de la première classe doivent être destinés, on sentira aisément qu'il y en a plusieurs qui ne peuvent occuper un homme dans tous les temps de l'année. Quelques unes n'offrent cette exception que dans certains climats seulement; d'autres laissent un intervalle d'inaction de plusieurs jours; d'autres enfin peuvent se lier avec des occupations d'un genre différent. Ainsi, par exemple, les personnes employées à extraire la soie ne sont occupées que pendant un certain temps de l'année. Dans certains climats, le cultivateur est entièrement oisif pendant l'hiver. Dans les mauvais temps, le pêcheur reste sur la plage sans pouvoir exercer son métier. Le berger, lorsque son troupeau est arrêté dans les pâturages; le marinier, soit lorsqu'il est dans le port, soit lorsque les vents conduisent tranquillement son vaisseau, ou qu'il attend dans la rade le terme du jour fixé par la loi pour le maintien de la santé publique, pourroient se livrer à un travail compatible avec leur situation respective; et ce travail, en les éloignant de l'oisiveté, multiplieroit pour eux les moyens de subsistance (2).

----

(1) Elles ne dureroient que deux heures et demie.

(2) Je dois prévenir ici une difficulté qui pourroit naître de l'ap-

Tous les enfants destinés aux différentes professions de ce genre seront donc encore instruits d'un autre art qui soit compatible avec elles, et ils consacreront à cette instruction un temps qui seroit perdu pour eux, s'ils n'apprenoient uniquement que le métier auquel ils sont destinés. Le magistrat aura soin de choisir l'art le plus compatible avec celui auquel il doit suppléer; et le surveillant sera chargé de conduire les enfants qui lui sont confiés chez l'homme qui exerce cet art, dans tous les temps de l'année où ils ne pourront s'occuper de leur propre métier. Les progrès de l'industrie nationale, une plus forte habitude d'occupation, un plus grand éloignement de l'oisiveté, une manière de subsister plus facile, plus commode, moins précaire; tels se-

---

plication de ce plan d'éducation populaire à l'instruction de cette portion d'enfants destinés à la profession de marinier. Comment, me dira-t-on, concilier avec votre plan l'instruction du marinier, qui suppose l'usage de la navigation? Cette objection semblera frivole à ceux qui n'ignorent pas tout ce qui est nécessaire pour former un bon marinier. Si un homme à l'âge de dix-huit ans est instruit de tout ce qui concerne le gréement et l'équipement d'un vaisseau; s'il est habitué à grimper au haut des mâts et à en descendre avec agilité; s'il exécute, en un mot, avec adresse et facilité tout ce qui est relatif à sa profession, il n'aura besoin que d'une ou deux années de navigation pour devenir un excellent homme de mer. Or les premières instructions pourroient très bien se concilier avec ce plan d'éducation publique. Quelques petites courses sur mer, jointes à l'exécution de ce plan, suffiroient pour accoutumer les enfants à l'élément sur lequel ils doivent passer une partie de leur vie. Sortis de l'éducation publique, ils se perfectionneroient bientôt dans leur art, et deviendroient supérieurs à ceux qu'a formés une longue et tardive pratique. C'est aux hommes de mer éclairés à prononcer sur cette idée.

4.   8

roient les effets salutaires d'une institution qui, devenue la source de tant d'avantages, n'altèreroit en aucune manière l'ordre général de ce plan d'éducation populaire. La démonstration de cette vérité est l'objet du chapitre suivant.

CHAPITRE XIII.

De la distribution des heures.

Je crois nécessaire de parler ici de la distribution des heures, afin de donner plus de précision et de clarté à ce plan d'éducation populaire. J'aime mieux m'exposer au risque d'ennuyer le lecteur que de laisser de l'indécision sur la possibilité d'exécuter le plan proposé. Je n'indique pas l'heure où l'on doit éveiller les enfants, parcequ'elle doit varier avec les saisons et les climats. Je parle seulement de la distribution des heures depuis l'instant du réveil. La première heure sera employée à s'habiller, à faire la prière dont j'ai parlé, à faire sa chambre, et à déjeûner.

Chaque surveillant conduira ensuite ses élèves dans le gymnase public ; c'est là que se feront les trois divisions que j'ai proposées.

Les enfants de la première division seront conduits dans le lieu où l'on enseigne à lire et à écrire ; ceux de la seconde, dans le lieu destiné aux instructions morales ; ceux de la troisième, dans le lieu destiné aux exercices militaires. Ces trois diverses instructions rempliront la seconde heure.

Les enfants de la seconde division, qui ont assisté aux instructions morales, se joindront ensuite aux enfants de la première division pour recevoir les leçons d'arithmétique. Ceux de la troisième division iront assister au discours de morale prononcé par le magistrat, suivant le plan que nous avons proposé. On consacrera une demi-heure à ces objets.

Après cette demi-heure, les enfants retourneront sous la garde de leurs surveillants, et seront conduits par eux à l'exercice des diverses professions auxquelles ils sont destinés, ou à celles qui doivent leur servir de supplément, lorsque la nature de leur destination et les circonstances indiquées ci-dessus l'exigeront.

Ceux qui appartiennent aux classes secondaires, pour lesquelles les instructions particulières de la géométrie pratique et du dessin sont établies, s'y rendront, comme je l'ai dit, une heure plus tard pendant l'année destinée à cet objet.

La seconde moitié de la troisième heure et les trois heures suivantes seront employées à l'exercice des différentes professions.

Le dîner commencera à la septième heure, et un court intervalle de repos la terminera (1).

A la huitième heure, on reprendra l'exercice du métier que l'on a embrassé, et on le continuera jusqu'à la fin de la neuvième heure.

Au commencement de la dixième sera fixé le se-

____

(1) Ceux qui, comme les agriculteurs, exercent des arts dont la nature oblige de s'éloigner du lieu de leur habitation, pourront, afin de ne pas perdre leur temps en allées et venues, manger dans le même lieu où ils seront occupés à travailler. On les accoutumera par ce moyen au genre de vie qu'ils doivent commencer de mener lorsqu'ils auront atteint l'âge d'adolescence.

cond repas. On conduira ensuite les enfants dans le lieu destiné aux exercices communs qui doivent distraire leur imagination et fortifier leurs corps. Ces exercices auront lieu jusqu'à la fin de la douzième heure.

A la treizième heure, les enfants retourneront auprès de leurs surveillants, et seront conduits par eux dans leurs habitations respectives. Cette heure sera encore employée par les enfants aux plaisirs innocents qu'ils aimeront le mieux.

La quatorzième heure sera destinée au souper et à la prière que j'ai proposée. Les enfants de la première division, qui ne sont pas encore initiés aux instructions religieuses, seront exclus de la prière du matin et de celle du soir, parceqa'il seroit imprudent et dangereux de les accoutumer à proférer des paroles qui n'expriment pour eux ni des idées ni des sentiments. On leur imposera pendant ce temps un rigoureux silence. Spectateurs d'un culte religieux, auquel ils ne pourront participer, cette privation leur inspirera le desir d'y être admis, et le respect imposant dont leurs camarades seront pénétrés rendra toujours plus auguste à leurs yeux l'Être suprême à qui l'on offre cet hommage.

La prière terminée, les enfants de la première et de la seconde division iront se coucher, et ceux de la troisième pourront à leur gré s'occuper jusqu'à onze heures des lectures que j'ai proposées.

La veille des fêtes, cet ordre sera changé, afin qu'on puisse se livrer aux exercices nocturnes dont j'ai indiqué le but et les avantages dans la partie·

physique de l'éducation. Ces exercices rempliront la quinzième heure; et comme les jours de fêtes le réveil sera retardé d'une heure, la durée du sommeil n'éprouvera aucun changement.

Telle est la distribution des heures dans les jours de travail; voici celle des jours de fêtes.

La première heure sera employée de la même manière que les autres jours; à la seconde, les enfants seront conduits à l'église pour assister aux cérémonies du culte public.

Les cérémonies terminées à la troisième heure, les enfants de la seconde division, qui doivent assister aux instructions religieuses, seront conduits par le magistrat dans le lieu destiné à cet objet; et pendant ce temps, ceux de la première et de la troisième division pourront à leur gré s'occuper des exercices gymnastiques dans le lieu qui leur est consacré.

A la quatrième heure, les enfants de la seconde division se joindront aux autres, pendant que ceux qui ont atteint l'âge fixé pour l'instruction des lois nationales iront assister aux leçons du magistrat relatives à cet objet (1).

A la cinquième heure, tous les enfants se réuniront de nouveau, et ils seront conduits par les sur-

---

(1) Qu'on se rappelle ce que j'ai dit par rapport aux gouvernements dans lesquels la classe dont je parle participe à l'exercice de la souveraineté. L'instruction particulière proposée pour cet objet aura lieu les jours de fêtes, et aux heures que j'indique ici. On fera en sorte seulement que celle dont j'ai parlé dans le texte remplisse dans ces gouvernements l'avant-dernière année, et celle-ci la dernière.

veillants dans le lieu destiné à l'instruction de natation. Cet exercice remplira la cinquième heure et
une partie de la sixième.

A la fin de la sixième heure, tous les enfants se
rendront dans leurs habitations, et le repos commencera avec la septième heure.

Depuis la huitième jusqu'à la fin de la douzième,
ils se livreront à des exercices publics et communs.

A la treizième heure, ils rentreront dans leurs habitations, et le reste de la journée sera employé suivant l'usage ordinaire.

Parlons maintenant de la durée et du terme de
l'éducation dans cette classe.

CHAPITRE XIV.

De la durée et du terme de l'éducation de cette classe.

L'éducation des enfants de cette classe devroit durer treize ans, et se terminer à la dix-huitième année de leur vie. Une durée plus courte ou plus longue, un terme plus rapproché ou plus éloigné, exposeroient à des inconvénients de plusieurs sortes, dont le développement exigeroit ici un examen trop détaillé.

Les enfants de cette classe parvenus à leur dix-huitième année attendront le jour de la cérémonie qui doit précéder leur émancipation publique, et les faire sortir des mains du magistrat et de la loi, pour les remettre dans celles de l'autorité paternelle. Or, comme cette émancipation publique, telle que nous l'avons imaginée, et qu'elle sera exposée dans le chapitre suivant, ne pourra être exécutée que dans un temps fixé par la loi, et que tous les enfants qui termineroient dans la même année le cours de leur éducation ne pourroient la terminer ni le même mois ni le même jour; afin de rendre cette différence la plus légère possible, on établiroit dans le cours de chaque année deux jours pour l'émancipation publique, à six mois d'intervalle l'un de l'autre.

Par ce moyen, tous les enfants qui, dans l'un et l'autre cas, auroient atteint le terme de leur éducation, ou à qui il ne manqueroit que quelques jours pour l'atteindre, seroient admis à l'émancipation publique. La différence seroit peu sensible, et l'émancipation pourroit être accompagnée de cérémonies et terminée par les moyens les plus propres à achever une éducation de cette nature.

CHAPITRE XV.

Des cérémonies de l'émancipation publique, et de la manière dont elles doivent être réglées par la loi.

Il est dans la vie des époques particulières qui ne peuvent jamais être oubliées : telle seroit celle de l'émancipation dont je parle ici. Le changement qu'elle fait naître dans l'état de l'homme est si grand de sa nature, que les plus nombreuses années ne pourroient effacer le souvenir, non seulement de l'acte qui le produit, mais des circonstances qui l'ont précédé et accompagné. Tâchons donc de donner à cet acte et à ces circonstances la plus grande efficacité possible ; tâchons d'en rendre l'impression profonde, et l'influence toujours sensible pendant tout le cours de la vie.

Une des erreurs de notre siècle est d'offrir, pour ainsi dire, la raison dans toute sa nudité ; comme si l'homme n'étoit qu'une pure intelligence. En négligeant la langue des signes qui parle à l'imagination, on a renoncé au plus puissant des langages.

Il semble que nous ayons entièrement oublié ce que les anciens savoient si bien : c'est que l'impression de la parole est foible en elle-même ; que l'on parle au cœur par le secours des yeux beaucoup plus fortement que par celui des oreilles, et qu'un orateur est quelquefois d'autant plus éloquent qu'il parle moins.

Lycurgue veut convaincre les Spartiates de la sublimité de son austère discipline : il fait combattre deux chiens, dont l'un étoit aguerri aux exercices de la chasse, et l'autre amolli dans l'oisiveté domestique. Thémistocle, réfugié chez Adméte, son mortel ennemi, prend entre ses bras le fils de son hôte, le pose sur l'autel au milieu des dieux domestiques, et lui rappelle de cette manière les droits et les devoirs de l'hospitalité. Pour soulever le peuple de Rome contre les Tarquins, Brutus lui montre le cadavre de Lucréce ; et pour venger la mort de César, Antoine fait conduire dans la place publique le corps du dictateur couvert de sa robe ensanglantée. Dans les conjurations, le chef conduisoit ses complices dans une caverne ou dans les souterrains d'un édifice ; il immoloit une victime, il en recueilloit le sang dans une coupe ; les conjurés y trempoient leurs armes, et en buvoient ; ensuite, après une courte harangue, il proféroit le terrible serment. De tels moyens sont étrangers à notre éloquence moderne. Nous nous perdons en raisonnements ; nous ne donnons rien à l'action. Par cette méthode, nous pouvons bien convaincre, nous ne pouvons rien exciter ; nous produisons la certitude, nous n'inspirons aucun sentiment ; nous arrêtons, et nous ne pouvons mouvoir.

Suivons une méthode contraire : imitons les anciens ; joignons les raisonnements aux actions, les paroles aux signes ; revêtons les actes civils des cérémonies imposantes des actes religieux ; frappons en même temps l'esprit et le cœur : par ce moyen,

nous persuaderons et nous ferons agir tout à-la-
fois.

Comme cela est vrai pour tous les hommes, et
beaucoup plus encore pour les jeunes gens, dont l'imagination est plus vive, plus féconde, plus puissante
dans ses effets, j'ai cru pouvoir régler l'émancipation publique d'après la forme suivante.

Tous les enfants des différentes communautés
comprises dans la même province, qui auront atteint l'âge fixé par la loi pour être le terme de l'éducation publique, seront conduits, la veille du jour
destiné à l'émancipation publique, dans le lieu de
la province où réside le magistrat suprême d'éducation. Respectable par son âge, par sa charge et par
les qualités personnelles nécessaires pour en être revêtu (1), ce magistrat sera dans ce jour l'interprète
de la patrie et l'organe de ses sentiments.

Une marche majestueuse et imposante conduira
les enfants dans l'église, où ils auront une place distinguée. Les portes seront ouvertes à tout le monde.
Le magistrat sera assis sur un trône élevé, et la dignité de sa charge sera indiquée par les signes de
sa magistrature. Sur un trône plus élevé sera placé

---

(1) Je le répète, cette magistrature devroit être une des charges
les plus respectables de l'état ; elle devroit devenir la récompense
des plus grands services rendus à la patrie ; et comme elle seroit
peu pénible et très honorable, elle pourroit être exercée par les
hommes les plus distingués par leurs vertus et leurs talents, à qui
l'âge interdit des fonctions plus fatigantes. Le guerrier célèbre et le
magistrat illustre pourroient également en être revêtus, et concourir de la même manière à l'objet de la loi.

le code des lois. L'autel sera orné des emblèmes des vertus civiles, et la cérémonie commencera par un hymne de reconnoissance. Cet hymne, composé par des philosophes, sera chanté par le prêtre, et tous les enfants le répéteront en chœur. Le style en doit être simple et sublime, et dans l'idiome vulgaire. La musique en sera composée d'après les principes des anciens, qui savoient mieux la combiner que nous avec les vues de la loi et les intérêts de la société (1).

L'hymne terminé, un héraut ordonnera au nom de la loi le silence et l'attention, et le magistrat prononcera alors le discours suivant (2).

« Enfants de la patrie, élèves du magistrat et de la loi, écoutez les dernières leçons d'un homme qui, pendant treize ans, a veillé sur votre enfance, et présidé à votre éducation.

« L'ignorance et l'erreur étoient l'héritage que vos pères vous avoient destiné. La contagion de la bassesse et des vices étoit le danger qui menaçoit votre adolescence. La dépression ou le crime en eût été le triste fruit dans la maturité de l'âge. Esclaves avilis ou violateurs des lois, l'ignominie ou le châtiment eussent suivi de près toutes vos actions. Le cheval et le bœuf, compagnons de vos travaux, aussi peu raisonnables que vous, mais plus forts, auroient été

____

(1) Dans Homère, les musiciens sont appelés instituteurs, et personne n'ignore quelle étoit l'influence de la musique dans le système de l'éducation de Pythagore et de Platon.

(2) Comme ce discours ne doit pas être composé par le magistrat, mais littéralement prescrit par la loi, j'ai cru devoir indiquer la manière dont il devroit être fait.

bien plus précieux à la société. Sans amour pour la patrie, à qui vous auriez été indifférents, vous n'eussiez eu de citoyens que le nom, comme vous n'aviez d'hommes que l'image. Avilis à vos propres yeux, vous l'auriez été bientôt à ceux des autres; vous n'auriez pu vous soustraire au mépris que par la violence, les outrages et le crime. Peut-être la protection des lois auroit-elle pu vous garantir des attentats de la force; mais qui auroit pu vous défendre des outrages de l'opinion?

« Une éducation semblable à celle que vous avez reçue pouvoit seule vous préserver de tant de maux; elle seule pouvoit substituer l'instruction à l'ignorance, la vérité aux erreurs; elle seule pouvoit, dans la condition où vous êtes nés, vous soustraire à l'influence meurtrière des vices et de l'avilissement; elle seule pouvoit vous inspirer l'idée de votre propre dignité, et vous préparer à l'estime des autres par l'estime de vous-mêmes; elle seule pouvoit vous rendre dignes d'appartenir à une ville, et de mériter le nom de citoyens.

« C'est à la patrie que vous devez tous ces bienfaits. Qui de vous pourroit être ingrat envers elle? que devez-vous faire pour ne pas l'être?

« Soyez heureux, cherchez le bonheur; mais ne vous trompez pas dans le choix des moyens qui doivent vous le procurer. Telle est la reconnoissance que la patrie exige de vous. Vous serez heureux et reconnoissants, si vous cherchez le bonheur dans le sentiment de l'innocence, dans le travail, dans la modération, dans la frugalité; vous serez heureux et reconnoissants, si vous cherchez le bonheur dans les bras d'une épouse vertueuse, et non dans ceux d'une femme publique ; dans le sein de votre famille, et non dans les lieux de prostitution ; si vous êtes environnés des fruits d'un amour innocent, et non des gages de votre débauche ; si vous respectez le lit d'autrui, comme l'amour et l'honnêteté feront respecter le vôtre ; si vous remplissez les devoirs d'homme et de citoyen, non par crainte des peines, mais par amour de la justice, et par respect pour les lois. Vous serez heureux et reconnoissants, si vous cherchez votre subsistance dans les moyens de travail, et non dans les viles ressources de la fourberie et de l'avidité ; si vous aimez mieux courber votre corps vers la terre que vous devez cultiver, que devant l'homme puissant et riche qui voudroit acheter votre avilissement ; si, profitant des moyens que la nature et l'éducation vous ont donnés pour pourvoir vous-mêmes à votre subsistance, vous ne vous réduisez pas à la triste situation de la demander aux autres ; si, en un mot, vous pouvez être utiles aux hommes sans implorer leur secours. Vous serez heureux et reconnoissants, si vous renfermez vos desirs dans les bornes de votre condition ; si vos desirs s'accordent toujours avec vos devoirs ; si vous apprenez à perdre tout ce qui peut vous être enlevé, à renoncer à tout ce que la vertu vous empêche d'avoir, à posséder tout ce qui vous appartient, et à opposer de cette manière la stabilité de la jouissance à la fragilité des biens. Vous serez heureux et reconnoissants, si vous cherchez votre bonheur dans l'estime du sage, et non dans l'opinion de l'insensé; si vous le cherchez dans des distinctions vraiment grandes et durables, et non dans de petites et éphémères jouissances de vanité. Vous serez enfin heureux et reconnoissants, si vous aimez et défendez la patrie, et les lois qui créent et protégent votre félicité.

« Si le salut de la patrie vous oblige de périr pour elle, vous serez encore heureux au moment même qui précède et accompagne ce sacrifice. Dominés par des passions vertueuses, délivrés d'une foule d'opinions absurdes, vous le serez sur-tout de celle qui attache un si grand prix à la vie. En la terminant d'une manière si utile et si glorieuse, vous ne croirez pas finir, mais commencer. Vous avez déja appris à connoître et à sentir que la mort, qui est le terme de la vie de l'homme méchant et vil, est le commencement de celle de l'homme vertueux.

« Enfants de la patrie, voilà tout ce que votre mère exige de vous; elle vous a préparé la route qui doit vous conduire au bonheur; elle vous en a fourni les moyens. Si vous en profitez, elle sera dédommagée de ses bienfaits et payée de ses soins. Approchez-vous donc du trône où sont placés ses décrets et l'expression de sa volonté; portez votre main sur le code des lois, et que, dans cet acte solennel, votre cœur ratifie la promesse que vous allez faire de ne vivre que pour elle. »

Ici le magistrat suspendra son discours; il descendra de son trône pour monter à celui où est placé le code des lois; et tenant entre ses mains le livre auguste, il entonnera un cantique relatif à cette cérémonie, qui sera accompagnée de la musique. Pendant ce temps, les enfants l'un après l'autre monteront sur le trône, et posant la main sur le code prononceront la promesse indiquée.

Le cantique achevé, le magistrat remontera sur son trône, et proclamera l'émancipation en terminant son discours de cette manière.

« Citoyens, la loi pleine de confiance dans vos promesses vous appelle de ce nom, et moi par son autorité je vous en confère tous les droits. Les treize années que vous avez passées sous notre direction n'ont servi qu'à vous préparer à les obtenir. Il dépend aujourd'hui de vous de montrer que vous en êtes dignes. Sous la vigilance immédiate des instituteurs publics, vous n'avez pu nous donner que des espérances. Votre conduite future peut seule nous apprendre que nous ne nous sommes pas trompés. Loin de nous, abandonnés à la seule direction de la loi, vous devez remplir nos fonctions sur vous-mêmes; vous devez être votre magistrat et votre surveillant; vous devez vous examiner et vous diriger; vous devez, en un mot, hériter pour vous-mêmes de notre ministère et de nos soins. »

Le discours terminé, le magistrat descendra de nouveau de son trône : et aux pieds de l'autel, pendant que les musiciens chanteront l'hymne de la concorde, le magistrat et les élèves se donneront mutuellement le baiser de paix. C'est par là que se termineront les cérémonies de l'émancipation publique. Les élèves sortis du temple seront conduits dans le lieu destiné au repas public, où présidera le

4.   9

magistrat lui-même. Au repas succéderont les exercices militaires, après lesquels chaque élève sera inscrit dans le registre des défenseurs de la patrie, et sortira du lieu d'éducation publique (1).

---

(1) L'émancipation publique dont nous parlons ne devroit pas soustraire les enfants à la dépendance de leurs pères et mères. Les droits précieux de la puissance paternelle doivent être protégés, et non détruits par les lois civiles. Je développerai plus au long les idées relatives à cet important objet de la législation dans le dernier livre de cet ouvrage. On a vu dans le plan général, tome I, quels sont mes principes sur la puissance paternelle et sur le respect que les lois doivent avoir pour elle.

CHAPITRE XVI.

Moyens de fournir aux dépenses qu'exige ce plan d'éducation
populaire.

Il faut prévenir maintenant les plus fortes objections que l'on pourroit faire contre le plan proposé.
Enlevons, autant qu'il est possible, aux ennemis du
bien le prétexte de le calomnier ; fortifions les espérances du sage, et renversons les obstacles que ne
cessent d'élever les insensés et les méchants.

Un gouvernement consacre à un objet la plus
grande partie de ses revenus. Les avantages qu'il en
retire ne sont qu'apparents ; les maux véritables qui
en résultent sont nombreux et funestes. Une misère
profonde dans le peuple, un vide immense dans la
population, une perte de bras considérable dans l'a-
griculture, le commerce, les arts, un obstacle au
perfectionnement des mœurs, un appui à leur dépravation, un moyen puissant de servitude : tels sont
les maux plus sensibles et plus immédiats qui naissent de cette interversion de dépense. Ceux qui sont
moins sensibles et moins immédiats, et que je néglige ici, ne sont ni moins nombreux ni moins ef-
frayants.

Un autre emploi de ces revenus produiroit une
foule de biens : le physique et le moral du peuple se
perfectionneroit ; on préviendroit une grande partie
des maux auxquels l'un et l'autre sont exposés dans

le plus bel âge de la vie humaine ; l'agilité, la force et le courage augmenteroient ; l'ignorance et les erreurs disparoîtroient ; les plus utiles vérités se répandroient de toutes parts ; la contagion de la bassesse et des vices seroit prévenue dans l'âge où elle est la plus funeste et la plus commune : l'idée de sa propre dignité et des passions grandes et utiles pénétreroit dans la classe d'individus que sa destination en éloigne le plus ; l'agriculture et les arts se perfectionneroient par les instructions pratiques qu'on recevroit dans l'enfance et dans la première jeunesse ; d'utiles découvertes relatives à celles-là naîtroient du même moyen : l'aversion de l'oisiveté, inspirée par l'habitude de l'occupation ; la multiplication des moyens de pourvoir à la subsistance individuelle ; l'augmentation de l'industrie nationale ; l'aptitude à défendre la patrie, et la connoissance de cette partie des lois nationales qui doivent régler la conduite de chaque individu : en un mot, tous les avantages des peuples anciens sur les modernes, combinés avec ceux des modernes sur les anciens ; l'énergie des petits états communiquée à de grandes nations ; la vertu des républiques introduite dans la monarchie : tels sont les avantages qu'on pourroit obtenir d'un meilleur emploi des revenus publics.

Princes de l'Europe, si vous voulez délivrer les peuples de tant de maux, et les combler de tant de biens, supprimez les armées sur pied (1), et occu-

---

(1) Le lecteur peut se rappeler ce que j'ai dit sur les inconvéniens de la perpétuité des troupes dans différents endroits du Livre II, et sur-tout dans le chap. VII

pez-vous de l'éducation du peuple. Les trois quarts de la portion des revenus publics que vous employez à stipendier tant de mercenaires oisifs suffiroient pour fournir abondamment aux dépenses du plan d'éducation populaire que j'ai proposé : le peuple les paieroit avec plaisir, parcequ'il verroit qu'ils sont destinés à le soulager, et non à l'opprimer ; à l'élever, et non à le tenir dans la dépression ; à nourrir, à élever ses enfants, et non à les acheter comme des esclaves. Le paiement de toutes ces contributions, au lieu de restreindre le nombre des mariages par le célibat et les vices de tant de milliers d'hommes, et de diminuer la population par la misère que leur entretien et leur oisiveté font naître dans les autres, favoriseroit tout à-la-fois et ces mariages et cette population, soit par le perfectionnement du physique et du moral du peuple, si nécessaire à la conservation comme à la multiplication des hommes, soit par le secours qu'elle offriroit aux pères, en les délivrant d'une grande partie des dépenses qu'exige la nourriture des enfants, et des soins de leur instruction et de leur éducation. L'agriculture, les arts et le commerce, au lieu de languir par l'inaction de tant de milliers de bras, recevroient une nouvelle vie de l'accroissement de force, d'activité, d'instruction et d'industrie du peuple. Les mœurs, au lieu de se corrompre au milieu d'une soldatesque oisive et célibataire, trouveroient un appui inébranlable dans une telle éducation. L'autorité privée d'une force toujours prête à soutenir, à défendre ses aveugles volontés, rentreroit alors dans les bornes fixées par la constitution, et elle seroit obligée de respecter et de maintenir la liberté civile. Le despotisme disparoîtroit alors de l'Europe, et feroit place à un gouvernement énergique et modéré, aussi favorable à la sûreté du peuple qu'à la sûreté de ceux qui le gouvernent. La patrie auroit des citoyens en temps de paix, et des guerriers robustes, courageux et adroits en temps de guerre. Au lieu de ces êtres débiles, épuisés par l'oisiveté, les vices et la faim ; au lieu de ces esclaves stipendiés qui composent aujourd'hui nos armées, elle opposeroit alors à l'ennemi des hommes accoutumés à la fatigue, à l'intempérie des saisons, aux exercices qui augmentent la vigueur et l'agilité, animés de passions grandes et vertueuses, et instruits des opérations militaires. Défenseur-né de la patrie, chaque citoyen participeroit à ce devoir sacré. Des levées d'hommes forcées ne seroient plus alors les funestes préludes de la guerre ; la violence n'appelleroit plus alors les citoyens à la défense de la patrie, et les sons du tambour ne seroient plus mêlés des gémissements de la douleur et des cris du désespoir. Enfin la nation entière une fois armée pour sa défense, de petits états auroient plus de force pour se défendre que n'en auroient pour les attaquer les plus vastes empires, et les deux ou trois puissances ambitieuses qui tourmentent l'Europe se verroient alors obligées de renoncer au dessein qu'elles ont assez clairement manifesté de la diviser, comme un héritage que leur donnent la supériorité de la force, et le mépris de tous les droits et de tous les devoirs.

Tels sont les avantages qui naîtroient de cet heureux changement dans l'emploi de la partie la plus considérable des revenus publics. L'éducation de la seconde classe, réglée par le magistrat et par la loi, n'auroit pas besoin des mêmes moyens d'exécution : celle-ci, comme je l'ai dit, ne devroit pas être établie aux dépens de l'état, mais aux dépens des individus. Dans le chapitre suivant, j'en indiquerai les motifs et les avantages (1).

---

(1) Je dois avertir ici que chez les nations où le moyen proposé ne suffiroit pas pour pourvoir à toutes les dépenses de ce plan d'éducation populaire, le gouvernement pourroit trouver les moyens d'y suppléer par d'autres ressources également utiles et puissantes, et qui toutes sont renfermées dans ce système de législation. La vente des domaines de la couronne, dont j'ai montré dans le livre II les funestes effets sur l'agriculture et l'industrie ; une diminution juste et raisonnable des revenus de l'Église, diminution dont j'indiquerai les bases et les moyens dans le livre suivant ; la suppression de tant de *caisses de charité* établies chez plusieurs nations, qui, au lieu de secourir l'indigence, ne font qu'entretenir l'oisiveté, et qui seroient encore plus inutiles, si les lois prévenoient la misère au lieu de la créer ; enfin l'accroissement des revenus publics, effet nécessaire d'un meilleur système d'imposition, qui, ainsi que je l'ai prouvé dans le livre II, augmenteroit la recette pour le gouvernement, en diminuant pour le peuple la masse des contributions. Tous ces moyens, joints au moyen principal dont j'ai parlé, rendroient ce plan exécutable dans toutes les formes de gouvernement.

CHAPITRE XVII.

De l'éducation de la seconde classe.

La seconde classe comprend, comme je l'ai dit (1), tous ceux qui se destinent à être utiles à la société par leurs talents. La différence qui existe entre celle-ci et l'autre doit en produire une très grande dans le système économique de leur éducation publique. La première, comme on l'a vu, doit être entretenue aux dépens de l'état ; la seconde aux dépens des individus qui y participent. Les principales raisons de cette différence sont assez peu sensibles pour que je croie nécessaire de les développer.

Il n'est pas indifférent à l'ordre social que le dépôt des connoissances et des lumières soit dans la classe riche ou dans la classe pauvre de l'état. Les richesses attirant à elles le pouvoir par une espéce de pente naturelle, et l'intérêt de la société exigeant que les lumières soient combinées avec le pouvoir, on sent aisément qu'il est d'une extrême importance que le dépôt des connoissances soit plutôt dans la classe des riches que dans celle des pauvres.

Il y a plus ; si l'on me demandoit quel est le pays qui abonde le plus en erreurs, je répondrois, C'est celui où l'on peut entrer dans la carrière des lettres avec le moins de dépenses. Le véritable savant est

____

(1) Voyez le chap. V de ce livre.

l'homme qui a le moins d'erreurs. Les principes d'erreurs ne sont point dans celui qui ne sait pas, mais dans celui qui sait mal; celui-ci communique à l'autre ses fausses opinions, et c'est ainsi que l'ignorance s'unit à l'erreur. Or le pays qui abonde le plus en faux savants, et qui a une moindre quantité de vrais savants, est celui où le nombre de ceux qui se jettent dans la carrière littéraire est le plus considérable. Le nombre des hommes qui peuvent être instruits avec exactitude et profondeur est toujours petit, et il le devient encore davantage, lorsque l'opinion publique, subjuguée par la multiplicité des demi-savants, n'accorde qu'à eux seuls ses suffrages, et regarde avec indifférence le grand homme qui a le malheur d'être trop supérieur aux autres.

Le pays le plus éclairé, selon moi, seroit celui où il y auroit moins d'erreurs, et plus de vérités répandues parmi le peuple, et moins de demi-savants parmi les gens instruits. Pour parvenir à ce but, il faut rendre moins facile la carrière des lettres; il faut donc la rendre plus coûteuse. L'Angleterre offre une preuve de cette vérité. Dans aucun pays de l'Europe, l'acquisition des connoissances n'est aussi dispendieuse; dans aucun pays, il ne faut être aussi riche pour devenir savant: nulle part aussi il n'y a plus de vrais savants, et moins de demi-savants; nulle part il n'y a moins d'erreurs, et plus de vérités répandues parmi le peuple.

Une troisième réflexion vient à l'appui des deux premières. Il est de l'intérêt de la société que les vérités utiles et les résultats des méditations des hommes instruits se répandent dans le peuple avec la plus grande rapidité. C'est un effet de la société même que le riche ait plus d'influence sur le pauvre que le pauvre sur le riche.

La marche de la vérité sera plus rapide, l'expansion des grands résultats de l'intelligence humaine sera plus prompte, lorsque les lumières partiront du cabinet de l'homme riche plutôt que de la cabane du pauvre.

Enfin le riche, soit qu'il s'adonne, soit qu'il ne s'adonne pas aux sciences ou aux arts, appartient toujours à la classe stérile de la société. Il n'en est pas ainsi du pauvre. Le fils d'un laboureur qui abandonne la charrue et la bêche pour courir dans les universités et dans les académies, prive la classe productive d'un individu pour le vouer à la classe stérile, laquelle pour l'intérêt de la société doit être la moins nombreuse qu'il est possible. L'état perd un laboureur pour acquérir souvent un malheureux architecte, un mauvais peintre ou un demi-savant, pire encore. Ce double inconvénient n'existeroit pas, si, pour s'adonner aux beaux-arts ou aux sciences, il falloit être dans un certain état de richesse.

Je préviendrai une objection. Si un homme capable par son aptitude naturelle de tenir un jour un rang distingué parmi les savants ou parmi les artistes a le malheur de naître dans la pauvreté, faudra-t-il donc le priver, ainsi que la société, de l'honneur et de l'utilité de son talent ?

Cet inconvénient est grand sans doute ; aussi ai-je proposé pour le prévenir, dans le huitième chapitre

de ce livre, l'établissement d'un fonds que la caisse
d'éducation réserveroit pour cet usage. Ce fonds seroit, comme je l'ai dit, destiné à pourvoir à l'entretien des élèves de la première classe que le magistrat
suprême d'éducation jugeroit dignes de passer dans
l'éducation de la seconde classe, à cause du talent
décidé qu'ils montreroient pour les sciences ou pour
quelqu'un des beaux-arts.

Par cet ordre de choses, des esprits supérieurs,
quoique nés dans la misère, ne seroient pas exclus
de la destination que la nature leur a assignée. La
classe productive ne perdroit un individu que lorsqu'il pourroit devenir précieux à la société entière.

Tels sont les motifs moins sensibles sur lesquels
est fondée la différence dans le système économique
d'éducation des deux classes, entre lesquelles on a
divisé le peuple. Les motifs qui naissent de la chose
même, peuvent se deviner aisément. Les deux principaux sont l'avantage de soulager le public d'une
charge qui, pour l'intérêt général, comme on l'a vu,
ne doit être supportée que par ceux qui en profitent,
et celui de restreindre à un nombre modéré ceux qui
peuvent participer à l'éducation de la seconde classe,
sans cependant en exclure aucune condition. Par ce
moyen, quiconque seroit assez riche pour pouvoir
contribuer aux dépenses qu'exige l'éducation d'un
individu de la seconde classe auroit le droit de l'y
destiner, et cela suffiroit pour obvier en même temps
à l'extrême multiplication de cette classe, et pour
laisser dans la nation toute cette énergie et cette activité que produit l'espérance d'améliorer son sort
et celui de ses enfants.

CHAPITRE XVIII.

De l'établissement et de la distribution des collèges pour les élèves de la seconde classe.

La différence qu'il y auroit entre le nombre des élèves de la première classe et ceux de la seconde, permet, comme je l'ai dit ailleurs (1), de proposer pour cette classe l'établissement de maisons publiques d'éducation que l'autre ne peut avoir.

Cette seconde classe se divise comme la première en différentes classes secondaires. Si l'on pouvoit faire en sorte que tous les élèves de la seconde classe fussent réunis sous le même toit, il est certain que la vigilance de l'administration concentrée en un seul point pourroit plus facilement y conserver cet ordre et cette énergie, dont la perte a toujours été la ruine des plus utiles et des plus glorieuses institutions. Mais facilitons l'exécution de ce plan, en en facilitant les moyens. N'effrayons pas les gouvernements par le tableau des dépenses qu'exigeroit la construction d'un édifice de cette nature. Qu'il nous suffise d'en avoir exposé les avantages pour les nations chez lesquelles une population peu nombreuse, et l'existence d'un édifice public proportionné à cet usage, pourroient en rendre l'entreprise facile, et proposons pour les autres le meilleur

____

(1) Voyez le chap. VI de ce livre.

moyen qu'il faudroit employer pour parer à cet inconvénient, sans altérer l'ordre et l'efficacité de notre plan.

S'il y a peu de nations qui aient un édifice propre à contenir tous les élèves de cette seconde classe, il n'y en a point chez qui l'on ne trouve des édifices suffisants pour contenir une ou plusieurs des classes secondaires dans lesquelles elle est subdivisée. La réforme des réguliers, qu'on a exécutée, et qu'on exécute chaque jour dans la plus grande partie des pays catholiques, en fourniroit les moyens au gouvernement. Lorsqu'on voudroit réunir sous le même toit deux ou plusieurs classes secondaires (réunion qui épargneroit une partie des dépenses de leur entretien, et produiroit encore beaucoup d'autres avantages), il faudroit mettre ensemble les 'classes qui ont entre elles des principes d'institution plus communs. Dans les beaux-arts, par exemple, le collége des peintres devroit se réunir à celui des sculpteurs ou des graveurs; celui des architectes civils à celui des architectes militaires; le collége des médecins, celui des chirurgiens, et celui des pharmaciens, pourroient n'en former qu'un.

En adoptant le système militaire des anciens, nous adopterons encore leur système civil. Le magistrat et le général, l'homme qui se destine à défendre la patrie, et celui qui doit être chargé de l'administration, recevront la même instruction. Le magistrat pourra devenir guerrier, et le guerrier magistrat, lorsque la législation acquérant la simplicité et la perfection nécessaires, communiquera à l'administration l'ordre, l'harmonie et la simplicité qui régnent dans ses lois (1).

Nous ne proposons pas un collége particulier pour ceux qui voudront se consacrer entièrement à l'étude des sciences. Les élèves du collége des magistrats et des guerriers, qui, ayant de l'éloignement pour les charges publiques, préféreront de servir la société, en concourant au progrès des connoissances humaines, pourront, après l'émancipation publique, poursuivre leur carrière littéraire, et trouveront encore un secours qui leur sera fourni par la loi dans les universités publiques, instituées pour cet objet, et dont nous parlerons plus au long dans la troisième partie de ce livre, où il s'agira particulièrement de l'*instruction publique*.

Il y aura encore un collége pour ceux qui se destinent au commerce, un autre pour ceux qui se destinent au service des autels; un autre pour ceux qui veulent exercer la musique. Enfin, dans les pays où l'intérêt public exige qu'il y ait une marine militaire, il y aura encore un collége pour ceux qui voudront y entrer.

Je renouvelle au lecteur la prière que je lui ai faite plus d'une fois dans le cours de cet ouvrage, de ne point juger mes idées, avant d'en voir l'entier développement.

---

(1) On verra plus bas le plan d'éducation scientifique que je propose pour ce collége.

CHAPITRE XIX.

Du lieu que l'on doit préférer pour l'établissement de ces colléges.

La capitale, qui est d'ordinaire le siége des sciences et des beaux-arts, doit encore être le siége de l'institution de cette classe. La facilité d'y trouver de meilleurs maîtres, le concours continuel des grands talents qui s'y rendent de toutes les parties de l'état; la présence du gouvernement; la vigilance et l'énergie que cette présence inspire aux magistrats auxquels est confié cet objet important de l'administration publique; enfin le grand nombre d'édifices propres à cet usage : tels sont les motifs qui engagent à préférer la capitale aux provinces. Dans les grands empires, cette régle pourroit souffrir une exception.

Les capitales des grandes provinces devroient être le siége de l'éducation de cette seconde classe, et partager avec la capitale de l'empire les éléves, qu'il seroit peut-être impossible de réunir tous dans la métropole; alors la capitale du royaume ou de la province destinée à cet objet exécuteroit tout ce que nous avons proposé pour les métropoles de chaque état, sans aucune différence.

Le législateur aura soin de choisir entre les édifices propres à cet usage, ceux qui sont placés dans les lieux les plus éloignés de la ville, et où l'air est le plus libre et le plus pur; il préfèrera ceux qui sont dans les faubourgs, à ceux qui sont renfermés entre les murs.

S'il ne peut réunir sous le même toit les colléges qui ont beaucoup de principes d'institution communs, il fera en sorte du moins de les rapprocher le plus qu'il sera possible : l'exposition du plan d'éducation en indiquera les motifs.

CHAPITRE XX.

De la magistrature d'éducation pour cette seconde classe.

Cette magistrature, comme celle de la première, sera composée de trois ordres de magistrats ; ils auront les mêmes noms, quoique leurs fonctions soient différentes. Il y aura donc un magistrat suprême d'éducation, un magistrat inférieur pour chaque collége, et des surveillants. Le développement du plan indiquera leurs fonctions respectives, leur importance, la dignité de ces magistratures, et les qualités que doivent avoir les personnes qui en seront revêtues.

Les affaires économiques seront administrées par les préposés du magistrat particulier de chaque collége, qui devra en rendre compte au magistrat suprême. Le nombre des personnes destinées à servir sera proportionné au nombre des éléves dans chaque collége, et elles seront sous la dépendance immédiate du magistrat particulier de ce collége.

CHAPITRE XXI.

De l'admission des enfants de cette seconde classe, et de leur destination.

On sera admis dans cette classe, comme dans l'autre, à l'âge de cinq ans; il n'y aura de différence que dans l'admission. Chaque année, à une époque déterminée, on entrera dans l'éducation de cette seconde classe; celle de la première sera ouverte toute l'année. L'ordre de l'instruction progressive de cette seconde classe exige cette admission simultanée, que l'on pouvoit et qu'il falloit même négliger dans l'autre. Chaque nouvelle année, tous les enfants qui, au temps fixé, auront déja atteint leur cinquième année, pourront être admis à l'éducation de cette seconde classe : elle durera un an de plus que l'autre; la partie scientifique de l'éducation de cette seconde classe rend cette prolongation nécessaire.

La destination d'un enfant dépendra entièrement de la volonté de son père. Comme les dépenses de l'éducation sont à sa charge, le choix de sa destination doit être déterminé par lui; et cela est d'autant plus nécessaire, que les dépenses de l'éducation ne seront pas les mêmes dans tous les colléges. Tel père sera peut-être assez riche pour entretenir son fils dans le collége des peintres, par exemple, et il ne le sera pas assez pour l'entretenir dans celui des magistrats et des guerriers. Il voudra faire de son fils un peintre plutôt qu'un sculpteur, et la loi ne doit pas le priver de cette liberté. Si, dans le cours de l'instruction, l'enfant annonce des dispositions pour un autre talent que celui auquel on l'a destiné, ce sera au magistrat instituteur de ce collége à en avertir le père, afin qu'avec son consentement le fils puisse recevoir une destination plus analogue à ses talents, plus propre à répondre aux espérances du père, et à mériter les soins du magistrat et de la loi.

Après avoir donné une idée de ces établissements préliminaires, je vais exposer le plan d'éducation de cette seconde classe. Pour suivre le même ordre, je commencerai par établir, sur l'éducation physique, morale, et scientifique, des idées générales, qui doivent être communes à tous les éléves de cette seconde classe, et je proposerai ensuite celles qui concernent chacune des classes secondaires entre lesquelles elle est subdivisée.

CHAPITRE XXII.

Idées générales sur l'éducation physique de la seconde classe.

La clarté avec laquelle je crois avoir développé les principes et les régles générales de l'éducation physique de la première classe me dispense de les répéter, toutes les fois qu'ils sont applicables à cette seconde classe. Je n'examinerai ici que les différences, et j'éviterai de cette manière les répétitions inutiles, qui ne pourroient inspirer que de l'ennui au lecteur.

ARTICLE PREMIER.

De la nourriture.

Je ne vois aucun changement à faire sur cet objet au plan que j'ai proposé pour la première classe, soit par rapport à la nature des aliments, soit par rapport au nombre des repas.

Quant au nombre des aliments, il n'y auroit aussi aucun changement à faire, si, en restreignant le repas à un seul mets, et quelquefois à deux seulement, cette utile sobriété pouvoit ne pas paroître excessive aux pères de ces enfants, et les éloigner d'une éducation que nous voudrions rendre la plus générale qu'il seroit possible, sans violer la liberté paternelle. On fixera donc à deux le nombre ordinaire des mets d'un repas ; on en ajoutera un troisième les jours de fête, et un second pour le souper. L'excès du nombre sera compensé par le défaut de quantité, parceque si l'on donnoit une nourriture plus considérable à l'une des deux classes, ce de-vroit être sur-tout à la première, vu la nature et les effets de sa destination.

ARTICLE II.

Du sommeil.

La différence de destination de ces deux classes n'en doit produire qu'une très légère relativement à cet article de leur éducation physique. Nous avons interdit dans l'éducation de la première classe le sommeil de l'après-midi, comme incompatible avec la nature de sa destination. Par la même raison, nous ne l'admettrons pas dans celle-ci, excepté à cette époque de l'année où les jours sont longs et les nuits courtes, et où la chaleur de l'après-midi augmente les maux que produisent dans cette partie du jour les occupations de l'esprit. On permettra donc le sommeil de l'après-midi pendant les grandes cha-leurs de l'été, et le même intervalle du sommeil de la nuit sera employé par les enfants de cette classe avec moins de danger et plus d'avantage aux occupations relatives à leur âge et à leur destination.

ARTICLE III.

Du vêtement et de la propreté.

Dans cet article et dans les suivants, nous verrons

principalement l'influence de la différence de destination de ces deux classes sur la partie physique de
leur éducation. La nudité des pieds, que nous avons
prescrite dans la première classe, n'aura pas lieu
dans la seconde. Nous ne voulons pas soulever l'a-
mour et la vanité des parents contre ce plan d'éducation.

Les enfants de cette classe seront chaussés; ils auront un vêtement pour l'été, et un autre pour l'hiver.
Il sera, jusqu'à l'âge de douze ans, d'un drap plus
fin, mais d'une forme semblable à celui des enfants
de la première classe. Jusqu'au même âge leurs cheveux seront coupés; mais depuis cet âge on les laissera croître, et leur vêtement suivra la mode de la
nation. On aura soin d'éviter les habillements étroits
et serrés. La propreté de la tête et celle de l'habitation seront l'objet des soins des domestiques et de la
vigilance des surveillants. On entretiendra la propreté du corps, en le lavant avec soin, et on adoptera
sur cet objet les régles que j'ai proposées pour la première classe.

ARTICLE IV.

Des exercices.

Les exercices du corps, nécessaires à l'une et à
l'autre classe, ne peuvent différer que par leur espéce. Ceux que nous avons proposés pour la première classe ne peuvent être tous adoptés pour la
seconde; et dans la classe même dont nous parlons,
ceux qui doivent être préférés pour telle ou telle por-

tion des classes secondaires dans lesquelles elle est
subdivisée ne le sont pas pour toutes les autres.
Les exercices, par exemple, qui augmentent la
force des muscles des bras et des mains leur ôtent
cette mobilité et cette agilité qu'exigent quelques
uns des beaux-arts; ils doivent donc être interdits
aux élèves des collèges où on enseigne les beaux-
arts. Les exercices qui, endurcissant les mains,
peuvent diminuer la finesse du tact, doivent être
proscrits des collèges où la perfection de ce sens est
d'une absolue nécessité pour le succès de ces élèves.
Enfin ceux qui causent une excessive dissipation
d'esprits animaux ne conviennent pas aux classes
qui ont besoin d'un grand recueillement pour leurs
études particulières.

Sans indiquer les différentes espèces d'exercices
qui conviendroient aux diverses classes secondaires
qui composent cette seconde classe principale, contentons-nous de fixer ici l'attention du législateur
sur ce qu'on doit éviter dans le choix de ces exercices. Restreints dans ce chapitre aux seules règles
qui sont susceptibles d'une application commune
pour tous les élèves de cette seconde classe, nous
ne pouvons nous permettre des détails particuliers.
La seule chose qui pourroit être d'un usage général,
et qui, par cette raison, ne doit pas être négligée
ici, c'est ce que j'ai proposé, dans l'article de l'éducation physique de la première classe, sur les exercices de nuit et sur l'art de la natation. La différence
de destination de cette classe ne peut avoir aucune
influence sur ces deux objets, également intéres-

sants dans la partie physique de l'éducation. Ils seront prescrits dans l'éducation de la seconde classe,
comme ils l'ont été dans celle de la première; et la
méthode proposée pour l'une pourra, sans aucun
inconvénient, être adoptée pour l'autre, avec la seule
modification que pourra exiger la différence des circonstances. Je prie le lecteur de se rappeler les principes que j'ai développés dans le chapitre IX sur l'é-
ducation physique de la première classe, parceque
je n'ai fait ici qu'indiquer les différences dans l'application de ces principes.

C'est par le même motif que je renvoie à tout ce
que j'ai dit sur l'inoculation de la petite-vérole, qui
devroit précéder l'admission des enfants de la première classe. Les mêmes raisons qui exigent cette
précaution dans la première classe l'exigent aussi
dans la seconde; la seule différence est que, pour
celle-ci, l'inoculation pourra se faire dans la maison paternelle : quant à la première, on établira
un hôpital d'inoculation dans chaque province de
l'état (1).

---

(1) Il seroit nécessaire d'établir une infirmerie générale pour
tous les élèves de cette seconde classe, de la même manière qu'on a
proposé d'en établir dans les communautés voisines pour les élèves
de la première classe.

CHAPITRE XXIII.

Règles générales sur l'éducation morale de la seconde classe

Je suivrai, par rapport à la partie morale de l'é-
ducation, la même méthode que j'ai employée par
rapport à la partie physique.

Si l'objet général de l'éducation morale, comme
je l'ai dit (1), consiste uniquement à préparer un
concours de circonstances propres à développer les
facultés morales de l'homme, suivant la destination de l'individu et les intérêts de la société dont
il est membre, voyons, parmi les circonstances
que nous avons préparées pour les élèves de la première classe, quelles sont celles qui peuvent être
uniformément adoptées avec un égal avantage pour
les élèves de la seconde, et quelles sont celles qui
doivent être modifiées et adaptées à la diversité de
leur destination.

ARTICLE PREMIER.

Des instructions et des discours moraux.

Tout ce que nous avons dit sur les instructions
morales peut être entièrement adapté à la première
comme à la seconde classe.

––––––––––––––––––––––––––––––––

(1) Voyez le chap. X de ce livre, intitulé. *Idées générales sur
l'éducation morale de la première classe.*

La morale est une, les principes en sont immuables. Les devoirs peuvent varier avec les circonstances dans lesquelles se trouvent les hommes; mais les principes d'où ces devoirs découlent sont universels et indépendants des circonstances. Fondés sur les rapports de la nature et de la société, ils sont communs au riche et au pauvre, à l'homme élevé en dignité et au simple particulier, au magistrat et au prêtre, au chef de la nation et au citoyen le plus obscur.

Le père dans sa famille, le roi dans la monarchie, le sénateur dans la république, la monarchie et la république, doivent se diriger par les mêmes principes: ils sont, par leur simplicité, à la portée de tous les esprits; et le lecteur qui se rappellera tout ce que nous avons dit sur ces instructions morales, pour les élèves de la première classe, verra bien qu'il n'y a rien à changer ici, soit par rapport à leur nature, soit par rapport à l'ordre, au temps et à l'âge que nous avons fixés pour ces instructions importantes. Le magistrat particulier de chaque collège, qui sera l'instituteur moral des élèves de la seconde classe dans le collége qui lui sera confié, ne fera que régler les applications des principes établis, d'après les circonstances de la destination particulière de ses élèves.

On ne peut pas dire la même chose des *discours moraux;* le but de ces discours, comme on l'a vu, est plutôt de former le caractère moral des élèves que de les instruire. Ce but exige quelques différences dans les moyens, et ces différences dépendent de la différence de destination de ces deux classes. Je passe sous silence tout ce qu'il doit y avoir de commun dans la forme de ces discours, pour l'éducation de la première et de la seconde classe, et je me borne à examiner les différences indiquées. La première a pour fondement ce que nous avons dit au commencement de ce livre sur deux vices contraires auxquels les individus de ces deux classes sont exposés par la nature de leur destination, la *bassesse* et l'*orgueil*. Ceux qui sont destinés à servir la société par leurs bras sont exposés au premier, comme ceux qui sont destinés à la servir par leurs talents sont exposés au second (1). Pour prévenir la contagion de ce premier vice dans les élèves de la première classe, outre les moyens qui dépendent du système entier de l'éducation, nous avons eu recours à ces discours moraux. On a dit qu'un des plus importants objets que le législateur doive se proposer dans ses discours est d'élever l'ame des enfants de cette classe, de leur inspirer l'idée de leur propre dignité, en leur montrant les égards qui sont dus à la vertu, et la considération qu'a toujours obtenue et que doit obtenir l'homme de bien, dans quelque condition qu'il se trouve. Nous avons dit que le grand citoyen doit leur être peint des mêmes couleurs que le grand général, que le grand magistrat. Nous avons dit que la route de l'immortalité et de la gloire doit s'ouvrir devant le der-

---

(1) Voyez le chap. VI de ce livre, intitulé, *Différences générales entre l'éducation des deux classes principales du peuple.*

nier citoyen comme devant le chef suprême de l'état.

Ces sentiments, ces espérances, que l'on peut inspirer avec la plus grande facilité aux élèves de la seconde classe, doivent s'unir à ceux qui peuvent étouffer dans sa source le second vice auquel leur destination les expose. Un des principaux objets des discours moraux destinés aux élèves de cette seconde classe sera une exposition énergique des principes de l'égalité humaine, où l'on développera le respect que l'on doit à son semblable, la folie de l'orgueil, et la petitesse de la vanité; on leur apprendra que le pouvoir séparé de la vertu, et la dignité séparée du mérite, sont les véritables causes de l'insolence orgueilleuse, et on leur fera sentir que la modération est le véritable signe de l'élévation de l'ame et de la supériorité de l'esprit; on les entretiendra de la dépendance réciproque des hommes, fondée sur leurs besoins mutuels; de la reconnoissance qu'exigent les fatigues habituelles des classes laborieuses de l'état; de la monstrueuse ingratitude qu'il y auroit à aggraver encore, par les insultes de l'opinion, l'obscurité de leur condition et la pauvreté de leur fortune.

Passons à une autre différence. Il est une vertu qui naît d'un sentiment commun à tous les hommes, mais à des degrés différents, lorsque leur imagination commence à agir. Pour que cette vertu puisse naître dans les individus à qui elle est le plus nécessaire, il faut que le sentiment qui la produit soit excité avec le plus grand soin. Cette vertu est l'*huma-*

nité, et ce sentiment est la *compassion*. Pour qu'un enfant puisse être susceptible de compassion, il faut qu'il sache qu'il existe des êtres semblables à lui qui souffrent ou peuvent souffrir les mêmes douleurs que lui; il faut que son imagination ait acquis assez d'activité pour lui représenter et lui composer ces douloureuses images, et le transporter, pour ainsi dire, hors de lui-même, pour l'identifier avec l'être qui souffre. C'est ce défaut d'activité dans l'imagination qui rend les bêtes non susceptibles de pitié, et qui en rend incapables les enfants et les imbéciles. C'est parcequ'ils n'ont jamais souffert, et qu'ils ne croient pas devoir souffrir, que les rois, les grands, et les hommes riches ont si peu d'humanité. Les conditions où l'humanité seroit le plus desirable, parcequ'elle y est le plus utile, sont celles où cette vertu a d'ordinaire moins de force et d'étendue, parceque le sentiment qui la produit est d'ordinaire plus foible et moins actif. Telle est la classe dont il s'agit ici. L'éducation doit donc remédier au malheur de cette condition; elle doit y faire naître le sentiment de la compassion, afin d'y exciter la vertu de l'humanité. Or les discours dont nous parlons pourroient contribuer à cet objet plus que tout autre moyen. Si l'on réfléchit à l'âge auquel les élèves y sont admis et à l'âge auquel ils en sortent, on sentira que les discours relatifs à cet objet trouveroient l'imagination des élèves dans cet état d'activité nécessaire pour le sentiment dont on parle.

Si l'on réfléchit d'ailleurs à la multitude d'occasions dont le magistrat instituteur pourroit profiter pour inspirer ce sentiment par ses discours; si l'on réfléchit combien il seroit facile de leur faire sentir, de cette manière, que chaque homme peut être exposé aux maux qui semblent les plus éloignés de lui, combien il seroit facile d'empêcher que ces élèves vissent de trop loin et de trop haut les peines, les inquiétudes, les travaux auxquels sont exposés ceux des autres classes, et qui peuvent les menacer eux-mêmes; si l'on réfléchit enfin à l'énergie et à l'évidence dont ces vérités sont susceptibles, et à l'intérêt que le magistrat pourroit donner à cette partie de ses discours, en employant les faits relatifs à cet objet, on sentira l'efficacité de ce moyen pour le but proposé, la nécessité d'ajouter cet objet aux discours moraux de cette seconde classe. Nous n'en avons pas parlé relativement à la première classe, parceque, dans les individus qui la composent, l'humanité, moins utile, est en même temps plus commune et plus étendue; la nature même de leur condition n'alimente que trop dans leur ame le sentiment qui la produit (1).

Excepté ces deux différences, dans tout le reste la règle que le législateur doit établir pour les discours moraux de cette seconde classe ne différera pas de celle qu'on a proposée pour les discours moraux de la première.

Les élèves de cette seconde classe y entreront au même âge, et y resteront pendant le même espace

______

(1) *Non ignara mali, miseris succurrere disco.*

de temps; et de même que, dans la première classe,
le magistrat municipal d'éducation de chaque communauté a été chargé de ce soin, dans la seconde
cette importante fonction, comme celle qui est relative aux instructions morales, appartiendra au
magistrat particulier de chaque collège. Outre tous
ces motifs, le rapport que les instructions et les discours doivent avoir, soit avec l'une et l'autre classe,
soit avec la nature du gouvernement, rend nécessaires les soins du magistrat sur cet objet. Dépositaire de la loi, et responsable de son observation,
qui mieux que lui pourroit en connoître l'esprit et
se conformer à ses dispositions?

ARTICLE II.

De l'exemple.

Nous pouvons ici adopter entièrement tout ce
qu'on a dit sur cet objet relativement à l'éducation
de la première classe. Nous devons seulement ajouter deux choses, dont la première étoit inutile, et
la seconde impraticable dans le plan d'éducation de
la première classe.

Si l'on réfléchit à la condition des élèves de la
première classe, on verra qu'il n'y a ni ne peut y
avoir entre eux cette inégalité qui doit nécessairement exister entre ceux de la seconde. Nul homme
d'une famille un peu distinguée ne fera entrer son
fils dans la première classe d'éducation; mais beaucoup de personnes du peuple feront entrer leurs en-

fants dans la seconde, si elles ont de quoi payer les frais de leur entretien.

Dans celle-ci, le fils de l'homme du peuple un peu à son aise et celui de l'homme riche ou noble seront obligés de vivre ensemble, lorsqu'ils seront placés par leurs pères dans le même collége. Un des avantages les plus considérables de ce plan d'éducation publique seroit, comme je l'ai observé, de resserrer et renforcer, à l'aide de la jeunesse, ces liens sociaux que l'inévitable inégalité des conditions ne tend que trop à relâcher et à affoiblir. Dans les aristocraties mêmes, cette union, qui d'abord semble contradictoire avec la nature de ce gouvernement, y paroît néanmoins très conforme, lorsque l'on réfléchit qu'un des principes les plus certains qui puissent déterminer le rapport des lois avec la nature de ce gouvernement est précisément celui qui prescrit le choix des moyens propres à prévenir la haine du peuple et l'insolente fierté des grands, et à rapprocher les grandes distances politiques par une grande réunion sociale.

Rome et Venise ne nous ont que trop attesté les effets contraires de l'ignorance et de la connoissance de ce principe, dans la courte durée de l'aristocratie de la première, et la longue durée de celle de la seconde.

Pour profiter de cette réunion, si utile dans quelque forme de gouvernement que ce soit, réunion qu'on ne pourroit obtenir dans le plan d'éducation de la première classe, mais qui pourroit s'exécuter si facilement dans celle de la seconde, le législateur prescrira pour celle-ci des règles qu'il seroit inutile de prescrire pour l'autre. Il ordonnera donc que le magistrat suprême d'éducation de cette classe, que le magistrat particulier de chaque collége, que les surveillants, que les domestiques, concourent au grand objet de la loi, en rapprochant les divers ordres et les diverses conditions de l'état. Ils y concourront par leur exemple, par leur conduite, et par leurs discours; ils emploieront le mépris, plus puissant que la peine, toutes les fois qu'il s'élévera entre les éléves quelque dispute de supériorité ou d'infériorité; ils y concourront par cette parfaite égalité de soins et d'attentions, qui prévient toute idée de préférence et de distinction, tout soupçon éloigné de partialité; ils y concourront, en un mot, en fortifiant, par tous les moyens possibles, cette union desirable entre les divers ordres et les diverses conditions.

L'autre objet dont nous devons parler dans ce chapitre, c'est la politesse et l'honnêteté des manières.

La politesse étant nécessairement un des principaux objets de l'éducation des hommes destinés à vivre dans la société, on ne doit pas la négliger dans le plan d'éducation de cette seconde classe. Persuadés qu'elle doit naître de l'exemple plutôt que des préceptes, nous chargerons de cet objet les surveillants, plus rapprochés des enfants, et par conséquent plus propres à corriger facilement leurs défauts, et à leur offrir les modéles sur lesquels ils doivent se former. C'est par cette raison qu'une des principales qualités de chaque surveillant de cette seconde classe sera cette politesse et cette honnêteté de maintien qu'il doit, par son exemple, communiquer à ses élèves, en les tenant également éloignés de la grossièreté et de l'affectation. Lorsque les élèves auront acquis, par l'exemple de leurs surveillants, cette simplicité, cette aimable franchise de manières, qui suppose ou l'innocence du premier âge, ou le dernier degré de perfection dans l'art de vivre avec les hommes, ils entreront dans la société avec plus d'aisance, ils y inspireront plus d'estime et d'amitié pour eux.

ARTICLE III.

Lectures qu'on doit proposer pour les élèves de cette classe.

Nous profiterons de ce moyen pour favoriser le développement du caractère moral des élèves de cette seconde classe, comme nous l'avons fait pour ceux de la première. Le temps et l'âge destinés à cet objet seront les mêmes pour tous les deux; la seule différence consistera dans le genre de lecture. Les romans que nous avons proposés pour les élèves de la première classe ne doivent pas être les mêmes que ceux que nous proposons pour les élèves de la seconde. Dans les uns comme dans les autres, le héros du roman doit être tiré de la classe à laquelle appartiennent les élèves.

Aux romans on peut joindre les tragédies propres à produire le même effet que les discours moraux. On peut employer de la même manière les vies des hommes illustres, que nous avons négligées dans la première classe, soit parceque le nombre de celles qui pourroient être relatives à leur condition particulière est très petit, soit parceque la connoissance de l'homme, qui est un des principaux motifs de cette lecture, n'est pas aussi nécessaire aux élèves de la première classe qu'à ceux de la seconde. Aussi les Vies de Plutarque devroient-elles être préférées à toutes les autres, par les raisons qu'a alléguées *Montaigne,* et que le célébre auteur d'*Émile* a développées avec tant d'éloquence (1). Il résultera deux autres avantages de cette lecture. Si on la fait commencer aux élèves de cette classe lorsqu'ils auront terminé l'instruction historique fixée pour la seconde époque de l'éducation, elle sera très utile pour en conserver le souvenir, et elle pourra en même temps remédier au défaut commun de toute histoire, quelle qu'elle soit. Destinée à offrir le cours des grands événements, l'histoire nous montre beaucoup plus les actions que les hommes; elle ne présente ceux-ci que sur la place publique, dans le sénat, dans la tribune aux harangues, dans le temple ou dans le camp; elle ne nous montre l'homme public que sous la pourpre ou la toge, la tiare ou le casque; elle ne le suit pas dans l'intérieur de sa demeure, au sein de sa famille, au milieu de ses amis. Il n'en est pas de même des vies particulières. Dans celles-ci on voit l'homme et le héros. Père, époux, ami, magistrat ou général, il se présente

______

(1) *Émile,* liv. IV.

dans tous ses rapports et sous tous ses aspects; on le voit également et sur la scène et au-dehors. Tels sont les motifs et les avantages de cette lecture.

Enfin, entre les lectures qu'on doit proposer dans la partie morale de l'éducation de cette seconde classe, on ne doit pas négliger celle des événements contemporains qui peuvent inspirer l'amour de la vertu, et que nous avons proposée pour la première classe; il n'y aura de différence que dans le choix qu'on doit faire de ces événements. Ils doivent avoir le plus grand rapport avec la condition des élèves de chacune de ces classes. En général, l'homme profite toujours plus de l'exemple qu'il est plus à portée de suivre, et de la vertu dont il se croit moins éloigné.

Je termine par cet article le chapitre de l'éducation morale de la seconde classe, parceque je ne vois aucune raison de faire des changements ou des modifications à tout ce qui concerne les récompenses, les peines, et la religion. Les régles relatives à ces objets, que nous avons exprimées dans le plan d'éducation de la première classe, peuvent être adaptées en entier à la seconde (1). Je n'ajouterai plus rien à cette partie de mon ouvrage, à laquelle j'ai été obligé de donner plus d'étendue que je n'aurois desiré.

_____

(1) Ce que le magistrat particulier d'éducation de chaque communauté fera relativement à cet objet dans l'éducation de la première classe, le magistrat particulier de chaque collége le fera dans celle de la seconde.

CHAPITRE XXIII.

*Principes généraux par lesquels on doit régler le système de
l'éducation scientifique de la seconde classe.*

Nous voici parvenus à la partie la plus difficile
et la plus compliquée de l'éducation de cette seconde
classe.

Une foule d'idées, de pensées, et d'opinions différentes; un nombre prodigieux de préjugés établis
par l'ignorance et consolidés par le temps; une opposition continuelle entre ceux mêmes qui les com-
battent; l'impossibilité d'adapter à l'éducation publique la plupart des choses raisonnables qu'on a
dites sur l'éducation particulière; les obstacles qui
s'opposent de toutes parts à tout projet de réforme
relatif à cet important objet: telles sont les causes
qui rendent ce sujet si difficile et si compliqué. J'ai
cherché un guide dans la nature, et j'ai résolu de
régler mes idées sur son plan immuable. Il faut donc
observer l'ordre qu'elle suit dans le développement
progressif des facultés intellectuelles de l'homme, et
régler d'après lui l'ordre progressif de nos institutions. Réfléchissons au temps qu'elle y emploie, et
distribuons le nôtre d'après cette mesure. Appro-
prions nos institutions à la foiblesse des enfants:
gardons-nous de commencer par où on doit finir,
de courir lorsqu'il faut marcher lentement, et de

nous exposer à renverser l'édifice, pour avoir voulu l'élever et le perfectionner en trop peu de temps.

La *perception*, ou l'impression qui se fait dans l'ame à l'occasion d'un objet qui agit sur les sens, est la première opération de l'esprit; sans elle les objets agiroient inutilement sur nos sens, et l'ame n'en recevroit aucune connoissance. La faculté d'*apercevoir* est donc la première qui se manifeste dans l'homme; elle est le premier principe des connoissances humaines. Ce sera donc la première faculté dont nous ferons usage, pour suivre le grand plan de la nature dans l'instruction de nos éléves.

La seconde *faculté* (1) qui se manifeste dans l'homme est celle de conserver, de reproduire, et de reconnoître les idées par le moyen des perceptions acquises, et cette faculté est la *mémoire;* elle se manifeste avec la première, mais ne se développe pas en même temps. Prétendre l'exercer fortement au moment qu'elle se manifeste, ce seroit en empêcher le développement; il faut attendre qu'elle soit dans sa vigueur, pour en profiter. Combien d'abus, d'erreurs et de vices dans l'instruction naissent de l'ignorance de ce principe!

L'*imagination* est la troisième faculté qui se manifeste dans l'homme; il compose et combine les idées des êtres réels, ou les images et les représentations de ces êtres, au moyen des perceptions acquises et conservées par la mémoire; il les rapproche,

---

(1) On voit que je ne parle ici que des facultés de l'entendement humain.

les mêle, les unit, et en forme un composé dont les parties ont été reproduites par la mémoire, après avoir été acquises par la perception. Cette troisième faculté se manifeste assez tôt; mais elle a besoin de plus de temps pour se développer, parcequ'elle exige un grand usage de la première, et le développement de la seconde. Sans une multitude de perceptions, les idées dont je parle, et qu'on acquiert par elles, ne seroient ni assez nombreuses ni assez souvent renouvelées pour qu'on pût choisir entre elles celles qui peuvent se combiner ensemble; et, sans le développement des facultés de la mémoire, la multiplicité des perceptions seroit inutile à cet usage, puisqu'on n'auroit pas la facilité de reproduire les idées qu'elles auroient servi à acquérir. Voilà pourquoi les Grecs appelèrent les muses *filles de la mémoire* (1). La faculté de l'imagination sera donc dirigée, dans notre plan, suivant l'ordre d'après lequel la nature en a réglé le développement.

La quatrième faculté qui se manifeste dans l'homme est celle de *raisonner:* elle s'annonce assez tôt, mais elle est la dernière à se développer. Il ne faut pas confondre la manifestation des facultés intellectuelles de l'homme avec leur développement. La première est prompte et subite, le dernier est lent et progressif. Le développement de la faculté

---

(1) « Memoriam voco Jovis conjugem reginam, quæ musas genuit, sacras, pias, stridulam vocem habentes. » Voyez l'hymne d'Orphée sur la mémoire, vers 1 et 2.

de raisonner est le dernier, parceque les opérations de cette faculté sont plus difficiles et plus compliquées. Elles consistent à combiner, à composer, non les idées des *êtres réels*, ce qui est l'ouvrage de l'imagination, mais les idées déja généralisées par l'abstraction, celles des qualités, des propriétés, des rapports, etc., de tous ces êtres qui n'ont rien de réel, et qui ne sont autre chose que nos manières de voir ou de penser, et de pures abstractions, c'est-à-dire des soustractions de réalité. En un mot, les objets des idées qui sont les sujets des opérations de cette faculté, bien différents des *êtres réels*, ne sont autre chose que des conceptions métaphysiques que nous nous sommes formées, en enlevant, pour ainsi dire, de ces êtres tout ce qu'il y a de réel, et en séparant les effets de nos réflexions sur les êtres, des êtres mêmes qui les ont excitées.

Voilà pourquoi Platon, voulant indiquer la différence qui existe entre l'homme et Dieu, dit: « Le créateur réalise tout ce qu'il conçoit; ses conceptions créent l'existence. L'être créé, au contraire, ne conçoit qu'en soustrayant de la réalité, et le rien est la production de ses idées (1). »

Ce que j'ai dit des opérations de la *faculté de raisonner* suffit, je crois, pour montrer que cette faculté est la dernière à se développer, et par conséquent la dernière dont il faut faire usage dans ce plan d'éducation.

Après avoir établi ces principes, passons à leur

____

(1) Platon, dans le *Timée*.

application; voyons l'influence qu'ils doivent avoir sur le système particulier d'instruction de chacune des classes secondaires entre lesquelles la seconde classe est subdivisée. La diversité de leurs destinations particulières m'empêche d'établir ici un ordre d'application générale, qui me feroit tomber dans une foule de distinctions et d'exceptions. Commençons donc par exposer le système d'éducation scientifique qui devroit être employé pour cette classe secondaire, dont la destination a un rapport plus immédiat et plus direct avec le bonheur de la société; et, procédant d'après le même ordre, toutes les fois que les parties du système d'instruction d'une autre classe viendront à se combiner avec celles du système qui doit avoir lieu dans cette première classe, sans nous jeter dans d'inutiles répétitions nous ne ferons qu'indiquer l'uniformité, et nous renverrons à tout ce qui a déja été dit et développé.

CHAPITRE XXIV.

Système d'éducation scientifique pour le collége des magistrats et des guerriers.

Obligé, pour suivre les vues de la nature, d'abandonner les plans des hommes, je sais que le ridicule et d'injustes critiques seront peut-être la seule manière dont on croira devoir accueillir mes idées. Mais je ne serois pas digne de chercher la vérité, si je n'avois le courage d'abandonner au temps et à l'expérience la défense des idées que je crois conformes à la justice et à la raison.

Les quatorze années que j'ai dit qu'on devoit consacrer à l'éducation de cette seconde classe ne paroîtront pas un temps trop court pour obtenir ce que nous nous sommes proposé dans ce vaste plan d'éducation scientifique, lorsqu'on verra l'usage qu'il est possible de faire d'un temps si précieux, toutes les fois que la distribution n'en sera déterminée ni par la vanité ni par le préjugé, mais par la raison et d'après l'ordre immuable de la nature.

Le terrain que nous devons cultiver est fécond; il offre en toutes les saisons les produits qui leur sont propres. La récolte sera riche et abondante si la semence a été faite d'après l'ordre prescrit par la nature : mais la fécondité disparoîtra, la semence sera perdue, le terrain finira par devenir stérile, si l'on s'obstine à contrarier la nature, si l'on veut semer et recueillir dans une saison les fruits qui appartiennent à une autre. Employons donc toutes nos ressources, toute notre activité, à seconder la nature, à profiter de ses dispositions. Si la faculté d'avoir des perceptions est, comme je l'ai dit, la première qui se développe dans l'homme, voyons quel usage on peut et on doit faire de cette faculté ; profitons-en, autant qu'il sera possible ; et, sans négliger aucune de ces instructions qui sont compatibles avec elle, et qui conviennent aux élèves du collége dont nous parlons, prenons garde d'y mêler celles qui supposent le développement des autres facultés, et qui, utiles et même nécessaires dans d'autres temps, seroient maintenant superflues et dangereuses.

Afin de nous diriger d'après ce plan, qui est celui de la nature, et qui n'est malheureusement que trop contraire à celui que chacun de nous a suivi, nous n'emploierons dans notre système d'instruction que la faculté d'*apercevoir* pour les quatre premières années qui succèdent à l'admission (1).

ARTICLE PREMIER.

Des instructions de la première année.

La première année sera employée à apprendre à lire et à écrire, et à s'instruire de la langue étran-

---

(1) Voyez le chap. XXI, où j'ai indiqué l'âge de l'admission, qui devroit être entre cinq et six ans.

gère vivante qu'il est le plus nécessaire de connoître dans la nation où le plan d'éducation sera établi. Cette instruction ne devroit être acquise que par l'exercice, et c'est pour cela que nous chargeons de cet objet le surveillant des enfants de cet âge ; ils l'apprendront par le même moyen qui leur a servi à apprendre leur langue propre, c'est-à-dire par l'usage, non par des principes et des régles, qui ne peuvent être saisis qu'à un âge plus avancé.

ARTICLE II.

Des instructions de la seconde année.

On continuera la seconde année les instructions de l'année précédente, et on y ajoutera la connois-sance de cette première partie de l'arithmétique qui n'a pour objet que la numération ; on y mêlera le dessin et un exercice très important dont je par-lerai bientôt, et qui est aussi agréable qu'utile.

Si la faculté d'*apercevoir* n'est que le pouvoir d'acquérir des idées par le moyen des impressions excitées par les objets extérieurs, le grand art de l'éducation dans l'usage de cette faculté consistera donc à produire le plus grand nombre de ces idées avec toute la netteté et l'exactitude possibles. L'in-struction du dessin, lorsqu'elle est bien dirigée, peut faciliter extrêmement l'habitude de cette netteté et de cette exactitude. Le besoin d'imiter les objets qu'on a sous les yeux accoutumera l'enfant à ob-server les petites nuances qui les distinguent, et il prendra, sans s'en apercevoir, l'habitude de se former des idées nettes et distinctes des choses.

L'inclination naturelle qu'ont généralement les enfants pour cette occupation la rendra encore plus utile, à cause du plaisir qui l'accompagne ; elle nous offrira un moyen sûr d'éloigner les enfants, soit dans cet âge, soit dans les années suivantes, de l'oisiveté et de l'ennui, qui sont si funestes pour eux ; elle servira à leur inspirer le goût si intéressant des beaux-arts, et à préparer en eux, dès le commencement de l'éducation, l'idée si importante du vrai et du beau, vers laquelle doit se diriger une grande partie de nos institutions. C'est pour cette raison que je crois nécessaire, dès la seconde année de l'éducation, d'orner l'habitation des élèves de ce collége des plus belles estampes, des meilleurs morceaux de peinture et de sculpture. Ainsi, mettant à profit le goût qu'ont les enfants pour toutes les espéces de figures et de représentations, nous accoutumerons leurs yeux à ce beau, qui n'existe jamais sans le vrai. On sentira davantage, dans le cours de ce plan, les avantages de ces premiers établissements.

On sentira de même les avantages d'une autre espéce d'instruction, qui, également nécessaire pour l'âge dont je parle, pourra, par l'usage de la même faculté, non seulement concourir, de la manière la plus puissante, au même but, mais mettre les enfants à l'abri d'une des plus fécondes sources d'erreurs, de l'imperfection des sens.

Les sens, qui sont les instruments de nos idées, le sont aussi de nos erreurs ; nos yeux, par exem-

ple, nous trompent et sur la grandeur et sur la figure
des objets. Les mêmes objets, placés à différentes distances, et vus sous différents angles, changent à l'in-
fini de grandeur apparente : l'éloignement les altère,
et cache leur figure ; une grande partie de leurs traits
échappe à l'œil nu. Nos yeux nous trompent par
rapport au mouvement, puisqu'ils nous représentent en repos des corps qui sont en mouvement,
et en mouvement des corps qui sont en repos. Ils
nous trompent relativement aux distances, puisqu'ils nous font voir à une égale distance de nous
des objets inégalement situés. Enfin beaucoup d'autres erreurs sont produites par l'imperfection des
autres sens. Le tact lui-même, le moins imparfait de
tous, et qui corrige les erreurs des autres, en fait
naître quelques unes, que le profond Malebranche a
observées avec beaucoup de sagacité.

Une grande partie de ces erreurs pourroit être dé-
voilée aux élèves de cette classe avec la plus grande
facilité, sans raisonnements et sans principes scientifiques, par des expériences très simples, et toutes
analogues à l'âge de ces enfants, et à l'usage qu'ils
font de cette faculté d'*apercevoir*.

Par cette instruction, qui, au premier aspect,
peut sembler indifférente, mais qui, à beaucoup
d'égards, est d'une très grande importance, non
seulement nous obtiendrons le grand avantage de
préserver jusqu'à cet âge les enfants des erreurs des
sens, mais nous les rendrons plus propres à concevoir et adopter les vérités contraires à ces erreurs.
Dans le cours de l'éducation scientifique, et lorsque

l'ordre progressif des instructions postérieures l'exigera, nous aurons moins de peine, par exemple, à leur persuader que ce n'est pas le soleil qui tourne autour de la terre; que cet astre est tant de fois plus grand que la planète où nous vivons; que les étoiles, qui nous paroissent si petites, et toutes à une égale distance de nous, sont d'une grandeur immense, et à une différence immense d'éloignement; que ce n'est pas l'œil qui voit les choses; qu'il ne fait que recevoir l'impression de la lumière, laquelle nous offre les apparences des choses, par le moyen des combinaisons de rayons diversement colorés; que les objets que nous croyons voir hors de nous, nous ne les voyons qu'en nous; que les sons, les couleurs, les odeurs, les saveurs, appartiennent, non point aux objets extérieurs, mais à nous; qu'ils n'existent qu'en nous; qu'ils ne sont pas des qualités réellement existantes dans les corps, mais de pures sensations excitées en nous, etc.; enfin nous n'aurons pas beaucoup de peine à les convaincre de cette grande vérité, qui préserve de tant d'erreurs et prévient tant de vaines disputes, que les sens sont uniquement destinés à satisfaire nos besoins, à nous faire connoître les rapports que les objets extérieurs ont avec nous, et non à nous apprendre ce que ces objets sont en eux-mêmes; que nous nous trompons toutes les fois que nous voulons obtenir d'eux ce qu'ils ne sont pas en état de nous donner. Nous verrons bientôt les heureux effets de cette instruction préliminaire dans tout le cours de l'éducation scientifique. Le surveillant des enfants de cet âge suffira pour leur communiquer cette espéce d'instruction, pourvu qu'il le fasse sans avoir l'air de prétendre les instruire. Il y a sur cet objet plusieurs sortes de moyens bien connus, et dont je me dispense de parler. Le seul que je ne dois pas passer sous silence est que toute explication scientifique devroit être rigoureusement interdite dans cette espéce d'instruction. Dans chaque expérience, le surveillant se bornera à attribuer la cause à l'imperfection des sens; et sur toutes les questions que pourront lui faire les enfants, il répondra qu'ils ne sont pas encore assez instruits pour concevoir ces choses. Le motif de cette disposition naît si évidemment de nos principes, qu'il seroit superflu de l'indiquer. Passons à l'instruction de la troisième année.

ARTICLE III.

De l'instruction de la troisième année.

Dans la troisième année, on abrégera le temps destiné aux exercices précédents, et on emploiera l'autre à donner aux enfants une nouvelle suite d'instructions, qui puisse multiplier le nombre de leurs idées et étendre leur intelligence. Cette nouvelle suite d'instructions, à laquelle, dans cette troisième année, nous ne ferons qu'initier nos éléves, est celle qui a rapport à l'histoire naturelle.

Rappelons-nous que, pour les éléves du collége dont nous parlons, cette étude doit être considérée comme un instrument, et non comme un objet principal d'instruction, et profitons du conseil qu'a donné l'immortel Buffon à ceux qui doivent s'adonner à cette étude. Cette disposition sera d'autant plus utile pour nous, qu'elle peut se combiner avec le plan que nous nous sommes proposé de suivre dans ce système d'éducation scientifique.

Qu'il existe un édifice où, à force de temps, de soins et de dépenses, on soit parvenu à réunir et placer dans un certain ordre les individus bien conservés de toutes les espéces d'animaux, de plantes, et de minéraux ; et alors le meilleur moyen d'être initié à l'étude de la nature, suivant l'opinion de l'auteur que je viens de citer (1), sera de commencer par voir et revoir souvent les échantillons de tous les êtres qui sont répandus sur la terre, et de ceux qui peuplent l'univers. La première vue de tous ces objets ne devroit être accompagnée d'aucune lecture, ni précédée d'aucune instruction. Il faut attendre que l'œil commence à se familiariser avec ce chaos et avec les objets qui le composent. Il faut long-temps voir inutilement, pour se disposer à voir d'une manière utile. Si l'homme qu'on veut initier à cette étude est déja dans un âge mûr, si ses facultés intellectuelles sont déja entièrement développées, il n'a besoin d'aucun guide dans les premiers pas qu'il fait dans cette carrière.

Des observations répétées sur les mêmes objets, et l'habitude de se familiariser avec eux, formeront insensiblement quelques impressions durables, qui,

____

(1) Voyez son premier discours sur l'histoire naturelle.

se liant bientôt dans son esprit avec des rapports fixes et invariables, l'éléveront à des vues plus générales, qui le conduiront à former de lui-même quelques divisions, à connoître quelques différences, quelques ressemblances générales, et à combiner plusieurs objets différents par des rapports communs. Le besoin d'un guide, d'une direction particulière pour l'homme déja mûr ne commence qu'à cette époque.

On ne peut pas dire la même chose d'un enfant. Dans l'un, la curiosité est combinée avec l'assiduité et la patience que donne le desir de s'instruire; dans l'autre, il n'y a qu'une simple curiosité. Les enfants se lassent facilement des choses qu'ils ont déja vues; ils les revoient avec indifférence, et leur attention n'est réveillée d'ordinaire que par la nouveauté. Pour les faire arriver à ce point où l'homme mûr est arrivé de lui-même, il faut une direction particulière; ils doivent être encouragés par tout ce que la science peut offrir d'agréments. Il faut leur faire observer les choses les plus remarquables, mais sans leur en donner d'explication précise. Le mystère, qui, dans l'âge mûr, inspire le dégoût, dans le premier âge excite la curiosité. Pour leur faire revoir souvent, et avec attention, les mêmes objets, il faut les leur présenter sous différents aspects et avec des circonstances différentes. Il faut les réveiller sans cesse, sans cesse diriger leur curiosité; il faut leur indiquer tout ce que l'homme mûr peut de lui-même découvrir et connoître.

Les premiers six mois de cette troisième année

ne seront donc destinés qu'à conduire les enfants à ce point; ils iront tous les jours observer les ouvrages de la nature dans ce vaste édifice, et le maître préposé pour cet objet les dirigera d'après la méthode prescrite.

Après avoir employé de cette manière la première moitié de la troisième année; après avoir porté les enfants à ce point où, familiarisés avec les objets et dirigés par un guide éclairé, ils voient d'abord dans cet immense assemblage de productions naturelles quelques différences, quelques ressemblances plus générales, et commencent à se former un certain ordre de division, leurs instructions commenceront aussi à prendre une plus grande régularité. Ce sera le moment de soulever en quelque sorte, pour la première fois, le voile qui jusqu'alors a tenu la science cachée à leurs regards.

Les premières instructions auront pour objet la méthode qu'on doit suivre pour reconnoître les diverses productions de la nature, et cette méthode sera celle qu'a imaginée l'auteur immortel de l'Histoire naturelle (1). Je laisse au lecteur instruit et exempt de prévention le soin de juger des motifs de cette préférence.

Fidèles à notre plan, et employant la seule *faculté d'apercevoir* dans cette époque de l'éducation scientifique, nous ne permettrons pas que ces instructions soient séparées de l'observation immédiate des objets auxquels elles appartiennent. L'in-

____

(1) Voyez le premier discours sur l'histoire naturelle.

stituteur, leur montrant les différences et les ressemblances qui existent entre les différentes productions de la nature rassemblées dans ce lieu,
leur communiquera les premières idées des classes,
des genres, des espéces, imaginés par les hommes
pour distinguer ces productions. On emploiera à ces
instructions préliminaires l'autre moitié de la troisième année.

ARTICLE IV.

Des instructions de la quatrième année.

On continuera ces instructions dans la quatrième
année, avec des observations plus distinctes et plus
détaillées, et on fera connoître aux éléves la méthode facile et simple de dénomination imaginée
par l'auteur de l'Histoire naturelle ; méthode si bien
appropriée à celle de la répartition et de la classifi-
cation des objets. Pour ne pas abuser de leur *mémoire*, pour ne pas employer avant le temps cette
seconde faculté, pour faire en sorte que les impressions soient excitées avec facilité, et ne naissent pas
d'une action violente et étrangère, on aura recours
à un exercice qui, en favorisant leurs progrès dans
la science, produira plusieurs autres avantages également précieux et combinés avec le grand principe
de l'activité et du plaisir (1).

____

(1) Qu'on me permette de transcrire ici un morceau de Platon,
où ce principe est exposé d'une manière très lumineuse: « Is do-
cendi modus accipiendus est, quo pueri minime coacti ad discen-
dum esse videantur. Non decet enim, liberum hominem cum servi-

On donnera à chaque enfant un exemplaire du
catalogue du cabinet, qui contiendra une description abrégée, mais exacte, des différentes productions de la nature rassemblées dans ce lieu, et avec
le même ordre où elles y seront distribuées. On conduira chaque jour, aux heures destinées à la récréa-
tion, les enfants de cet âge dans les campagnes
voisines, plus propres à la recherche des productions naturelles. On établira un prix qui sera distri-
bué tous les six mois aux enfants qui auront reconnu
un plus grand nombre d'espéces différentes de ces
productions naturelles, et indiqué dans le catalogue
leur classe, leur genre, leur espéce et leur nom.
Aucun enfant ne sera obligé de se livrer à cette recherche; il n'y aura d'autre détermination à cet
égard que celle qui sera inspirée par l'émulation et
le plaisir. Cette liberté ajoutera au charme de l'é-
ducation, et l'occupation, combinée avec le divertissement, en préviendra l'ennui et les tristes effets.
L'instruction de la science sera jointe sans cesse à
l'usage et à la pratique; les idées s'imprimeront
d'elles-mêmes dans la mémoire, sans qu'on prenne
la peine d'exercer avant le temps cette faculté. La
netteté des idées, qui, comme je l'ai dit, est une
des qualités que l'éducation doit se proposer de faire
naître par l'exercice de cette première faculté, ré-

---

tute disciplinam aliquam discere : quippe ingentes labores corporis,
vi suscepti, nihilo deterius corpus efficiunt; nulla vero animæ
violenta disciplina stabilis est. — Vera loqueris. — Ergò non tam-
quam coactos pueros in disciplinis, o vir optime, sed quasi luden-
tes, enutrias. » *Dialog.* 7, *de Republic.*

sultera nécessairement de l'obligation où seront les
enfants de bien observer les objets, pour les distinguer, les reconnoître, et les classer. Avec cette méthode enfin, pendant que les idées se multiplieront
par l'instruction de la science, elles deviendront
plus nettes et plus claires par un exercice journalier.

C'est à ces deux buts que doivent répondre les
deux autres espéces d'instruction que l'on donnera
aux*éléves dans cette quatrième année de leur éducation scientifique : alors, deux fois par semaine,
on fera un cours d'expériences chimiques, qui sera
continué jusqu'au temps où l'on pourra commencer
à faire usage de la quatrième *faculté*. Il suffit d'être
un peu initié dans la connoissance de la nature,
pour sentir combien ces expériences sont importantes, quelle foule d'idées claires doivent en résulter,
et quel intérêt les enfants doivent prendre à une
instruction si agréable. J'indiquerai, dans le temps,
les raisons pour lesquelles je crois qu'on doit les
continuer jusqu'au temps où l'on pourra commencer à exercer la quatrième faculté.

Pour exercer, autant qu'il est possible, la faculté
d'apercevoir; pour communiquer aux éléves toutes
les instructions qui lui sont analogues, et épargner
un temps qui, dans les années suivantes, peut être
plus utilement employé aux instructions qui exigent l'usage combiné des autres facultés, on donnera cette année aux éléves les premières notions de
la cosmologie; on les instruira de ce mouvement
que le seul exercice des sens bien dirigé peut apprendre. de ce mouvement qui produit le jour et

la nuit, le retour des saisons, la variété des climats, le cours des planétes, les différentes éclipses, et les phases de la lune.

C'est par les observations du matin et de la nuit (1) que l'on pourra communiquer ces instructions. On proscrira tout usage de la sphère armillaire, qui pourroit faire naître des illusions dans l'esprit des enfants : on emploiera plutôt cette machine inventée par Copernic, qui a été de nos jours tant perfectionnée, et dans laquelle le mouvement est indiqué d'une manière si sensible. Cette machine ne servira cependant qu'à aider aux observations qu'on fera directement dans le ciel. L'habitude des observations qu'on aura fait acquerir à nos éléves par tant de moyens, et les instructions qu'on leur aura données sur les erreurs des sens, rendront plus utile cette méthode d'instruction, et en assureront les effets. Ils se trouveront, à la fin de la quatrième année, pourvus des notions preliminaires qu'il faut avoir pour se livrer avec succès à l'étude d'une science qui, exigeant l'usage de la seconde faculté, c'est-à-dire de la mémoire, ne doit être mise dans ce plan que pour la cinquième année de l'éducation scientifique.

ARTICLE V.

Des instructions de la cinquième, sixième et septième année.

Nous voici arrivés à la seconde époque de l'éduca-

______

(1) Ces observations nocturnes pourront être combinées avec les exercices de nuit dans la partie physique de l'éducation dont j'ai parlé.

tion scientifique, à cette époque où la faculté de la mémoire, déja suffisamment développée, nous offre une suite d'instructions qui exigent l'usage même de cette faculté, et à laquelle nous n'aurions pu nous livrer avant ce temps sans nous éloigner du plan de la nature, et nous exposer au risque presque inévitable, non seulement de perdre un temps si précieux, mais d'empêcher pour toujours l'entier développement de cette faculté si nécessaire à l'instruction. Jusqu'à présent cette faculté s'est exercée librement et d'elle-même, et nous ne l'avons pas employée d'une manière directe. Maintenant les choses commencent à changer d'aspect; mais nous nous garderons bien cependant de confondre l'usage de cette faculté avec l'abus qu'on en pourroit faire; nous nous garderons principalement de tomber dans un préjugé aussi dangereux que commun, qui fait considérer à beaucoup de personnes la mémoire comme une machine dont les rouages deviennent d'autant plus faciles qu'on les a plus exercés, et dont les ressorts acquièrent d'autant plus d'énergie qu'on les a plus fortement et plus continûment pressés. L'expérience enseigne le contraire; elle n'offre aucun exemple d'une mémoire qui, à l'aide d'un exercice violent, ait acquis beaucoup de force et d'étendue. Elle nous offre au contraire un grand nombre d'exemples de personnes qui, par ce seul moyen, ont affoibli cette faculté.

Mithridate, qui parloit vingt-deux langues; Cyrus, qui prononça les noms de trente mille soldats qui composoient son armée; l'ambassadeur des

Parthes, qui, deux jours après son arrivée à Rome, appela chaque sénateur par son nom; Lucius Scipion dans Rome, et Thémistocle à Athènes, qui, parlant au peuple, dirent les noms de tous ceux qui les écoutoient, n'acquirent pas certainement ce don prodigieux par l'habitude de répéter mot à mot les leçons de leurs maîtres.

Cette méthode absurde qui imprime dans la mémoire des mots au lieu d'idées; qui réduit le savoir des enfants à d'éphémères efforts; qui produit l'habitude d'apprendre et d'oublier avec la même célérité, et qui favorise la vanité des enfants autant qu'elle nuit au progrès de leurs connoissances; cette méthode, effet du préjugé dont j'ai parlé plus haut, n'entrera certainement pas dans ce plan. Sans recourir à tout ce que Platon, Aristote, Quintilien, Sénèque, et tant d'autres, ont dit sur les moyens d'accroître et de conserver l'énergie de cette faculté, nous nous restreindrons à trois seuls principes: 1° de n'abuser jamais de cette faculté, en la faisant servir à d'inutiles efforts; 2° de faciliter la liaison entre les idées, de manière que l'une réveille immédiatement l'autre; 3° de renouveler souvent les traces des idées, qui sans ce moyen pourroient entièrement s'effacer.

Ces trois principes régleront l'usage que l'on doit faire de la mémoire. On en verra l'application dès la cinquième année, où l'on commencera à employer cette seconde faculté.

Après avoir établi ces principes, il faut reprendre le fil de nos idées, et voir, dans le nombre des instructions précédentes, celles qui doivent être ou continuées, ou modifiées, ou remplacées par d'autres. Toute l'étude des sciences naturelles sera bornée aux expériences chimiques que l'on fera les deux jours de la semaine destinés au divertissement; elle sera réduite à ce libre et agréable exercice dont on a parlé, relatif à la recherche des productions naturelles dans les promenades champêtres; à ces visites du cabinet, où les instructions qui tiennent à l'histoire de la nature constante seront mêlées à celles de la nature que Bacon appelle *monstrueuse*, c'est-à-dire à celles qui ont pour objet, non ses opérations constantes, mais ses prodiges, et dont la connoissance, en donnant de l'étendue à l'esprit des élèves, servira beaucoup à les prémunir contre la témérité des propositions générales : *Ut axiomatum corrigatur iniquitas.* On continuera toujours l'étude du dessin, mais on abrégera beaucoup le temps destiné à cette occupation. Le peu de notions cosmologiques qu'on aura données dans l'année précédente seront, au commencement de la cinquième année, appliquées à l'usage de la géographie.

Les premières instructions sur cette science auront pour objet l'usage de ces cercles que les hommes ont imaginés; et la distribution générale du globe leur donnera les premières idées de continent, d'île, de presqu'île, d'isthme, de détroit, de golfe, etc. L'état des chaînes des montagnes, le cours des principaux fleuves, la situation, la communication, et l'interruption des mers, en un mot un tableau général de la situation du globe sera le principal objet de ces instructions préliminaires. Jusqu'alors on ne considérera que le globe; et tant qu'une description plus détaillée des différentes régions de la terre ne rendra pas absolument nécessaire l'usage des cartes planes, on évitera avec soin de les employer, comme étant propres à embarrasser facilement les enfants, et à les égarer sur la position véritable où ils se trouvent. Cette réflexion doit engager à recourir fréquemment au globe sphérique, même lorsque les élèves auront atteint l'âge convenable pour faire usage des cartes planes. Cette précaution influera beaucoup sur la clarté de leurs idées géographiques.

Pour se conformer aux principes établis, pour faciliter la liaison des idées, et exercer par conséquent la mémoire, on fera constamment marcher ensemble, et d'une manière égale, l'étude de l'histoire et celle de la géographie.

Le commencement de cette cinquième année, qui sera consacré aux notions préliminaires de la géographie, sera aussi employé aux notions préliminaires de l'histoire. La distribution des temps, la différence des époques, et un coup d'œil rapide sur les temps qui précédent ceux où commence l'histoire profane, formeront les objets de ces instructions préliminaires.

Ces instructions achevées, les deux études ne pourront plus être séparées; l'une et l'autre seront enseignées par le même maître et dans la même école.

La géographie ancienne accompagnera l'histoire ancienne, et la géographie moderne l'histoire moderne. La description géographique sera toujours jointe à la narration historique. On indiquera sur le globe ou sur la carte (lorsque le besoin l'exigera) la région, le climat, la situation des peuples dont on parle ; les pays qu'ils ont conquis ou perdus ; ceux qui ont été le théâtre de leur guerre, ou le siége de leur commerce, de leurs émigrations, de leurs colonies.

On n'offrira jamais une description géographique qui n'appartienne à la narration historique. Chaque élève sera obligé à rendre compte de l'une et de l'autre, toutes les fois que l'instituteur desirera faire cette épreuve de sa mémoire et de son attention. Sa négligence sera punie de la manière que nous avons indiquée dans l'article général des châtiments.

Mais d'après quel plan réglera-t-on, à cet âge, l'étude de l'histoire, dont doit dépendre, comme on l'a vu, celle de la géographie ?

En réfléchissant sur ce qui se pratique d'ordinaire, je découvre deux inconvénients très graves, sources fécondes d'erreurs et de préjugés. Le premier est relatif à l'ordre de l'histoire, l'autre à l'histoire elle-même.

On a donné le nom d'histoire universelle à une collection d'histoires particulières, placées l'une avant l'autre. On a d'abord décrit entièrement l'histoire d'un peuple ; ensuite on a passé à celle d'un autre, qui, s'il n'a pas eu avec le premier une origine contemporaine, a eu du moins avec lui une existence contemporaine. On a, par exemple, commencé l'histoire de Rome après avoir terminé celle de la Grèce. Qu'en est-il résulté? On a prolongé l'étude de l'histoire, par les répétitions d'une foule d'événements que cette méthode rend indispensables. On a produit un autre mal plus grand encore. Les dates, comme toutes les idées numériques, étant les plus propres à être oubliées, n'ont pu préserver les enfants de l'embarras et des erreurs que cette méthode leur présente ordinairement. Accoutumés à entendre et à lire l'histoire grecque avant l'histoire romaine, il se forme insensiblement en eux des illusions sur l'existence relative de ces peuples; de sorte que si l'on demande à un enfant instruit par cette méthode, qui a vécu le premier d'Alexandre ou de Romulus, il n'hésitera pas un moment à répondre, Alexandre. On a beau inventer des tableaux et des arbres chronologiques, ils ne servent que dans le moment où on les observe. Le seul tableau, le seul arbre de chronologie d'une utilité constante est celui qui est fondé sur l'ordre et l'enchaînement des idées historiques. On n'a besoin, pour juger de la vérité de ce que je dis, que de s'examiner soi-même sur ce sujet.

L'autre inconvénient, relatif à l'histoire même, n'est pas moins fécond en erreurs. Il naît de l'imperfection des langues, et de l'abus qu'on a fait de quelques expressions qu'il n'est pas au pouvoir de l'instituteur, ou de celui qui enseigne l'histoire, de corriger; mais l'un et l'autre pourroient prévenir les erreurs qui en résultent.

Nous donnons, par exemple, le même nom au chef de quelques familles qui jouissoient de presque toute leur indépendance naturelle, et à celui de tel peuple qui est tombé au dernier degré de la servitude civile. Nous appelons rois Cécrops et Romulus; nous donnons le même nom aux chefs des modernes monarchies de l'Europe.

Que résulte-t-il de cela? L'uniformité de noms produit l'uniformité d'idées; et l'enfant, jugeant ce qu'il ne connoît pas par ce qu'il connoît, se forme de Romulus et de son prétendu royaume l'idée qu'il a de son propre roi et de sa nation. Quelle source inépuisable d'erreurs! Les noms de peuple, de sénat, de patriciens, de plébéiens, et une foule d'autres sont de la même nature. L'âge, l'étude, des lectures postérieures, ne suffisent pas très souvent pour détruire ces premières impressions reçues dans l'enfance. Les erreurs de tant de savants, produites par cette cause, en sont une preuve sensible.

A ces deux vices principaux et communs de l'instruction historique viennent s'en joindre d'autres qu'il est inutile d'exposer ici, parcequ'ils ne sont ni si funestes ni si généraux.

L'histoire commence avec la fable; et quand même les vérités qu'elle cache seroient dévoilées, elles ne seroient pas à la portée des enfants; elles ne seroient même pas à la portée de la plus grande partie de leurs maîtres. Nous ne devons aspirer qu'à ce qui est praticable, et la perfection ne l'est pas toujours. Priver les enfants de la connoissance de la partie fabuleuse de l'histoire, ce seroit la même

chose que les priver d'une foule de connoissances nécessaires pour l'intelligence d'une infinité de choses.
Exiger d'eux une croyance entière pour ces événements fabuleux, ce seroit remplir leur ame d'erreurs.
Un sage instituteur doit prévenir l'un et l'autre inconvénient. Il y réussira si, par des observations
claires et multipliées, il leur montre l'incertitude
de ces faits, l'obscurité de ces temps, les altérations produites par les traditions vulgaires, par la
vanité des peuples, par la partialité des premiers
historiens; si, sans faire de la critique une étude séparée et distincte, il en fait connoître les régles par
l'application qu'il en fera aux circonstances convenables; si, toutes les fois qu'il trouvera les noms de
roi, de royaume, de peuple, de sénat, etc., employés dans l'enfance des sociétés, il leur indique
les véritables idées que ces noms doivent exciter en
eux; s'il leur persuade qu'il ne faut pas confondre
l'état de ces temps avec celui des temps postérieurs,
et les principes des sociétés naissantes avec les régles des sociétés perfectionnées.

En formant des éléments historiques propres à
l'âge auquel on les destine, l'auteur aura devant les
yeux, non un seul peuple, une seule région, mais
l'état de l'univers entier dans le temps dont il parle.
Ses regards s'étendront sur tous les peuples, et ses
récits ne seront déterminés que par l'ordre des temps
et par l'importance des événements contemporains.
Par cette sage distribution, il évitera les deux extrêmes où tombent la plus grande partie des auteurs
d'éléments historiques que nous connoissons. Il ne

privera pas les éléments de leur propriété caracté-
ristique, en donnant de trop grands développements; il n'en ôtera pas non plus, par une trop
grande concision, tout ce qu'il est utile de savoir.

Enfin, au lieu de remplir ses écrits de ces ennuyeuses moralités dont semblent s'être fait un devoir quelques historiens modernes, il imitera les
anciens dans l'art de les faire naître naturellement,
en offrant le vice et la vertu avec les couleurs qui
leur sont propres.

Telle est, en peu de mots, l'idée du plan sur lequel je desirerois que l'étude de l'histoire fût réglée
dans cet âge, et dont il me semble qu'il résulteroit
les plus grands avantages.

Je ne dois pas négliger ici d'avertir que cette histoire, dont on devroit et on pourroit, sans beaucoup
de peine, faire usage pour les élèves de l'âge dont je
parle, est bien différente de celle que je voudrois
qui devînt l'objet des profondes méditations des
hommes de cette classe, dès qu'ils auroient achevé
le cours de leur éducation scientifique. Mais je suis
obligé de me taire sur cet objet, non seulement
parceque ce ne seroit pas ici le lieu d'en parler, non
seulement parceque l'histoire que je desire n'existe
pas, et qu'aucune de celles qu'on a jusqu'à présent
ou imaginées ou exécutées n'a de rapport avec
celle-là, mais parceque l'idée en est si hardie et le
plan si étendu que l'exécution en seroit regardée
comme impossible. J'ai conçu le dessein de cette
histoire, et j'en ai préparé quelques matériaux : le
temps viendra peut-être où je pourrai m'occuper de

cet objet si vaste et si peu connu ; et c'est avec l'exécution que je développerai mes idées sur cet objet.

Après cette courte digression, revenons aux instructions propres à l'âge dont nous parlons, et aux
facultés dont nous devons faire usage.

Les trois années que nous avons destinées aux
instructions indiquées ci-dessus seront employées
en même temps à l'étude d'une langue qui, après
avoir été pendant si long-temps l'objet, pour ainsi
dire, unique de l'éducation scientifique de la jeunesse, maintenant, par cette funeste inclination des
hommes à se jeter dans les extrêmes, est presque
entièrement négligée dans une grande partie de
l'Europe, et particulièrement chez une nation qui
croit avoir le droit de donner la loi aux connoissances humaines, comme elle l'a donnée depuis
long-temps à l'opinion et à la mode.

Par une suite de cet abus, la langue de Cicéron,
de Tite-Live, de Pline et de Tacite, a en quelque
sorte disparu d'une grande partie de l'Europe, avec
cette noble énergie dont elle nous offre de si bril-
lants modèles.

Nous ne nous laisserons donc point induire en
erreur par les raisons spécieuses qu'ont données
plusieurs écrivains contre l'étude de cette langue ;
mais nous ne nous laisserons pas non plus subju-
guer par l'exemple, lorsqu'il s'agira de la méthode
d'enseignement qu'il faut suivre.

Avant l'âge dont on parle, c'est-à-dire avant celui qui est compris entre la neuvième et la dixième
année, ou depuis le commencement de la cin-

quième année jusqu'à la fin de la septième, l'étude de cette langue eût été contraire au plan que nous nous sommes proposé de suivre ; avant ce temps, la faculté de la mémoire, si nécessaire à cette étude, ne devoit pas être employée, parcequ'elle n'étoit pas arrivée à ce degré de développement nécessaire pour qu'on puisse s'en servir sans aucune espéce de risque. La première différence entre ce qu'on a pratiqué, ce qu'on pratique encore, et ce que nous proposons, est donc relative à l'âge qu'on doit destiner à cette étude (1).

La seconde différence concerne la manière dont on doit l'entreprendre. Commencer cette étude de la manière dont on la commence d'ordinaire, c'est la commencer comme on doit la finir. Un labyrinthe inextricable de définitions, de régles, et d'exceptions ; une longue exposition de principes, tous relatifs à la partie la plus métaphysique de la langue ; un chaos de préceptes dont les enfants répétent les paroles sans en saisir l'esprit, et qui, après qu'ils ont fini d'apprendre la science, les laissent dans une entière ignorance de la langue de cette science ; telle est l'absurde méthode à laquelle nous avons tous été obligés de nous soumettre ; telle est la manière dont l'erreur a toujours perpétué l'ignorance, a fait détester l'instruction, a rendu stériles les esprits les plus féconds, a inspiré aux enfants une haine invincible pour l'application et l'étude,

---

(1) Personne n'ignore qu'on commence d'ordinaire l'enseignement du latin à l'instant où l'enfant a fini d'apprendre à lire.

et les a privés de ce bonheur qu'il semble que la nature ait réservé pour cette seule période de la vie (1).

Je me garderai bien de suivre une méthode qui a produit et produit chaque jour tant de maux. Mes principes, le plan que je me suis proposé de suivre, la triste expérience que j'ai faite sur moi-même, et celle des hommes qui, dans leurs écrits, ont montré la vaste connoissance qu'ils avoient de cette langue; tout m'engage à conseiller une nouvelle méthode, entièrement différente de l'ancienne.

Nos instructions préliminaires se réduiront à la déclinaison des noms et à la conjugaison des verbes, et à ce petit nombre de régles et d'observations grammaticales, qui sont d'un usage plus fréquent et plus indispensable pour l'intelligence de la langue. Suivant l'opinion d'un célébre latiniste italien (2), trois mois peuvent suffire à ces instructions préli-

______

(1) Je ne puis m'empêcher de rapporter ici deux passages de l'élégant discours de Facciolati sur la grammaire, où il peint des plus vives couleurs les vices de cette méthode. « Quemadmodùm enim subitarius miles, si in confertissimam hostium aciem statim compellatur, periculi magnitudine atque insolentià despondet animum, suîque prorsùs oblitus vix telum expedit; ita litterariæ palestræ tirunculi, ingentes grammaticorum commentationes aggredi jussi, cogitatione ipsâ difficultatis et laboris exanimantur, spemque omnem evadendi statim abjiciunt. » Et parlant ensuite de ce qui lui étoit arrivé à lui-même, il dit : « Ego obruebar infinità illà atque implicatissimà regularum strue, nec pluribus votis adversà tempestate jactati nautæ portum desiderant, quàm ego, indè me ut expedirem, et improbi laboris terminum aliquandò contingerem, deorum hominumque opem implorabam. »

(2) Voyez les deux lettres de Flaminio, écrites, l'une à M. Louis Calino, et l'autre à M. Galeazzo Florimonte de Sessa.

minaires. Nous y destinerons les trois premiers de la cinquième année. La lecture et l'explication des anciens auteurs, et l'art d'en relever et d'en montrer les beautés aux jeunes gens, seront le seul moyen par lequel, dans tout le reste des trois années que nous avons destinées à l'exercice de cette seconde faculté, on étudiera cette langue. Tous ceux qui y ont fait les plus grands progrès conviennent les devoir à cet exercice (1).

Un seul principe suffit pour déterminer le choix qu'on doit faire des livres propres à cet usage; les signes ne sont rien sans l'idée des choses qu'ils représentent.

En toute langue, les mots sont les signes des idées ; mais avec cette différence que, dans la langue vivante, les idées des objets aperçus se lient immédiatement aux mots qu'on entend prononcer; et dans l'étude d'une langue morte, cette liaison ne se fait pas immédiatement avec l'idée, mais avec le mot de la langue nationale qui l'exprime. Dans l'une, les mots sont les signes des idées ; dans l'autre, ils sont les signes des signes des idées, ce qui suppose un double effort de l'esprit. Que sera-ce si l'on joint à cela l'ignorance, ou le peu de clarté de l'idée même ?

Il faut donc choisir, entre les ouvrages des anciens écrivains, ceux qui parlent des choses dont les enfants élevés d'après notre plan peuvent, dans l'âge

______

(1) Buonamici, auteur de l'excellente histoire intitulée *De rebus ad Velitras gestis*, avouoit qu'il n'avoit fait aucune étude de la gram-

dont nous parlons, et pendant les trois années qui forment cette époque, avoir des idées claires, ou acquises avec facilité. Dans la dernière de ces trois années, on leur enseignera les premiers principes de la prosodie latine et vulgaire, et on les exercera à l'intelligence des poëtes de l'une et l'autre langue. On observera dans le choix de ces poëtes le principe établi (1).

Enfin, comme la faculté de la mémoire n'est pas la même dans tous les hommes, leur aptitude aux langues n'est pas non plus la même. Ceux des élèves de ce collége qui montreront pour cette étude un talent plus décidé seront encore instruits dans la langue grecque; et l'instruction qu'on leur donnera, à cette époque de leur éducation scientifique,

---

maire, et qu'il avoit uniquement puisé les connoissances de la langue latine dans la lecture des meilleurs auteurs, et particulièrement de César. Facciolati dit la même chose dans le discours cité plus haut. « Si quid valeo, Ciceroni, Terentio, Livio, Cæsari, Virgilio, Horatio, cæterisque ejus ætatis scriptoribus debeo : nihil à me repetundarum jure postulet Priscianus, nihil Donatus vindicet, nihil Valla, nihil Sanctius, nihil ille ipse, deliciæ quondam nostræ, Emanuel Alvarus, quos omnes unà cum crepundiis vel abjeci, vel deposui. Excidère jam diu animo eorum monita, excidère leges, nihilque mihi potest ad studium retardandum contingere infestius, quàm tristis quædam eorum recordatio ac metus, unde solent arida ac exsanguia proficisci. Quid enim est aliud grammaticè loqui, quàm omninò latinè non loqui, si credimus præceptori maximo Quintiliano ? »

(1) Les lectures proposées dans la partie morale de l'éducation de cette classe pourront encore contribuer à cet objet; elles devroient se borner aux seuls ouvrages écrits dans la langue vulgaire, ou dans celles des langues vivantes que nous avons indiquées dès le commencement de l'éducation.

aura pour base la méthode proposée pour la langue latine.

Nous parlerons de la véritable grammaire, et de l'étude qu'on en doit faire, dans la quatrième époque de l'éducation, lorsqu'on se servira de la quatrième faculté. Cette partie de la philosophie, cette sublime métaphysique des langues ne peut être séparée du développement de cette dernière faculté, et de l'usage préalable des autres, pour ceux qui veulent étudier et savoir d'une manière utile. Lorsqu'on verra ce que j'entends par ces expressions, on sera convaincu, j'espère, de cette vérité.

Examinons maintenant l'usage que l'on doit faire de la troisième faculté; voyons comment l'on pourroit se servir de l'*imagination;* voyons comment l'on pourroit, dans les élèves du collége dont nous parlons, cultiver et diriger cette faculté, pour laquelle nous avons, sans nous en apercevoir, préparé tant de matériaux.

ARTICLE VI.

Des instructions de la huitième année.

Cette année de l'éducation, la treizième de la vie, sera entièrement consacrée à l'usage de la *troisième faculté,* qui, dans le plus grand nombre des hommes de cet âge, est parvenue, ce semble, à ce degré de développement nécessaire pour pouvoir être employée sans danger. Les grandes et nombreuses idées de la nature, de ses productions, de sa fécondité, de ses prodiges, de ses forces, idées acquises, soit par les instructions de l'histoire naturelle, soit par les expériences chimiques et les observations cosmologiques ; la connoissance de tout ce qui est arrivé de plus important sur la terre en différents temps, chez les différents peuples, et dans les divers états de la société, instruction acquise par l'histoire ; celle des actions héroïques qu'ont produites l'amour de la patrie et l'amour de la gloire, et qu'on a donnée aux enfants dans la partie morale de l'éducation, par des discours et des lectures destinés à cet objet ; l'idée du beau, inspirée et par la continuelle observation de la nature, et par le dessin, et par l'habitude de voir les plus belles productions de cet art, et par la lecture des meilleurs écrivains : tout cela compose le nombre prodigieux de matériaux que nous avons préparés à l'*imagination* de nos éléves. Avant de nous permettre d'employer cette faculté, il falloit attendre qu'elle eût acquis la force nécessaire pour qu'on pût s'en servir sans la détruire ; il falloit leur donner des idées ; il falloit, avant de les obliger à les composer, attendre que la mémoire fût en état de les retenir ; il falloit, en un mot, faire tout ce qu'on a fait, et attendre autant de temps qu'on a attendu, pour profiter de cette faculté, et la diriger d'une manière utile. Une fois parvenus à ce point, voyons en quoi doivent consister cet usage et cette direction.

Il est une époque de la vie où l'esprit humain, pourvu d'un nombre assez considérable d'idées, commence à sentir le besoin de leur donner tout leur essor. Cette époque est celle où la faculté de l'imagination a acquis un certain degré d'activité et de force qui suppose son entier développement.

Le meilleur usage qu'on puisse tirer de cette période de la vie est de mettre à profit ce besoin, cette disposition. Nous ne devons pour cela faire autre chose que seconder la nature. Les instructions que nous avons communiquées à nos élèves dans les années précédentes fournissent, comme on l'a dit, un nombre suffisant de matériaux aux opérations de leur imagination. Elles ont en même temps préparé un autre avantage. La netteté des idées que nous avons constamment cherché à combiner avec leur multiplicité; l'habitude de l'observation, le spectacle continuel des plus belles productions de la nature et de l'art, et tous les autres moyens par lesquels nous avons cherché à leur inspirer l'idée du vrai beau, préviendront facilement les abus et les erreurs de l'imagination, sans en diminuer l'énergie, qui est toujours proportionnée à la liberté qu'on leur laisse.

Ce nombre immense de régles et de préceptes par lesquels on enchaîne, on rétrécit, et on brise enfin l'imagination des jeunes gens, sous le prétexte de la diriger, sera proscrit de notre plan, non seulement comme inutile, mais comme dangereux. La nature, que nous leur avons constamment montrée en elle-même et dans ses plus belles imitations, leur tiendra lieu de préceptes et de régles. Les écrivains qu'ils ont lus, et qu'ils continueront à lire, leur donneront des idées justes de l'élocution, et leur formeront le goût. Le vrai, le beau, le grand, le sublime, seront dans leur ame, et non dans leur mémoire.

Il est extrêmement important qu'ils s'accoutument à écrire, ou en vers ou en prose, tout ce qu'ils imaginent, et qu'ils s'exercent à imaginer, c'est-à-dire à composer et combiner les objets qui peuvent être susceptibles de combinaison. Il est important qu'ils imitent et embellissent la nature dans leurs productions, et qu'ils ne s'étudient pas à la gâter par des imitations capricieuses. Il est important qu'ils apprennent à imiter les écrivains qu'on leur propose pour modéles, au lieu d'apprendre servilement les régles qui ont été établies d'après ces modéles (1), et qu'au lieu de chercher dans ces modéles les tropes et l'antithèse, ils y cherchent cette mâle vigueur de l'esprit, qui, en toutes choses, fait découvrir et saisir à l'homme la voie la plus

------

(1) L'Art poétique d'Aristote n'est-il pas entièrement fondé sur les poëmes d'Homère? Quelle foule de préceptes Horace n'a-t-il pas tirés de deux ou trois vers que son imagination a peut-être créés en se jouant? Avant que Tisias eût recueilli les régles de l'éloquence; que Platon eût écrit son profond dialogue de Gorgias; qu'Aristote eût composé sa Rhétorique, et Cicéron ses livres de l'Orateur, combien de grands orateurs avoient appris de la nature seule ce que ces illustres législateurs du goût ont ensuite prescrit. Tout ce que ces écrivains ont enseigné sur l'art de l'orateur et du poëte ne prouve autre chose que la difficulté de les égaler. Trop éclairés pour croire que leurs régles pouvoient faire des orateurs et des poëtes, ils ne vouloient sûrement qu'exagérer les difficultés de l'art. Ils y ont en effet réussi : ils ont travaillé de deux manières au succès de leur gloire, d'abord par l'invention apparente de l'art, et ensuite en diminuant par cette invention apparente le nombre de leurs émules.

courte pour arriver au but proposé, et qui, le pénétrant vivement de la grandeur et de la dignité de la nature humaine, lui fait dédaigner tous ces artifices, toutes ces ruses frivoles et puériles d'un esprit qui veut tromper et d'une imagination qui veut séduire.

En un mot, leur unique, leur grand intérêt est de découvrir les secrets de l'art, au lieu d'en apprendre les régles; de faire réellement tout ce qu'on doit faire, au lieu d'apprendre ce que les autres ont dit; de sentir et de connoître les beautés de l'art, au lieu d'en savoir les noms, les définitions, et les préceptes.

Voilà tout ce qu'un sage instituteur doit faire dans l'âge dont nous parlons. Il parviendra à ce but, s'il sait choisir les sujets sur lesquels l'imagination des éléves peut s'exercer avec le plus d'avantage; s'il sait leur rappeler les objets qui doivent se rapporter à cet usage; s'il sait leur indiquer les passages des meilleurs écrivains, qui, analogues au sujet proposé, peuvent leur servir de modéles; s'il sait leur faire sentir les beautés et les défauts de l'exécution; si, rapprochant cette exécution de la nature même, il en montre les rapports de ressemblance et de différence, les points où on l'a imitée, ou embellie, ou défigurée; si, la rapprochant des modéles qu'on leur a offerts, il leur indique en quoi consiste la différence du talent; si enfin il sait remédier aux erreurs et aux imperfections de leurs travaux, et substituer le beau et le parfait au difforme et au médiocre.

C'est ainsi qu'on pourra diriger cette troisième
faculté. Toute la neuvième année de l'éducation
scientifique sera, pour les élèves du collége dont
nous parlons, employée à cet usage ; les six autres
années suffiront à toutes les instructions relatives à
la *quatrième faculté*, instructions que je ne pourrois négliger dans ce plan sans le rendre incomplet.
Examinons si, dans l'exercice de cette nouvelle faculté, nous pourrons conserver l'usage de celle dont
nous venons de parler.

ARTICLE VII.

Des instructions des sept dernières années.

Nous avons réservé pour cette dernière époque
de l'éducation scientifique les instructions relatives
au développement de la faculté de raisonner. Nous
ne pouvions, d'après notre plan, commencer plus
tôt ces instructions. Qu'il nous suffise de n'avoir
pas perdu un seul instant d'un temps si précieux ;
d'avoir employé ce temps, sans en abuser ; d'avoir
recueilli de l'exercice des premières facultés tous les
avantages que nous pouvions en retirer ; d'avoir conduit nos élèves au point où nous les avons placés,
sans les exposer à l'ennui et au dégoût. Ayant laissé
la faculté de raisonner dans toute la liberté qu'exigeoit son plus lent développement, nous la trouverons beaucoup plus propre à nous fournir les secours qu'un usage plus précoce ne nous auroit pas
permis d'obtenir, et qu'on ne peut attendre que de

ce degré de force et de vigueur que nous lui avons
permis d'acquérir. La direction que nous donnerons à sa force, la manière dont nous l'emploierons, en augmenteront l'effet, soit par rapport au
nombre, soit par rapport à la solidité des instructions. La nature de ces instructions, l'ordre suivant
lequel elles doivent être distribuées, et la forme d'a-
près laquelle on doit les communiquer; tels seront
les trois objets de notre examen.

La science par laquelle nous commencerons à
exercer cette quatrième faculté est celle qui, en
même temps qu'elle accoutume l'homme à raisonner avec ordre et exactitude, lui communique un
certain nombre d'instructions nécessaires ou utiles à
l'acquisition des autres connoissances. Cette science
est la géométrie. Suivant la distinction de quelques
modernes qui la divisent en élémentaire, transcendante, et sublime, nous ne proposerons à nos élèves
que les deux premières, c'est-à-dire l'élémentaire,
qui n'a pour objet que les propriétés des lignes
droites et circulaires, des figures comprises dans
ces lignes, et des solides terminés par ces figures;
et la transcendante, c'est-à-dire cette partie de la
géométrie des courbes qui n'emploie pas les calculs différentiel et intégral, et qui se borne ou à la
synthèse des anciens, ou à la simple application
de l'analyse ordinaire. La géométrie sublime, ou
celle des nouveaux calculs, exigeant un temps beaucoup plus long que celui que nous pouvons donner à l'éducation scientifique de nos élèves, pourra
être étudiée par ceux qui voudront étendre leurs

connoissances dans cette science, à la fin de l'éducation, dans les universités dont on parlera dans le cours de ce livre, et où l'on enseignera les seules parties de l'instruction que nous avons dû omettre dans ce plan.

Dans la première des deux années destinées à l'enseignement de la géométrie, on donnera en même temps des leçons d'arithmétique et d'algèbre ; on continuera ensuite celle-ci par l'usage qu'on en fera dans l'éducation géométrique ; et le temps destiné à cette instruction particulière, dans la première année, sera employé, dans la seconde, à la tactique.

L'étude et la pratique de cette dernière science seront, pendant les autres années, continuées les seuls jours de fête, jusqu'au terme de l'éducation. Lorsque les élèves de ce collège auront appris la théorie de l'art balistique, ils seront, dans quelques uns de ces jours, exercés à la pratique de cet art ; et une portion des élèves de la première classe, qui est élevée dans les bourgs de la capitale, en même temps qu'elle sera instruite des exercices militaires, qu'on doit apprendre, comme je l'ai dit, à tous les élèves de cette classe, sera exercée au mécanisme de l'artillerie.

Les jeunes militaires qui doivent apprendre à commander, et ceux qui doivent apprendre à exécuter, seront réunis le même jour, et dans le même champ, pour recevoir leurs instructions pratiques. On pourroit employer un semblable moyen pour la pratique des autres exercices militaires, relatifs, soit au commandement, soit à l'exécution (1).

Les éléments des sciences physico-mathématiques, accompagnés de la physique expérimentale, occuperont la troisième et la quatrième année. Les instructions de l'histoire naturelle, les notions cosmologiques que, dans la dernière année de la première époque, nous avons communiquées par la voie de l'expérience à nos éléves, et les opérations chimiques que nous avons continuées pendant tout ce temps (2), ont déjà préparé les plus grands secours pour l'étude de ces deux années.

Les principales théories de l'économie rurale, et la connoissance des différents procédés de pratique qu'on a jusqu'à présent regardés comme les meilleurs pour hâter la végétation des plantes, augmenter la fécondité de la terre, employer, suivant la nature du sol, les diverses sortes d'engrais que nous offrent les trois règnes de la nature, guérir les bestiaux, conserver les blés, et prévenir les maladies auxquelles ils sont exposés, toutes ces instructions pourroient encore être données à cette époque. Si le dépôt de ces connoissances reste inutile dans les mains d'un pauvre agriculteur, il ne le sera pas certainement dans celles de ces riches propriétaires qui composeroient en grande partie le collége dont on parle.

Les principes du droit de la nature et des gens

____

(1) Je voudrois, pour le succès de cette partie de l'éducation, que les surveillants de ce collége fussent eux-mêmes des militaires bien instruits dans la pratique de leur art.

(2) Voyez l'art. v de ce chapitre.

seront enseignés dans la cinquième année. Nous réserverons encore pour cette année l'instruction de cette belle métaphysique des langues, que nous avons appelée avec raison grammaire philosophique (1), et dont nous parlerons bientôt.

Dans la sixième année enfin, l'étude des lois nationales, accompagnée des vrais principes de l'ordre public et de la prospérité sociale, terminera le cours de cette éducation scientifique (2).

Si la législation étoit ce qu'elle doit être, ce que nous cherchons à la rendre par cet ouvrage ; si elle étoit, en un mot, ce que nous la supposons pour obtenir de ce plan général d'éducation les meilleurs effets possibles, alors les diverses parties de cette législation, ses dispositions sur les différents objets qui concernent l'ordre public et la prospérité sociale, offriroient à un sage instituteur les moyens les plus nombreux et les plus puissants pour donner à ses disciples les principes lumineux de cette science, qui ont guidé le législateur et qui forment l'esprit de ses lois. La connoissance du véritable état de la nation, et de tout ce que l'on comprend sous ce nom (3), celle de ses vrais intérêts et de ses rapports, seroient la conséquence de cette instruction.

----

(1) Voyez l'art. v de ce chapitre.

(2) Cette instruction devroit être confiée au magistrat d'éducation de ce collége ; elle devroit être une des plus importantes fonctions de son ministère. On sent aisément de quelles lumières devroit être douée la personne qu'on chargeroit de ce soin.

(3) Voyez ce qu'on a dit sur ce qui compose l'état d'une nation dans le premier livre, et particulièrement depuis le chap. X jusqu'à la fin.

Mais si la législation étoit ce qu'elle est aujourd'hui dans toute l'Europe ; si ce plan d'éducation précédoit la réforme des lois, un sage instituteur devroit, en exposant dans toute leur difformité les vices et les imperfections de la législation nationale, établir les principes qui devroient rendre un jour ses élèves dignes de contribuer au grand ouvrage de sa réformation. Platon (1) loue beaucoup cette loi de Minos, qui défendoit aux jeunes gens de douter de la bonté des lois qu'on leur enseignoit. Si la législation étoit parfaite, cette loi pourroit à peine être utile ; lorsqu'elle est mauvaise, une telle disposition ne fait que perpétuer les maux. Telle est la suite d'instructions qu'on devroit, dans cette quatrième époque, donner aux élèves du collége dont nous parlons ; tel est l'ordre d'après lequel on devroit les distribuer.

On ne doit pas s'étonner que nous n'ayons pas fait de la métaphysique et de la logique des instructions séparées. La raison en est simple. Nous n'avons pas proposé séparément l'étude de la métaphysique, parceque la considérant sous son véritable aspect, c'est-à-dire comme la science universelle, qui contient les principes de toutes les autres, nous en mêlerons l'étude à celle des autres sciences. On verra bientôt en effet que l'étude de chaque science doit être, à notre avis, accompagnée de sa métaphysique.

Nous n'avons pas fait non plus de la logique une

____

(1) Plat., *De legib.*, *dialog.* 1

étude particulière et distincte (1). La partie de cette
science ou de cet art qui enseigne à disposer ses idées
dans l'ordre le plus naturel, à en former un enchaînement, à décomposer celles qui sont trop compliquées, à les observer sous tous leurs rapports, enfin à les présenter aux autres sous une forme qui
en rende l'intelligence facile, cette partie de la logique sera jointe à l'enseignement géométrique; et l'instituteur de cette science n'aura aucune peine à faire
connoître à ses disciples les régles d'un art qui, dans
aucune partie des connoissances humaines, ne sont
mieux observées que dans la géométrie. Il est une
autre partie de la logique qui sera jointe à cette
grammaire philosophique, dont, comme j'ai dit, on
devroit enseigner les principes dans l'avant-dernière
année de cette éducation scientifique. Cette partie
de la logique est celle qui, par le moyen de l'abstraction, considérant séparément les diverses idées qui
sont l'objet de la pensée, et les rapports que l'esprit
aperçoit entre eux, s'élève jusqu'à analyser en quelque sorte la pensée, qui de sa nature est indivisible, et par ces analyses réduit l'usage des mots à
quelques préceptes universels et invariables ; indique jusqu'aux plus légères différences qui existent
entre les idées ; apprend à saisir ces différences par
des signes plus faciles ; dévoile et corrige l'abus qu'on
fait de quelques uns de ces signes ; détruit ou prévient les erreurs qui naissent de ces abus ; montre

---

(1) On connoît les difficultés infinies que les logiciens ont élevées
sur la question, si la logique est un art ou une science.

dans quels cas et de quelle manière différents mots peuvent servir à exprimer la même idée; découvre souvent par un profond examen la raison de ce choix, bizarre en apparence, qui fait préférer un signe à un autre, et ne laisse enfin à ce caprice national qu'on nomme usage que ce qu'il ne peut absolument lui ôter.

Il est aisé de voir pourquoi nous réunissons cette partie de la logique à la grammaire philosophique. Quelle que soit la langue d'un peuple, de quelque manière qu'il ait pris l'habitude d'en modifier les mots, il se servira toujours de ces mots pour exprimer des perceptions, des jugements, des raisonnements; il aura toujours besoin de mots pour exprimer les objets de ses idées, leurs modifications, leurs rapports, et les différents aspects sous lesquels il les a observées : il aura des mots qui expriment des idées composées, et qui par conséquent peuvent se définir; il en aura qui expriment des idées simples qu'il n'est pas possible de définir, et qui, dans quelque langue que ce soit, peuvent en être considérés comme les racines philosophiques; il en aura pour indiquer les êtres réels et pour les abstractions, pour les affections intérieures et pour les abstractions de ces affections. Par les premiers, il distinguera les êtres réels des effets de ses réflexions sur ces êtres; par les seconds, il distinguera les affections intérieures des effets de ses réflexions sur ces affections. Ne pouvant avoir autant de noms qu'il y a d'individus, il sera souvent obligé de se servir d'expressions déterminatives pour restreindre la signification trop vague des mots appellatifs et généraux : il aura des mots pour indiquer les classes, les genres, les espéces, etc., que ses abstractions sur les qualités et propriétés des êtres réels lui ont fait inventer, afin de les distinguer les uns des autres ; il aura des mots dont le sens incomplet exigera un complément ; il emploiera ces mots dans leur sens propre et originaire, et dans leur sens figuré. S'il a fait de grands progrès dans l'exercice de la raison, sa langue aura beaucoup de synonymes, non pas de ceux qui ont d'une manière absolue et rigoureuse la même signification, mais de ceux qui sont destinés à indiquer les nuances les plus légères des objets, et qu'on peut employer à volonté, lorsqu'on n'a pas besoin d'indiquer cette différence. Quelle que soit la langue de ce peuple, ses propositions y auront toujours leurs sujets, leurs attributs, et cette partie qui est destinée à indiquer l'existence cu la non-existence de l'attribut dans le sujet. Ces propositions seront simples ou composées, principales ou incidentes.

En un mot, quelle que soit la langue d'un peuple, elle sera toujours soumise aux lois de l'analyse logique de la pensée ; et ces lois, fondées sur la nature de l'esprit humain et sur sa manière de procéder, sont invariables et universelles. Or cette métaphysique des langues, cette grammaire générale, dont les principes immuables et éternels doivent déterminer l'instruction de la grammaire particulière de chaque langue, est-elle autre chose que cette partie de la logique dont nous avons parlé ? Pourquoi donc isoler deux instructions qui sont par leur nature indivisiblement unies? pourquoi prolonger le temps, l'ennui et les difficultés, pour séparer deux études qui ont tant de besoin du secours réciproque qu'elles se donnent (1)?

Le lecteur aura déja vu sans doute que la grammaire philosophique, conçue d'après l'idée que nous venons d'en donner, doit nécessairement contenir les principes lumineux et simples de l'origine et de la génération de nos idées, auxquels quelques illustres modernes voudroient, comme l'on sait, que la métaphysique se bornât. Je laisse aux philosophes qui connoissent les rapports par lesquels les sciences en apparence les plus éloignées entre elles se rapprochent et s'enchaînent, à juger des avantages que produiroient leurs nombreuses combinaisons proposées dans ce plan : les serviles auteurs d'éléments sont plus capables de se moquer de ces idées que de les concevoir.

Après avoir prévenu les objections que l'on pourroit me faire, après avoir exposé la nature et l'ordre progressif des instructions que l'on devroit donner dans cette quatrième époque, voyons quelle est la méthode d'après laquelle on devroit les communiquer. Il ne me reste plus, d'après mon plan, que cet objet à examiner. Le petit nombre d'idées que je tâcherai de développer à cet égard avec la plus grande brièveté possible me paroissent suffire pour

---

(1) Nous n'avons pas parlé de l'*éthique*, parceque, comme on a vu, les principes de cette science seront donnés dans la partie morale de l'éducation, par le moyen des instructions et des discours dont nous avons parlé.

indiquer la méthode nouvelle que l'on doit suivre. Je prie le lecteur de renoncer, pour un moment, à toutes les préventions qui naissent de l'usage, et de n'écouter que la raison.

I. Dans toute science, on commence par définir, et la première définition est celle de la science même. Rarement cette définition est exacte; et lorsqu'elle l'est, elle ne suffit pas pour exprimer la véritable idée de la science; elle n'est bonne que pour celui qui la connoît parfaitement. Qu'en résulte-t-il? Le jeune homme qui ne prend aucun intérêt à cette science en apprend de mémoire les mots, et se soucie fort peu d'en concevoir le sens avec clarté; et celui qui a le desir de savoir, ou croit en avoir conçu l'idée, lorsqu'il en est très éloigné, ou, s'il a assez de raison pour sentir qu'il ne l'a pas conçue, il se livrera à une défiance de ses talents et de son aptitude à la science dont il n'a pu saisir une définition qu'il imagine devoir en être la partie la plus facile. Lorsque l'on entre dans la carrière des sciences sous d'aussi malheureux auspices, quels progrès peut-on jamais se promettre? La raison appelle au secours la mémoire, et les opérations de cette seconde faculté, si heureuses dans le temps où elle est parvenue à son plus grand degré de force, trompent également le maître et le disciple, et ne servent qu'à faire illusion sur la perte de temps qu'éprouvent l'un et l'autre. Une connoissance purement mécanique et éphémère de la langue et des parties principales de la science est le seul effet de cette instruction. L'élève paroîtra un grand géomètre dans l'école ou dans le monde, et il ne saura pas encore ce que c'est que la géométrie. Quelques mois après avoir abandonné cette science pour passer à une autre, sa mémoire, occupée d'une nouvelle langue, laissera perdre toutes les idées de la première ; et ce prétendu géomètre, devenu publiciste ou jurisconsulte, ne conservera d'autre impression de son ancienne science que celle du temps qu'il y aura inutilement employé.

Ces inconvénients, qui laissent les talents médiocres dans l'espèce d'ignorance la plus funeste, celle qui se cache sous le voile de l'instruction ; ces inconvénients, qui retardent les progrès des grands talents, forcés ensuite d'employer à corriger les vices de leur éducation le temps qu'ils pourroient consacrer à reculer les bornes de la science même ; ces inconvénients, dis-je, pourroient être prévenus par une méthode différente d'instruction.

Pour exposer mes idées sur ces premiers procédés de l'enseignement de toute science, je choisis l'exemple de la géométrie, comme étant la première dans mon plan pour laquelle on doit employer ces procédés. Voyons de quelle manière on pourroit donner aux élèves l'idée de cette science ; on concevra ensuite avec facilité comment on peut étendre ce moyen aux autres parties des connoissances humaines.

Je suis si loin de croire qu'on puisse parvenir à ce but par le seul moyen de la définition de la science, que, selon moi, cette définition ne doit être présentée que comme le résultat des faits précédemment exposés et connus. Qu'on me permette de donner ici un léger essai de cette manière de procéder, et d'en montrer, par ce moyen, la nature et l'importance.

Je commencerois par montrer à mes disciples comment l'étude qui les conduit aux degrés les plus élevés du savoir est la même qui leur découvrira pour la première fois la petitesse de leurs forces et la foiblesse de l'intelligence humaine. Je chercherois à leur faire voir qu'environnés de corps, nous avons dû décomposer ces objets, pour en avoir quelque connoissance; séparer, dans notre imagination, les propriétés sensibles de ces corps, des corps mêmes auxquels elles appartiennent; non seulement examiner ces diverses propriétés séparément pour les connoître, mais décomposer ces propriétés mêmes déja séparées des autres; enfin supposer dans ces propriétés ainsi abstraites, séparées, et décomposées, une exactitude hypothétique et imaginaire, qui n'existe véritablement que dans nos définitions, et qui ne nous permet de connoître la nature que par approximation.

Pour éclaircir et développer cette idée, je prendrois un corps quelconque, et je montrerois à mes disciples toutes ses propriétés sensibles. Je leur ferois voir comment nous faisons peu-à-peu dans notre esprit la séparation et l'abstraction de ces différentes propriétés; comment nous nous accoutumons à les considérer séparément les unes des autres, et même des corps auxquels elles appartiennent. Leur parlant ensuite de l'étendue figurée, seule partie des propriétés des corps dont s'occupe la géométrie, je leur ferois voir de quelle manière cette science se borne à observer les corps comme de simples portions de l'espace, pénétrables, divisibles, et figurées; je leur ferois concevoir l'idée du corps géométrique, qui n'est autre chose qu'une portion de l'espace, terminée par des limites intellectuelles; je leur ferois d'abord considérer, comme dans un point de vue général, cette portion figurée de l'espace, ou l'étendue d'un corps dans toutes ses dimensions; je leur ferois sentir ensuite qu'il ne suffit pas de considérer séparément cette étendue figurée, mais que, pour déterminer ses propriétés, il faut décomposer cette même étendue; que, par des abstractions encore plus éloignées de la réalité, on doit d'abord la considérer comme bornée à une seule de ses dimensions qui est la longueur, ensuite à deux qui sont la longueur et la largeur, enfin à trois qui sont la longueur, la largeur, et la profondeur; et de cette manière je leur montrerois comment les propriétés de l'étendue, considérée dans les lignes, dans les surfaces, dans les solides, forment l'objet de cette science.

Enfin je leur ferois voir comment, après avoir décomposé l'étendue pour l'observer dans chacune de ses dimensions, après avoir formé des abstractions sur d'autres abstractions, l'homme a dû faire une chose qui, plus que toutes les autres, atteste la foiblesse de ses forces; que supposer dans ces lignes, dans ces surfaces, dans ces solides, quelques qualités déterminées, les supposer dans un état de perfection hypothétique qui n'existe pas dans la nature, c'est rendre les vérités géométriques de simples vérités de définition. Les premiers objets que l'on doit présenter dans cette partie de la géométrie élémentaire me serviroient pour mieux éclaircir cette vérité. En leur montrant les figures de la ligne droite, de la surface rectiligne, et du cercle, je leur ferois voir qu'il n'existe dans la nature ni une ligne parfaitement droite, ni une surface parfaitement rectiligne, ni un cercle parfait, comme il n'existe ni des courbes parfaites, ni des surfaces parfaitement curvilignes, ni des solides parfaitement terminés; mais je leur ferois voir en même temps que plus la figure circulaire, par exemple, qu'on trouvera dans la nature s'approchera du cercle parfait, plus ses propriétés s'approcheront de celles que, par le secours de cette science, ils découvriroient dans le cercle parfait, et ainsi du reste; je leur ferois voir comment elles peuvent s'en approcher jusqu'à un degré d'exactitude suffisant pour l'usage ordinaire; enfin je leur ferois voir comment il eût été impossible, sans recourir à cette perfection hypothétique, de connoître et de démontrer aucune des qualités particulières de cette propriété principale des corps qu'on appelle étendue.

Voilà un exemple de la manière d'après laquelle on devroit donner aux élèves la véritable idée de cette science, dont la définition ne doit être que le résultat. Ce que je viens de dire sur la géométrie suffira, j'espère, pour faire connoître suivant quelle méthode on doit procéder dans l'instruction de toute autre science, quelle qu'elle soit. Les sages instituteurs que l'on choisira pour enseigner celles qui sont proposées dans ce plan suppléeront à l'application que j'en aurois faite moi-même si la nature de mon travail ne me l'eût interdit. Je leur laisse ce soin, et je passe au développement des autres idées relatives à cet objet important.

II. Il y a dans chaque science quelques principes qu'on ne peut pas développer, mais qui se conçoivent par une espéce d'instinct auquel on doit s'abandonner sans résistance. Le philosophe ne voit pas et ne doit pas voir avec plus de clarté que le vulgaire ces premiers principes, qui sont les points d'où toutes les sciences doivent partir, parceque ce sont des faits simples et connus, au-delà desquels l'ignorant et le savant manquent également de moyens pour s'élever. Le philosophe n'a à cet égard de supériorité sur le reste des hommes que lorsqu'il combine ces principes, qu'il en déduit des conséquences, qui deviennent elles-mêmes principes d'autres suites nombreuses de conséquences, tandis que l'ignorant, qui posséde comme lui ces instruments de connoissance, ignore qu'ils sont en son pouvoir.

Mais cette supériorité qu'a le philosophe dans l'usage qu'il fait de ces principes, il ne peut pas l'avoir, comme je l'ai dit, dans leur intelligence ; il doit se contenter de les concevoir comme les conçoit le reste des hommes, et regarder toutes les discussions subtiles et minutieuses qui leur sont relatives comme dangereuses, parcequ'elles ne font autre chose qu'obscurcir le principe, et le rendre douteux, d'évident qu'il étoit, faute d'un point fixe d'où on puisse partir. Dans la science de la géométrie, par exemple, le sage instituteur doit se borner à supposer l'étendue telle que tous les hommes la conçoivent, sans se soucier des objections et des vaines difficultés.

Toute recherche sur la manière dont l'homme parvient à acquérir l'idée de la contiguité des parties, dans laquelle, comme on sait, consiste la notion de l'étendue; tout examen fait par l'instituteur, de la nature ou de l'essence de l'étendue, même sans donner à ses disciples aucunes lumières sur ce sujet, ne feroient qu'obscurcir l'idée claire qu'ils ont de l'étendue. La raison en est sensible. L'idée de la contiguité des parties naît d'une perception composée, et cette perception est le résultat de perceptions simples qui en sont les éléments. L'étendue, consistant dans la contiguité des parties, est un être composé dont les éléments sont nécessairement des êtres simples. Or, comme une perception primitive, unique et élémentaire ne pourroit avoir pour objet qu'un être simple, et qu'un être simple ne peut être aperçu que par une perception simple, les perceptions simples, éléments de cette perception composée, devroient avoir pour objet des êtres simples, et les êtres simples, éléments de l'étendue, devroient être les objets de ces perceptions. Pour savoir de quelle manière nous nous sommes élevés à l'idée de l'étendue, et pour concevoir la nature de l'étendue même, il faudroit donc, non seulement pouvoir remonter aux éléments des perceptions et de l'étendue , non seulement pouvoir saisir de quelle manière un être simple peut agir sur nos sens, non seulement concevoir comment un nombre fini ou indéfini de perceptions simples peut produire une perception composée , mais il faudroit encore , ce qui est beaucoup moins possible , concevoir de quelle manière un être composé peut être formé d'êtres simples.

La sensation qui nous fait connoître l'étendue, et l'essence de l'étendue même, sont donc et seront toujours aussi incompréhensibles pour nous que le sont et le seront les premiers principes de toutes choses. Mais cette incompréhensibilité de la nature, de la cause, et de l'essence d'une chose , ne nous prive pas de cette clarté qui, dans tous les hommes, accompagne l'idée de l'étendue , excepté lorsqu'ils veulent s'efforcer de concevoir la sensation qui la produit. L'idée que tous les hommes ont de l'étendue suffit, comme on a vu, pour qu'on puisse la considérer dans les corps simplement comme figurée ; elle suffit pour découvrir ses trois dimensions ; elle suffit pour se former une idée claire des lignes, des surfaces et des solides qui en dépendent ; pour la considérer séparément dans chacun de ces objets ; en un mot, l'idée que tous les hommes ont de l'étendue suffit pour découvrir et faire découvrir réellement les propriétés secondaires qui appartiennent à cette propriété primitive et incompréhensible ; et cette idée même doit suffire à l'instituteur pour les faire concevoir à ses élèves.

Ce que j'ai dit sur l'étendue s'applique aux premiers principes de toutes les sciences. Telle est, par exemple, l'idée de cette tendance réciproque des parties de la matière, c'est-à-dire de l'attraction ou gravitation universelle ; telle est celle de l'impénétrabilité, source de l'action mutuelle des corps ; telles sont celles de l'espace, du temps et du mouvement ; celles qui sont relatives à nos observations sur les opérations de l'esprit et du sentiment de l'ame ; telles sont, dans la morale et dans la politique, les idées des affections primitives communes à tous les hommes ; et cette foule d'idées semblables, qui sont toutes d'elles-mêmes claires et évidentes, mais à qui l'instituteur ôtera cette clarté et cette certitude nécessaires pour l'usage habituel de la vie, si, dans toutes les sciences dont elles forment les principes, il ne les présente pas de la même manière dont tous les hommes les conçoivent ; s'il veut les embarrasser de vaines discussions ; si, au lieu de se borner à l'analyse simple des facultés intellectuelles, il va se perdre en vains efforts pour réduire ces idées à des notions qui lui paroîtroient moins simples et moins communes.

Abandonnons donc les vaines recherches et les questions insolubles ; abandonnons-les sur-tout dans cette partie de l'instruction de la jeunesse, qui ne sauroit être environnée de trop de lumières. Considérons les premiers principes dont il est question ici comme des limites d'où on doit partir, et non comme des obstacles qu'on doit surmonter. Soyons convaincus que le progrès de la science consiste, non à faire reculer ces limites, mais à passer au-delà du terme

où on est parvenu en partant de ces limites. Con-
solons-nous par cette idée agréable, que tout ce qui
est incompréhensible à l'homme ne peut lui être
véritablement utile ; et, au lieu de diminuer par des
subtilités et des sophismes le nombre déja trop petit
de nos connoissances certaines et évidentes, cherchons par une méthode contraire à en faciliter l'acquisition à la jeunesse, et disposons-la à en multiplier le nombre.

Un sage instituteur parviendra à ce but, s'il ne
confond pas une exactitude rigoureuse avec une
exactitude imaginaire. La première est aussi utile à
l'intelligence et à la découverte de la vérité que
l'autre lui est nuisible ; l'une est l'exactitude de Newton, l'autre est celle de Scot.

III. J'ai dit que, dans chaque science, on doit
commencer par définir, et que la première définition est celle de la science même. J'ai exposé mes
idées sur cette première définition ; je vais maintenant exposer celles qui concernent les autres.

En toute science on définit ; mais souvent c'est
lorsqu'on ne peut définir, ou qu'on ne doit pas commencer à le faire ; on ne dit pas ce que dans le premier cas on devroit dire au lieu de définir, et ce que
dans le second cas on devroit placer avant la définition. Premier inconvénient.

Souvent on prétend obtenir par la définition ce
que la définition ne peut donner ; et par ce moyen
on néglige les définitions qui devroient être préférées, et on préfère celles qu'on devroit négliger. Second inconvénient.

Souvent on veut obtenir par les définitions, dans toutes les sciences, ce qu'on ne peut obtenir par leur moyen que dans quelques unes seulement. Troisième inconvénient.

Souvent on rend la définition vicieuse par excès ou par défaut. Quatrième inconvénient.

Que doit faire un sage instituteur? Éviter également tous ces inconvénients. Quelques réflexions montreront l'importance de cette méthode.

J'ai dit que souvent on définit lorsqu'on ne peut définir ou qu'on ne doit pas commencer à le faire; je développe cette réflexion.

J'ai indiqué les limites où l'on doit se renfermer dans l'application de quelques principes; je vais montrer celles que l'on ne doit pas passer dans l'usage des définitions. Pour définir, il faut décomposer, il faut dénombrer les idées simples qui forment une idée composée.

Les idées simples sont donc les dernières limites des définitions, les derniers éléments dans lesquels elles doivent se résoudre. Les idées simples ne peuvent donc être définies. Cette conséquence n'a pas besoin d'être développée. Mais comment faire connoître et déterminer le sens des paroles qui expriment ces idées? quel est le procédé qu'on devroit adopter dans ces cas au lieu des définitions? Voilà ce qui a besoin d'être éclairci.

Si toutes les idées simples sont indéfinissables, si toutes les idées simples sont encore abstraites, toutes les idées abstraites et simples ne sont pas de la même nature. Quelques unes s'acquièrent immédiatement

par le moyen des sens. Telle est, par exemple, celle
d'une couleur particulière, celle du froid et du
chaud, etc. ; telles sont toutes les autres idées de
cette espèce, que j'appelle abstraites et simples, mais
directes, parcequ'elles nous parviennent directement
par les sens.

Il en est d'autres qui, n'ayant dans les sens qu'une
origine éloignée, s'acquièrent, ou, pour mieux dire,
se forment en nous par des opérations successives et
combinées de l'entendement. Telle est, par exemple,
l'idée qu'on exprime par le mot général de sensation, telle est celle de l'existence, telle est celle de
l'être, la plus grande de nos abstractions, parcequ'elle est la plus générale de nos idées ; telles sont
les autres idées de cette nature, que j'appelle abstraites et simples, mais indirectes, parcequ'elles ne
viennent pas directement des sens.

Il en est d'autres qui, acquises et formées comme
celles-là, sont rendues en quelque sorte sensibles
par des moyens imaginés par les hommes. Telles
sont, par exemple, en géométrie, les idées de la
ligne droite et de la surface plane (1), qui tirent des
sens leur origine première et éloignée ; telle est la
perception des objets corporels qui se forment ensuite par les opérations successives et combinées de
l'entendement ; telles sont les abstractions et les

---

(1) Pour éviter toute équivoque, j'avertis que la simplicité des
deux idées dont je parle est renfermée, non dans l'idée exprimée
par le mot *ligne*, mais dans celle qui est exprimée par le mot
droite ; non dans l'idée exprimée par le mot *surface*, mais dans
celle qui est exprimée par le mot *plane*.

hypothèses géométriques dont j'ai parlé, et qui deviennent en quelque sorte sensibles par un moyen imaginé par les hommes, qui est la figure. Pour distinguer cette troisième espéce d'idées simples de celles de la première et de la seconde espéce, je les appelle abstraites et simples, mais indirectes et figurées.

Pour peu que l'on réfléchisse sur la différence de ces trois espéces d'idées simples, on verra que, si elles sont également indéfinissables, parcequ'elles sont également simples, le moyen que l'on doit employer au lieu de la définition, pour faire connoître le sens des paroles qui les expriment, ne doit pas pour cela être le même. Celui qui est convenable pour les premières ne le sera pas pour les secondes; et celui qui suffira pour les secondes ne suffira pas pour les dernières. Nous aurons donc besoin de trois moyens différents, également adaptés à la différente nature de ces trois espéces d'idées.

Dans la première espéce de ces idées, c'est-à-dire des idées abstraites et simples, mais directes, l'unique moyen dont on doit se servir est celui que Locke a proposé. Énoncer le mot qui exprime l'idée, et exciter la sensation qui lui est propre, c'est donner l'idée dont on a appris le nom.

Pour donner, par exemple, l'idée qu'on exprime par le mot *rouge*, il n'y a d'autre moyen à prendre que de présenter aux yeux cette couleur, après en avoir proféré le nom. Ce moyen est tellement l'unique qu'on doive employer, que l'homme privé du sens de la vue ne peut jamais attacher une idée claire à ce mot. On connoît l'histoire de l'aveugle, rapportée par Locke, lequel, après avoir long-temps réfléchi et entendu parler sur les objets visibles, croyoit que la couleur écarlate n'étoit autre chose que le son de la trompette.

Mais chacun sent que ce moyen, si efficace lorsqu'il s'agit d'idées abstraites et simples, mais directes, ne pourroit être employé pour les idées abstraites et simples, mais indirectes. Chacun sent qu'alors, pour parvenir au même but, il faudroit employer un autre moyen. Mais quel est-il? Il n'y en a qu'un; l'analyse de la génération de cette espéce d'idées, ou des opérations successives de l'intelligence, par lesquelles nous sommes parvenus à les former.

Si ce moyen eût été mieux connu et pratiqué, la philosophie ne se fût pas égarée, pendant tant de siécles, dans de vaines chimères, et n'eût pas confondu la science des mots avec celle des faits. Cette vérité se concevra beaucoup plus clairement par un exemple que je rapporterai dans une de ces analyses.

Quel est enfin le moyen que l'on emploiera pour la troisième espéce d'idées abstraites et simples, mais indirectes et figurées? Il n'est pas difficile de le deviner; c'est le second, combiné avec le premier : analyser la génération de l'idée, ou la succession progressive des opérations intellectuelles par lesquelles cette idée est formée, et présenter aux sens la figure que les hommes ont imaginée pour la rendre en quelque sorte sensible. Par exemple, pour donner l'idée qu'en géométrie on exprime par le mot *droite*, on fera d'abord l'analyse des opérations intellectuelles par lesquelles on est parvenu à former les idées des trois dimensions de l'étendue géométrique. Après avoir, de cette manière, distingué l'idée de longueur de celle de largeur et de profondeur, on montrera la formation de l'idée de ligne, qui peut être définie, parcequ'elle est composée de deux idées simples d'étendue et de dimension; car la longueur est une dimension de l'étendue. La génération de l'idée de ligne et de sa définition ainsi établies, pour passer à l'idée de la ligne droite, on présentera aux sens la figure qui l'exprime, et on donnera par ce moyen l'idée que doit exciter le mot *droite* (1).

On dira peut-être : Il faut donc bannir des éléments de géométrie la définition qu'on donne de la ligne droite? Non, sans doute, répondrai-je, cette définition et toute autre qu'on pourra imaginer ne sera jamais propre à donner l'idée que fait naître le mot *droite*, parceque cette idée est très simple, et par conséquent indéfinissable. La définition qu'on en donne, loin d'exciter cette idée, en suppose déja dans l'esprit la notion primitive (2). Pour faire con-

---

(1) Je demande pardon aux géomètres d'employer ici le mot *figure* en parlant de la ligne. La nouveauté des idées autorise celle des expressions, et la généralité de mes vues rend ici nécessaire l'usage de ce droit.

(2) Qu'on examine pourquoi nous concevons tout de suite la définition qu'on donne de la ligne droite, lorsqu'on dit que c'est *la ligne la plus courte qu'on puisse tirer d'un point à un autre*, on verra que cela ne peut résulter que de la notion primitive que nous avons

noître l'idée abstraite et simple, mais indirecte et figurée, qu'on exprime par le mot *droite,* il n'y a pas d'autre moyen que celui que j'ai proposé pour les idées de cette espèce. Enfin on ne doit pas proscrire des éléments de géométrie la définition qu'on en donne communément, par une raison particulière que je développerai bientôt.

J'ai dit que toute idée simple est indéfinissable, que toute idée simple est abstraite, mais que toute idée abstraite n'est pas simple. Par exemple, l'idée de corps est une idée abstraite, et elle est en même temps composée de trois idées simples, d'impénétrabilité, d'étendue, et de limites sous chaque aspect, ou de figure. L'idée du corps géométrique est encore plus abstraite; mais elle est encore composée, comme on a vu, des deux idées simples d'étendue, et de limites sous chaque aspect, ou de figure. Si on examine les différentes idées abstraites que nous nous sommes formées en réfléchissant ou généralisant, on verra que la plus grande partie d'entre elles sont composées. La plupart des idées abstraites sont donc définissables. Or, parmi ces idées abstraites composées, et par conséquent défi-

___

de la ligne droite. Supposons en effet que nous n'eussions pas cette notion, comment saurions-nous que, d'un point à un autre, il n'y a qu'une seule route, qui est la plus courte? Ne pourrions-nous pas croire qu'il y en a plusieurs toutes égales et plus courtes? Si nous sommes persuadés qu'il n'y en a qu'une seule, si nous supposons cette vérité comme implicitement comprise dans la définition, d'où cela peut-il naître, si ce n'est de la notion primitive que nous avons déjà de la ligne droite, notion dont cette définition n'est que la conséquence?

nissables, il y en a plusieurs qui, pour avoir déja subi une suite considérable d'opérations intellectuelles, ne pourroient être conçues avec clarté, par quelque définition que ce fût, si cette définition n'étoit précédée de cette analyse de leur génération qui, dans les idées abstraites mais simples et indirectes, doit, comme on a vu, être employée au lieu de la définition, et qui, dans les idées abstraites mais composées, et qui ont subi une suite considérable d'opérations intellectuelles, doit être placée, comme on le verra, avant la définition. Tel est le second cas renfermé dans la réflexion que j'ai exposée.

Dans l'essai que j'ai donné de la manière dont on devroit communiquer aux éléves l'idée de la géométrie, j'ai suivi cette méthode naturelle, d'où peut seule résulter la clarté de semblables notions; mais malheureusement cette méthode est ou ignorée ou négligée dans les écoles publiques, et c'est là une des principales causes de l'obscurité et des erreurs qui régnent dans les sciences, et de l'ignorance dans laquelle il n'est aucun de nous qui ne se soit trouvé, au moment où il croyoit avoir terminé le cours de son instruction.

Pour faire mieux sentir cette vérité, j'ai recours à un exemple. Examinons la définition qu'on donne, dans les écoles, de la substance; voyons ce que doit produire dans un homme cette définition, lorsqu'elle n'est pas précédée de l'analyse dont je parle; voyons ce que produiroit la méthode que je propose.

La substance, disent les uns, est tout ce qui existe

par soi-même; la substance, disent les autres, est tout ce qui existe en soi. La première définition conduit à croire qu'on parle de la Divinité, ou que la substance et la Divinité sont la même chose, puisque Dieu seul peut exister par lui-même. La seconde définition, si elle ne conduit pas à la même équivoque, ne donne néanmoins aucune idée distincte; car que peut signifier cette expression, *exister en soi?* Il seroit impossible de le deviner, si on ne savoit que ceux qui emploient la première définition, comme ceux qui emploient la seconde, veulent exprimer par elles la différence qu'il y a entre la substance existant indépendamment de la modification, et la modification qui ne peut exister sans la substance. Mais admettons ce qui n'est pas. Supposons que cette différence fût bien évidemment énoncée dans les deux définitions; et voyons quelle est la notion de la substance que, dans cette supposition, on pourroit donner au jeune homme qu'on ne voudroit pas réduire à la seule faculté d'apprendre et de retenir des mots. Voyons quel seroit l'effet de l'application de cette définition, la première fois qu'il verroit l'emploi des mots qui la composent. Supposons qu'il voulût en faire l'application à la définition que ces mêmes philosophes donnent de la matière. La matière, disent-ils, est une substance étendue et impénétrable. Le jeune homme entendant parler de substance dira : Si la substance est ce qui peut exister par soi-même, ou en soi-même, c'est-à-dire indépendamment de la modification, je pourrai donc faire abstraction de toutes les modification l'une après l'autre. Je pourrai imaginer que tout ce qu'on appelle substance ou sujet de ces modifications en est successivement dépouillé. Il fera donc d'abord abstraction de l'impénétrabilité, ensuite de l'étendue, et alors il cherchera à savoir ce que c'est que la substance de la matière. Il ouvrira les livres, et il n'y trouvera que la définition de la substance et de la matière. Il consultera son maître, et si celui-ci a été instruit de la même manière, et qu'il soit de bonne foi, il sera obligé d'avouer qu'après un tel examen il ne peut trouver dans la substance qu'une expression vague et vide de sens (1).

Mais est-il vrai que ce mot *substance* ne soit qu'une expression vide de sens, qui doit être bannie, non seulement de la langue des sciences, mais de celle de la société? Comment auroit-on pu créer un mot sans application, qui n'exprimât aucune idée, ou, pour mieux dire, qui ne fût précédé d'une idée? Pourquoi, au lieu de conclure que le mot *substance* n'exprime aucune idée, n'en concluroit-on pas plutôt que la définition en rend la notion confuse, et que toute autre définition produiroit le même effet, si elle n'étoit précédée de l'analyse de la génération de cette idée, ou du moyen par lequel on est parvenu à la former. Suivons cette voie; sub-

---

(1) Un des plus célèbres philosophes de ce siècle a tiré, de l'application qu'on donne de la substance à la définition qu'on donne de la matière, cette conséquence que je me permets à peine de supposer dans un jeune homme attentif et dans un maître mal instruit, mais de bonne foi.

stituons l'analyse à la définition, et voyons quel effet différent en résultera.

Je vois, par exemple, un chêne; j'en vois ensuite plusieurs. J'observe ce qu'il y a de commun entre tous ces objets, c'est-à-dire les feuilles, les fruits d'une même forme et d'une même couleur. Cette réflexion m'amène à concevoir d'abord l'idée générale de chêne, idée dans laquelle commence déja à se trouver une petite abstraction, puisque j'abstrais tout ce qu'il y avoit de particulier dans chacun de ces chênes, et que je ne m'occupe que de ce qu'il y a de commun entre eux, pour en faire un être idéal, qui ne peut se trouver hors de moi, puisque dans la nature il n'y a point de chêne en général, et qu'on n'y trouve que tel ou tel chêne en particulier. Quelle est donc la cause qui a produit cette idée générale de chêne? la réflexion que j'ai faite sur tout ce qu'il y avoit de commun dans les différents chênes que j'ai vus. Qu'est-ce que cette idée contient de privatif? l'abstraction ou la soustraction de tout ce qu'il y avoit de particulier dans chacun de ces chênes. Que contient-elle de positif? leur ressemblance ou leurs qualités communes. Quelle est donc l'idée qu'on exprime par le mot *chêne?* la notion de cette ressemblance ou de ces qualités communes.

Ensuite je compare le chêne à un peuplier, à un olivier, etc.; et d'après la ressemblance ou les qualités communes que j'aperçois entre les uns et les autres, qualités qui consistent à avoir des racines, un tronc, des branches, et des feuilles, etc., je me forme l'idée plus générale d'arbre. Cette idée est plus abstraite que la première, parceque l'abstraction ou la soustraction de tout ce qu'il y a de particulier dans le chêne, dans le peuplier, dans l'olivier, est beaucoup plus grande que l'abstraction de tout ce qu'il y a de particulier dans les différents chênes. L'idée d'arbre renferme donc de privatif tout ce qu'il y a de particulier dans les arbres de différente espéce, et ne renfermera de positif que leur ressemblance ou leurs qualités communes. Le mot d'*arbre* exprime donc la notion de cette seconde et plus légère ressemblance.

Par cette même opération de l'esprit, je me formerai l'idée de plante, plus abstraite que celle d'arbre, et l'idée de végétal, plus abstraite que celle de plante. Chacune de ces idées renfermera toujours la ressemblance, ou le concours des qualités communes aperçues entre le chêne et les objets avec lesquels je l'ai comparé : mais cette ressemblance sera toujours plus légère, et le nombre des qualités communes diminuera à mesure que l'abstraction sera plus grande, c'est-à-dire à mesure que l'idée sera plus générale ; et les mots de *plante* et de *végétal* exprimeront les notions de ces ressemblances progressivement plus petites, ou de ces qualités communes progressivement moins nombreuses.

Je poursuis mes réflexions, et je compare le chêne avec une pierre, avec un animal, en un mot avec un corps quelconque. J'examine ce qu'il y a de commun entre ces objets ; et je m'aperçois que, quel que soit le corps avec lequel je compare ce chêne, quelque considérable et indéfinie que soit

la différence qui existe entre eux, ils se ressemble-
ront toujours par trois qualités communes à tous
les corps, l'impénétrabilité, l'étendue, et la limite
sous tous les aspects, ou la figure.

Avec cette réflexion, je me forme l'idée générale
de corps, plus abstraite que toutes celles que je
m'étois d'abord formées, parceque la soustraction
de tout ce qu'il y a de particulier dans chaque corps
est beaucoup plus considérable, et que la ressemblance est réduite aux trois qualités indiquées. L'i-
dée de corps contiendra donc de privatif tout ce qui
distinguera un corps d'un autre, ou toutes les qualités particulières des corps ; et elle ne contiendra
de positif que leur ressemblance générale, ou les
trois qualités communes indiquées ; et le mot *corps*
n'exprimera que la notion de cette petite mais générale ressemblance, ou de ces trois qualités communes.

Ne pouvant plus comparer le chêne à un autre
corps avec lequel il pût avoir une moindre ressemblance, je m'arrête à cette abstraction, et je reviens
à l'objet particulier d'où je suis parti. Je prends une
hache, j'abats le chêne ; je lui fais subir tous les
changements que l'industrie peut opérer dans ce
corps, et je vois s'évanouir les différentes qualités
qui lui donnoient plus ou moins une ressemblance
particulière avec les différents objets auxquels je
l'ai comparé ; mais je vois toujours subsister celles
qui lui faisoient constamment conserver une ressemblance générale avec tous les corps. Je l'observe
réduit en charbon, et je le trouve impénétrable,

étendu, figuré ; je l'observe réduit en cendres, et j'y trouve encore la même chose ; je l'observe réduit en vapeurs, et, par le secours de l'art, j'y vois encore ces trois qualités communes.

J'exerce la même action sur tout autre corps, et le résultat de mes opérations est toujours le même.

Je réfléchis sur ce résultat invariable ; et l'effet de cette réflexion est l'idée que je me forme de l'union de quelques qualités, sans laquelle je ne puis penser qu'il y ait d'existence corporelle ; union que je conçois exister dès qu'il existe un corps, et qui, dans mon esprit, ne peut être séparée ni détruite, par quelque altération ou changement qui arrive dans le corps. Je cherche un mot qui puisse exprimer l'idée de cette union, et je préfère à tous ceux qui se présentent à moi celui de *substance*, comme plus analogue à l'idée que je me suis formée, puisque je vois cette union subsister, malgré tous les changements et toutes les altérations qu'un corps puisse subir ; et par la même raison, j'appelle *modes* toutes les autres qualités, comme celles que je conçois appartenir au mode actuel d'être d'un corps, puisque je les vois se séparer, se disperser, s'altérer, ou se remplacer mutuellement, suivant que le corps reçoit une différente manière d'être, c'est-à-dire une différente modification.

Après avoir formé cette idée, et lui avoir donné ce nom, je l'étends à tous les êtres dans lesquels je trouve ou je crois trouver une semblable union de qualités, que je conçois également coexistante avec l'être, et qu'on ne pourroit détruire et dissoudre sans anéantir entièrement l'être lui-même ; et je définis la substance, dans l'acception la plus générale du mot, cette union de qualités que je conçois subsister dans l'être indépendamment de toutes ses modifications.

Je ne veux pas faire l'apologie de cette définition ; je ne veux pas examiner si elle détermine avec la plus grande précision l'idée qu'on doit attacher au mot *substance*. Je dis seulement qu'avec cette définition, précédée de l'analyse qu'on a vue, un jeune homme ne seroit point exposé aux erreurs que feroit naître en lui cette définition toute seule. Les deux définitions mêmes dont j'ai parlé, malgré leur obscurité et leur imperfection, ne pourroient, au moyen d'une analyse précédente, les conduire à ces erreurs. Après ces définitions mêmes, placées à la suite de l'analyse, le jeune homme appliquant l'idée de la substance à l'idée de la matière, et réfléchissant que la matière est une substance étendue et impénétrable, ne considèreroit pas l'étendue et l'impénétrabilité comme deux modifications de cette substance. Au lieu de faire abstraction de l'une et de l'autre, il considèreroit l'union de l'étendue et de l'impénétrabilité comme ce qui constitue, suivant notre manière de penser, la substance de la matière, et en concluroit que, quelque modification que puisse subir la matière, cette union ou cette substance subsistera toujours, c'est-à-dire, suivant notre manière de concevoir, tant que la matière ne sera pas anéantie. Il en concluroit que, comme la substance du corps, ou l'union des trois qualités dont on a parlé, c'est-à-dire de l'impénétrabilité, de l'étendue, et de la figure, ne peut être conçue, ni détruite, ni séparée par quelque modification ou changement que puisse subir le corps, la substance de la matière, ou l'union de deux de ces qualités, l'étendue et l'impénétrabilité, ne peut être conçue ni destructible ni séparable, par quelque modification ou changement que puisse subir la matière; et en effet, nous ne la trouvons ni détruite ni séparée, lorsque nous observons la matière convertie en corps.

Enfin, soit avec les anciennes définitions, soit avec les nouvelles, mais précédées de cette analyse, le jeune élève ne sera point exposé au danger que n'ont pu éviter des hommes très éclairés, celui de réaliser cette abstraction, et de prendre la substance pour une qualité occulte de l'être; il verra qu'elle n'est autre chose qu'une conception purement métaphysique, dépendante de notre manière de voir et des réflexions que nous avons faites sur les êtres réels qui les ont excitées. Tels seroient les effets de cette analyse lumineuse, que, dans les idées abstraites et composées, et par conséquent définissables, on devroit souvent mettre à la tête de la définition.

Résumons tout ce qui a été dit sur cette première réflexion, et déterminons-en le résultat en peu de mots.

Dans toutes les idées abstraites, mais simples, on ne peut et on ne doit pas définir.

Dans toutes les idées abstraites et simples, mais

directes, il faut adopter le moyen proposé par Locke, énoncer le mot qui exprime l'idée, et exciter la sensation qui lui est propre.

Dans toutes les idées abstraites et simples, mais indirectes, il faut, au lieu de la définition, faire l'analyse de leur génération.

Dans toutes les idées abstraites et simples, mais indirectes et figurées, il faut, outre cette analyse, présenter aux sens les figures imaginées par les hommes, et par lesquelles les idées sont en quelque manière rendues sensibles de nouveau.

Dans toutes les idées abstraites, mais composées, et par conséquent définissables, on doit employer la méthode de la définition; mais lorsque l'idée a subi une suite considérable d'opérations intellectuelles, il faut faire précéder la définition, de l'analyse de sa génération, ou des opérations progressives de l'intelligence par lesquelles elle a été formée.

Passons à la seconde réflexion. J'ai dit que souvent on prétend obtenir par la définition ce que la définition ne peut donner. On proscrit les définitions qui devroient être préférées; on préfère celles qui devroient être proscrites. Développons cette réflexion.

Toute règle a ses exceptions; il est des cas où l'on doit définir, même lorsqu'en apparence on ne peut le faire; mais, dans ces cas, on ne doit pas prétendre tirer de la définition ce qu'on croiroit avoir le droit d'en obtenir dans toute autre circonstance.

Par exemple, l'idée de la ligne droite est, comme

j'ai dit, une idée très simple (1), et par conséquent indéfinissable : mais, malgré cela, en géométrie, on définit la ligne droite, et on doit la définir, la ligne la plus courte que l'on puisse décrire d'un point à un autre ; parceque, pour connoître la propriété de cette ligne, il est nécessaire de partir d'un principe, et ce principe est la notion qu'on donne dans la définition de sa propriété la plus simple, et que l'esprit peut le plus facilement saisir au premier aspect.

Cette définition est imparfaite, si on la considère relativement à l'idée. Elle n'en renferme pas en effet la notion primitive ; elle la suppose, comme on l'a vu (2), et ne la produit pas. Elle exprime plutôt une propriété de cette ligne que sa véritable notion, qui ne peut être communiquée à ceux qui ne l'ont pas que par le moyen que nous avons proposé. Mais cette définition est très parfaite, si on la considère par rapport à l'usage auquel elle est destinée (3).

Dans tous les cas où un principe est si immédiatement et si évidemment lié à une idée indéfinissable, que l'esprit peut le saisir tout d'un coup, pourvu qu'on l'exprime, et qu'il est nécessaire de l'exprimer, pour s'élever de là à l'intelligence d'au-

---

(1) Je répète ici ce dont je n'ai fait qu'avertir dans une note. L'idée simple dont je parle est celle qu'on exprime par le mot *droite*.

(2) Dans l'endroit où j'ai parlé des idées *abstraites et simples*, mais *indirectes et figurées*. Voyez la note qui éclaircit cette proposition.

(3) On sait en effet dans quels inconvénients sont tombés les géomètres qui ont voulu changer cette définition.

tres principes qui ne sont pas de même nature, le mérite de la définition qui exprime ce principe résulte donc, non du rapport qu'elle a avec l'idée, à l'égard de laquelle elle doit être nécessairement imparfaite, mais du rapport qu'elle a avec le principe qu'elle exprime; de sorte qu'on ne doit la proscrire que lorsqu'elle n'exprime pas lumineusement le principe dont on parle. Si elle l'exprime bien, l'instituteur philosophe ne doit pas proscrire la définition comme imparfaite; il doit reconnoître et tolérer la nécessité de cette imperfection; il ne doit pas chercher à lui en substituer une autre qui, étant déterminée par un sentiment de perfection impossible, ne produiroit pas l'effet qu'on en attendroit; effet pour lequel, malgré l'impossibilité de définir parfaitement, on a dû et on doit recourir à une telle définition.

Passons à la troisième réflexion.

J'ai dit que souvent on prétend tirer des définitions, dans toutes les sciences, ce qu'on n'en peut obtenir que dans quelques unes. Cette erreur, qui en a produit un si grand nombre, sera l'objet de l'examen suivant.

On connoît la distinction établie dans les écoles entre les définitions de noms et les définitions de choses. On sait que, lorsqu'il s'y agit de la définition des choses, la définition doit expliquer la nature de la chose définie. Dans quel cas cette prétention est-elle raisonnable? dans quel cas est-elle une source d'erreurs?

Lorsque le géomètre dit : Le cercle est une figure

où tous les points de la circonférence sont également éloignés du centre, le carré est une figure de quatre côtés dont les angles et les côtés sont égaux, etc., il ne détermine pas seulement l'idée qu'il s'est formée du cercle et du carré, et qu'il entend exprimer par chacun de ces mots; il explique en même temps la nature ou l'essence de ces figures. Pourquoi? parceque le cercle et le carré, considérés comme figures, sont des êtres entièrement hypothétiques, que l'homme a créés, ou, pour mieux dire, qu'il a imaginés à volonté, et dont l'essence est par conséquent dans l'idée qu'il s'en est formée.

J'ai dit, considérés comme figures, parceque si on les considère comme des portions de l'espace terminé par ces figures, l'essence de cet espace ou de cette étendue ne peut être sûrement expliquée dans la définition, cette essence, comme je l'ai prouvé, ne pouvant pas plus être conçue par un ignorant que par un géomètre. La figure qu'il a imaginée, et qu'il définit, est un être hypothétique; mais l'étendue ne l'est pas. Il explique l'essence de la première en la définissant, parcequ'en définissant le cercle et le carré, il détermine tout ce qui constitue figure le cercle ou le carré. Mais s'il revient à l'être qui est abstrait, mais non hypothétique, à l'étendue, dis-je, terminée par ces figures, il sentira l'impossibilité d'en concevoir et par conséquent d'en expliquer l'essence, avec quelque définition que ce soit.

Dès que l'on sort de la région des êtres entièrement hypothétiques, la définition ne peut expliquer la nature de la chose définie. Un court examen de la définition du corps suffira pour en convaincre. Lorsque le philosophe dit, Le corps est un être étendu, impénétrable, et figuré, fait-il autre chose que dénombrer les sensations les plus générales et les plus constantes que tous les corps extérieurs ont excitées en lui? S'il détermine par cette définition l'idée qu'il s'est formée du corps, s'il détermine par elle ce qui constitue le corps relativement à nous, dit-il de cette manière ce qui véritablement constitue le corps lui-même; ou, ce qui est la même chose, explique-t-il ce que c'est que l'essence du corps?

L'impénétrabilité, l'etenduc, et la figure, sont-elles véritablement autre chose que des rapports aperçus entre les corps et nous? Avec un sens de plus, avec un sens de moins, l'idée du corps seroit devenue plus ou moins composée, à mesure que les relations aperçues auroient été plus ou moins nombreuses : mais l'essence du corps auroit-elle changé pour cela?

Lorsque nous disons, Le corps est un être étendu, impénétrable, et figuré, nous disons donc, non ce que le corps est en lui-même, mais ce qu'il est relativement à nous. Or qui pourroit assurer que connoître le rapport qu'il y a entre une chose et une autre soit la même chose que connoître la nature ou l'essence de la chose même? Donc, dans toutes les sciences où il ne s'agit pas d'idées qui ont pour objet des êtres entièrement hypothétiques, les définitions ne peuvent éclaircir la nature ou l'essence de la chose qu'on définit, mais elles peuvent simplement déterminer les rapports essentiels aperçus entre la chose qu'on définit et nous.

Combien d'erreurs et de chimères a produites l'ignorance de ce principe! quelle foule de lumières répandroit au contraire sur l'instruction l'instituteur qui se guideroit par ce principe, en renonçant à de pareilles définitions! quelle précision il donneroit aux idées! combien de préjugés il préviendroit! combien de temps il épargneroit à ses élèves, en leur apprenant, dès les premiers pas qu'ils font dans les sciences, cette vérité qui nous a coûté tant de méditations et de peines, c'est-à-dire la différence immense qu'il y a entre ce que l'homme sait et ce qu'il croit savoir!

Passons à la quatrième réflexion. J'ai dit que souvent on rend la définition vicieuse par excès ou par défaut; développons cette idée.

J'ai dit que pour définir il faut décomposer les idées simples qui forment l'idée composée. Que l'on combine cela avec le principe général de la précision qui rejette tout ce qui est superflu, principe qui, s'il doit avoir lieu pour toutes choses, doit surtout être appliqué aux définitions; et l'on verra que les idées simples qui entrent dans une définition doivent être tellement distinctes les unes des autres, qu'on ne puisse en supprimer une sans rendre la définition incomplète, ou, ce qui est la même chose, sans exposer la chose qu'on définit au risque d'être confondue avec une autre. Une définition peut donc être vicieuse par excès ou par défaut:

par excès, lorsqu'on y fait inutilement entrer une idée simple, qu'on suppose déja indiquée par une autre; ou lorsqu'on y fait entrer une idée que la définition ne doit pas renfermer, mais qui doit en être la conséquence: par défaut, lorsqu'on néglige une idée simple qui entre dans la composition, qui n'est supposée par aucune de celles qu'on a indiquées, et qui ne pourroit être la conséquence de la définition; ou lorsqu'on y fait entrer une idée composée qui n'a pas encore été définie, et qui par conséquent, dans ce cas, devroit être décomposée (1). Le sage instituteur se placera donc entre ces deux extrêmes.

J'ai dit que souvent on définit trop, que d'autres fois on ne définit pas assez. Cette dernière réflexion n'est ni moins vraie ni moins générale que les autres. Le premier de ces défauts a déja été exposé dans la première réflexion; nous y avons montré l'impossibilité de définir les idées simples. Nous n'ajouterons ici qu'une simple observation: c'est que, malgré cette impossibilité manifeste, il n'y a peut-être pas une seule école, un seul instituteur

---

(1) Suivant ces principes, qui me paroissent incontestables, la définition qu'on donneroit du corps en disant, *C'est un être étendu, impénétrable, figuré, composé de parties, doué de la force d'inertie, capable de mouvement et de repos,* seroit vicieuse par excès; et celle qu'on en donneroit en disant, *C'est un être étendu et impénétrable,* le seroit par défaut. La véritable définition seroit celle qui diroit, *C'est un être étendu, impénétrable et figuré.* Le lecteur n'a besoin que de réfléchir sur cet exemple pour concevoir avec clarté tout ce que j'ai dit sur les deux extrêmes où l'on tombe d'ordinaire lorsque l'on définit.

qui se soit, sur cet objet, entièrement affranchi de l'autorité scolastique, laquelle, malgré le discrédit sensible où elle est tombée, influe encore beaucoup plus qu'on ne croit et continuera long-temps d'influer sur la destinée de l'esprit humain. On n'a jamais cessé de définir, même lorsqu'on ne pouvoit et qu'on ne devoit pas le faire (1). Mais qu'est-ce que ne pas assez définir?

Dans toutes les sciences, dans celles même où l'on trouve le moins d'arbitraire relativement à l'expression des idées, on a inventé et on adopte souvent des expressions qui, dans le sens métaphysique qu'elles présentent, paroissent d'abord peu exactes et le sont véritablement, mais que l'on doit considérer comme des moyens abrégés de s'exprimer, et qui ont le grand avantage d'énoncer en peu de mots une idée dont le développement et l'énonciation exacte en auroient exigé un grand nombre. On ne doit pas certainement bannir ces expressions des sciences; cette sévérité métaphysique produiroit de très nombreux inconvénients, parmi lesquels seroit celui de ne pas accoutumer les jeunes gens à des expressions qu'ont adoptées tous les auteurs qu'ils devront lire un jour. Mais si l'on ne doit pas proscrire ces expressions, on devroit (ce qu'on ne fait pas, ou ce qu'on fait très rarement), on devroit, dans l'institution de chaque science, avant de faire

---

(1) J'ai dit qu'on ne le pouvoit et qu'on ne le devoit pas, afin de ne pas renfermer dans cette expression les cas indiqués dans la seconde réflexion, où l'on doit définir, malgré l'impossibilité apparente de le faire.

usage d'une de ces expressions, la définir avec soin, ou, pour parler plus exactement, l'éclaircir, c'est-à-dire déterminer avec précision et clarté la notion qu'elle renferme. En mécanique, par exemple, lorsque l'on s'occupe du mouvement uniforme, on dit : La vitesse est égale à l'espace divisé par le temps. Cette manière de s'exprimer, prise à la rigueur, ne présente aucune idée nette. Une quantité ne peut être divisée que par une autre quantité de même nature : or où est cette égalité de nature dans l'espace et dans le temps? Nous concevons l'espace comme un tout immense, inaltérable, inactif, dont toutes les parties sont supposées coexister ensemble dans une immobilité éternelle. Au contraire, toutes les parties du temps semblent s'anéantir et se reproduire sans cesse. Nous nous le représentons comme une chaîne infinie, dont il ne peut exister qu'un seul chaînon à-la-fois, lequel est uni d'un côté à ce qui n'est déja plus, et de l'autre à ce qui n'est pas encore. Comment donc diviser l'espace par le temps? Un sage instituteur, pour prévenir toute équivoque et toute obscurité, avant d'adopter cette expression, déterminera avec précision et clarté le sens qu'on y doit attacher. Il montrera que, quoique les parties de l'étendue abstraite ou de l'espace soient supposées permanentes, on peut néanmoins concevoir une succession, lorsqu'elles sont parcourues par un corps en mouvement; et que, quoique les parties du temps semblent fuir sans cesse et s'écouler sans interruption, néanmoins l'espace parcouru par un corps qui se meut fixe, pour ainsi dire, les traces du temps, et donne une espéce de consistance à cette abstraction fugitive. De cette manière, il fera voir comment les quantités relatives à l'espace et au temps acquièrent, par le moyen du mouvement, cette homogénéité qui permet de diviser l'une par l'autre ; de sorte que lorsque l'on dit que la vitesse d'un corps qui se meut avec un mouvement uniforme est égale à l'espace divisé par le temps, c'est comme si l'on disoit que cette vitesse est égale au quotient du nombre des parties d'une ligne, qui expriment les parties de l'espace successivement parcourues par le corps, divisé par le nombre des parties d'une autre ligne, qui expriment les parties successives du temps qu'il a employé à les parcourir, puisque, par le moyen du mouvement, l'idée de la ligne s'adapte également à celle de l'espace et à celle du temps.

Voilà un exemple des développements qui devroient précéder l'usage de quelques expressions que, malgré leur inexactitude, on doit respecter et conserver dans les sciences, à cause des avantages considérables qui les accompagnent, et qui les ont fait inventer. Mais ces expressions peuvent produire des équivoques, ou une obscurité dangereuse, lorsque, dans l'institution des différentes sciences auxquelles elles appartiennent, on n'a pas soin de bien fixer le sens précis qu'on doit y attacher. Or cette précaution, négligée dans presque toutes les écoles, est celle que j'ai voulu indiquer, en disant que ceux même qui ont le défaut de trop définir ont en même temps celui de ne pas assez définir.

Telles sont les différentes espéces d'inconvénients qu'un sage instituteur doit également éviter. Une foule d'avantages résulteroient de la nouvelle méthode de définition que j'ai proposé de substituer à l'ancienne.

Le moyen par lequel, suivant mon plan, l'instruction de chaque science devroit être poursuivie et terminée ne produiroit pas de moindres avantages.

IV. Toutes les vérités sont liées entre elles, et cette chaîne, sans cesse interrompue aux yeux des hommes, est toujours continue pour l'intelligence suprême de la Divinité, en qui tout se réduit à un principe unique et indivisible, dont toutes les vérités ne sont que des conséquences plus ou moins éloignées.

Si nous pouvions connoître toutes les vérités, nous pourrions saisir cette chaîne, nous pourrions nous élever à ce principe. Alors chaque science dépendroit d'un seul principe, et ces principes des différentes sciences ne seroient autre chose que les conséquences immédiates de ce principe unique et indivisible, dans lequel elles seroient toutes comprises. Alors l'intelligence de l'homme seroit aussi étendue que celle de la Divinité; alors il n'y auroit d'autre différence entre la raison du créateur et celle de la créature sinon que la première, placée dans ce point de vue, verroit en une seule perception toutes les conséquences de ce principe, tandis que l'homme auroit besoin de les parcourir l'une après l'autre pour en avoir une connoissance détaillée.

Mais l'homme est aussi éloigné de pouvoir connoître toutes les vérités, que de pouvoir s'élever à l'intelligence de la Divinité. Or s'il ne peut connoître toutes les vérités, non seulement il ne peut saisir cette chaîne qui les unit toutes, mais la portion même des vérités qu'il ignore l'empêche de voir le lien ou la chaîne de celles qu'il connoît, puisque cette chaîne est sans cesse interrompue par ces vérités intermédiaires qui devroient en former l'union, et qui sont dans le nombre de celles qu'il ignore. Par une suite de cette ignorance, il ne peut voir non seulement la chaîne de toutes les vérités qui appartiennent aux différentes sciences, mais celle de toutes les vérités qui appartiennent à chacune d'elles. Voilà pourquoi il n'y a, jusqu'à présent, aucune science qui ait réduit tous ses principes à un seul; voilà pourquoi les sciences qui se sont le plus perfectionnées sont celles qui en ont un petit nombre.

Toute l'intelligence de l'homme se réduit donc, s'il m'est permis d'employer cette comparaison, à quelques petits fragments séparés des différents anneaux de cette chaîne immense, qui part d'un principe unique et indivisible, comme d'un premier anneau. Les différentes sciences forment les divers anneaux de cette chaîne. Ce petit nombre de vérités que chaque science nous offre, et dans lesquelles, sans pouvoir découvrir le lien qui unit une série avec l'autre, nous pouvons saisir celui qui unit les vérités comprises dans chaque série, sont les fragments de chacun de ces anneaux. La connoissance des principes dont, en chaque science, naît chaque série de vérités, constitue la connoissance de la métaphysique de cette science.

Or cette métaphysique, qui a guidé ou dû guider les inventeurs; cette métaphysique, sans laquelle la science n'est qu'un recueil de faits stériles, doit être le grand objet de toute institution. L'art de l'instituteur sera de montrer aux disciples, à mesure qu'ils avanceront dans la science, ces diverses séries de vérités qui s'y trouvent, de leur faire voir le lien qui les unit, et le principe commun dont elles dépendent; de leur montrer comment chacune de ces propositions, qui énonce une de ces vérités, n'est, pour ainsi dire, que la répétition de la première, exprimée en des termes différents, et présentée sous une autre forme, parcequ'elle doit être adaptée à d'autres usages.

Si dans la science il y a quelque vérité isolée qui n'appartienne à aucune autre ni comme principe ni comme conséquence, il ne négligera pas de la montrer à ses disciples sous son véritable aspect.

Enfin les vérités qui dépendent, non d'une seule vérité fondamentale, mais de la combinaison de deux ou de plusieurs vérités fondamentales, ou de la combinaison de deux ou de plusieurs vérités secondaires, appartenantes à différentes séries, seront encore présentées dans la véritable dépendance où elles sont de la combinaison indiquée; et si ces vérités forment elles-mêmes le premier anneau des autres séries de vérités, elles auront encore une place distincte dans cette instruction métaphysique, et seront encore considérées comme des vérités fondamentales, mais d'un ordre inférieur aux premières.

Pour donner plus d'efficacité à cette instruction importante, le maître imposera un nouveau devoir à ses éléves; il exigera d'eux des dissertations courtes, mais raisonnées, dans lesquelles ils montreront qu'ils ont saisi le principe et l'enchaînement d'une de ces séries de vérités, par des réflexions écrites, qui serviront non seulement à leur donner l'habitude de l'attention, mais à les exercer dans l'art d'ordonner leurs idées, et de les écrire avec clarté et précision. Enfin cette instruction métaphysique qui accompagnera toujours la science sera répétée à la fin de l'instruction, et présentée comme une sorte d'épilogue.

Il est aisé de voir combien d'avantages résulteroient de cette méthode d'instruction, soit pour les progrès des éléves, soit pour ceux des sciences mêmes.

Après la première lecture, l'idée de la science, celle de son objet, et celle de son usage, seroient aussi claires pour les éléves qu'elles l'ont été peu pour une foule d'hommes, après avoir terminé le cours de la science entière.

Les premiers principes des sciences ne seroient pas obscurcis pour eux par de vaines recherches et des questions insolubles; ils ne se nourriroient pas de tant de chimères, ouvrage de la vanité des hommes et de leur curiosité insensée. Ces faits simples et certains, que l'observation découvre à tous les hommes, que tous les hommes conçoivent par une sorte d'instinct, mais que nul homme ne peut concevoir différemment des autres, parceque nul homme ne peut remonter au-delà, et que par conséquent il est impossible de développer et d'éclaircir; ces faits seroient présentés dans l'institution et considérés par les élèves comme des points d'où les sciences partent et doivent partir, et non comme des secrets qu'il faut découvrir.

L'obscurité, les préjugés et les erreurs qui naissent de la méthode de définir que nous avons combattue, disparoîtroient devant la lumière que la nouvelle méthode porteroit dans toutes les sciences. Les mots serviroient à exprimer les idées, au lieu d'en tenir lieu. Les faits et non les paroles, les vérités et non les chimères, constitueroient le savoir de nos élèves. Dans cette route difficile, l'évidence accompagneroit tous leurs pas, au commencement, au milieu, et à la fin.

Enfin la connoissance des vérités fondamentales de chaque science, cette véritable et sublime métaphysique qui reste ignorée de la plus grande partie des hommes, et qui ne le seroit d'aucun de nos élèves, deviendroit pour eux le plus puissant moyen de perfectionnement, et hâteroit les progrès des sciences. Connoissant les lacunes qui séparent les différentes séries de vérités comprises dans cette science, et les vérités fondamentales d'où elles naissent; instruits de ces premiers principes au-delà desquels on ne peut s'élever, et distinguant par conséquent tout ce que l'homme ne sait ni ne peut savoir, de ce qu'il ne sait pas mais de ce qu'il peut connoître, ils sentiroient l'imperfection de cette science, sauroient dans quels cas il est possible d'y remédier, et verroient le point d'où l'on doit partir pour lui donner l'étendue et la perfection dont elle est susceptible.

Constamment dirigés par ce guide, ils ne se laisseroient pas égarer par ces immenses volumes qu'on a écrits sur chaque science; ils ne s'épuiseroient pas de langueur au milieu de cette abondance apparente. Ils connoîtroient le véritable état des progrès de la science; ils commenceroient non point où leurs prédécesseurs ont commencé, mais où ils ont fini. Ils emploieroient à reculer les bornes ce temps que, par une instruction différente, on emploie aujourd'hui à les mesurer; et si, pendant une certaine période de temps, cette méthode si favorable à l'invention étoit adaptée à toutes les sciences, et mise en usage par plusieurs nations, les hommes, partant des mêmes points, et s'avançant vers le même but dans une direction semblable, parviendroient peut-être à découvrir toutes les vérités qui sont à la portée de l'esprit humain.

Je laisse au temps et à la postérité le soin de juger si ces espérances sont bien fondées. Il me suffit d'avoir suivi, dans l'ordre progressif des instructions, l'ordre indiqué par la nature dans le développement progressif des facultés intellectuelles de l'homme; d'avoir approprié le plan de cette éducation scientifique à la double destination des élèves du collége ; d'avoir montré comment, en combinant l'éducation du magistrat avec celle du guerrier, on pourroit espérer de faire renaître ces temps heureux où le camp, le sénat, la place publique, voyoient réunis dans la même personne les talents et les vertus qu'exigeoient les diverses fonctions sociales.

Je crois avoir mis beaucoup de brièveté dans ce que je viens de dire ; peut-être mes lecteurs trouveront-ils que j'ai été trop long. Les chapitres suivants ne m'exposeront pas à ce reproche ; je me contenterai de renvoyer à ce que j'ai déja dit. Le chapitre où je parlerai du collége des beaux-arts renfermera seul un examen un peu détaillé.

CHAPITRE XXVI.

Du collège de marine.

Lorsque la situation d'un pays et les intérêts d'un peuple exigent une marine militaire, ceux qui se destinent à la commander et à la diriger ne doivent pas être négligés dans un plan d'éducation publique. La nature de leur destination, ne permettant pas la réunion des fonctions politiques et militaires, rend inutile une partie considérable des études qui ont été proposées dans le chapitre précédent pour le collège des magistrats et des guerriers; elle exige d'autres études qui ne convenoient pas à cette classe, et dans quelques unes elle doit donner lieu à des modifications.

Dans les trois premières époques de l'éducation, nous n'avons pas cru qu'on dût proposer d'autre différence que celle de substituer les exercices militaires de mer aux exercices militaires de terre, et de donner la connoissance pratique de la manœuvre dans des voyages que feroient une fois chaque année les élèves de ce collège, après la première époque. Dans ces voyages, on pourroit, en réunissant dans le même vaisseau les élèves de la même époque, prévenir l'interruption des autres instructions, puisque les instituteurs seroient distribués suivant le même ordre dans chaque vaisseau.

Dans la quatrième époque, les connoissances géométriques et physiques qu'on a proposées ne devroient recevoir d'autre modification que celle qui résulteroit de l'application de ces sciences aux théories nautiques. L'instruction de la tactique de terre devroit être remplacée par celle de la tactique navale ; et on substitueroit à l'étude des matières civiles et politiques, proposées dans le chapitre précédent, celle des principes difficiles de la construction.

Si une partie des instructions dont je viens de parler ne semble pas avoir un rapport immédiat et direct avec la destination des élèves de ce collége, elle a néanmoins avec elle un rapport indirect extrêmement important.

Ils exerceroient d'une manière utile les facultés de leur intelligence ; et par cet exercice ils se rendroient capables de rendre en différentes occasions des services importants à la patrie. Ces instructions leur donneroient des lumières propres à leur faire étendre les progrès de la science nautique ; elles offriroient à leur esprit un objet d'occupation, et les préserveroient par ce moyen de l'oisiveté, de l'ennui, et de tous les maux qui en résultent, sur-tout pour l'homme de mer.

CHAPITRE XXVII.

Du collége des négociants.

Tout homme qui saura ce qu'est, ou, pour mieux dire, ce que doit être un négociant, ne sera pas surpris des légères différences que nous indiquerons entre l'éducation scientifique de cette classe si précieuse à l'état, et celle de la classe dont nous avons parlé dans le chapitre XXV ; il verra que, dans les instructions de la première époque, il n'y a aucun changement à proposer ; que dans celles de la seconde, il ne faut qu'adapter un peu plus étroitement l'instruction de la géographie et de l'histoire à la pratique du commerce ; que dans celles de la troisième, il ne doit y avoir aucune différence ; et que dans celles de la quatrième, il suffiroit de substituer aux instructions militaires les différentes théories du commerce, et le mécanisme de cette science, ou sa partie pratique, pour avoir le plan le plus complet d'éducation scientifique dans le collége dont nous parlons. On sentira quelle foule d'avantages un négociant pourroit retirer des différentes instructions comprises dans ce plan ; combien ses vues deviendroient plus étendues ; à quelle perfection pourroient atteindre, et les arts mécaniques qui sont liés aux besoins du commerce, et l'agriculture qui en est la source, et dont les vrais principes sont renfermés dans la physique. On verra que les spéculations du négociant seroient par ce moyen plus fécondes, plus vastes, moins incertaines, moins dangereuses; qu'il seroit moins souvent exposé à ces revers qu'on a coutume d'attribuer au hasard, mais qui sont presque toujours des effets de l'ignorance; enfin que sa vie seroit plus agréable et plus douce, si elle étoit partagée entre les occupations actives du commerce et la culture paisible des sciences.

CHAPITRE XXVIII.

Du collège des médecins.

Dès qu'on a trouvé la vérité, l'usage en devient d'une application facile et universelle. Le plan d'après lequel nous nous sommes proposé de former le système d'éducation scientifique des diverses classes secondaires qui composent la seconde des deux classes principales dans lesquelles nous avons divisé la masse du peuple ; ce plan est celui de la nature, et il est également propre à l'instruction du magistrat et du guerrier, du négociant et du médecin.

Les différences qu'exige la diversité de leur destination ne peuvent altérer ni l'ordre de l'édifice, ni le plan d'après lequel il doit être élevé, ni la manière dont il doit l'être. Fidèles à ce que nous avons indiqué dans le chapitre XXV, nous pourrons exposer ici avec beaucoup de facilité et de briéveté les différences qu'exige la diversité de destination de la classe dont nous parlons.

Les instructions que nous avons proposées dans la première, dans la seconde et dans la troisième époque, pour le collège des magistrats et des guerriers, lesquelles tiennent plutôt au bon usage que l'on peut faire des trois premières facultés de l'intelligence, et appartiennent beaucoup plus à l'institution d'un homme en particulier qu'à la science en général ; ces instructions devroient être également prescrites dans l'un et l'autre collége. On ne devroit dans celui-ci ajouter à ces instructions que des leçons anatomiques, qui, formant un objet important de l'éducation médicale, commenceroient à la quatrième année de la première époque, et seroient continuées jusqu'à cette année de la quatrième époque où on pourroit substituer à cette étude celle d'une bonne physiologie.

L'instituteur ne se bornera pas à l'anatomie du corps humain ; il cherchera dans celle des autres animaux toutes les notions qui sont nécessaires ou utiles pour avoir une connoissance exacte et claire de la première.

Comme la première année de cette instruction anatomique appartiendroit, ainsi qu'on l'a vu, à la première époque, où l'on doit employer la seule faculté d'apercevoir, l'élève ne devroit être soumis à autre chose qu'à assister aux séances d'anatomie. Dans les années suivantes où, d'après notre plan, on doit exercer la seconde faculté, c'est-à-dire la mémoire, il seroit obligé de rendre compte, à la volonté de l'instituteur, des différents noms des parties solides du corps humain, et de leur description particulière. Dans la troisième époque, on devroit exiger quelque chose de plus. Comme la faculté de l'imagination est destinée à combiner et composer les idées, ou les images et les représentations des êtres réels, au moyen des perceptions conservées par la mémoire ; dans cette époque, au lieu d'une description individuelle des différentes parties du corps humain, il faudroit exiger de l'élève la description de l'ensemble général de ces parties, ce qui le conduiroit au dernier terme de la science, et le prépareroit à l'intelligence la plus parfaite de la physiologie, que l'anatomie doit toujours accompagner, et qui, exigeant la connoissance de la physique, doit être nécessairement réservée pour la quatrième époque, où s'exerce la faculté de raisonner.

Alors toutes les instructions proposées, qui n'ont aucun rapport ni à l'art de la guerre, ni à l'économie publique, ni à la politique, ni à la législation (1), seront communes à l'un et à l'autre collége, et toutes celles qui sont relatives à ces matières seront remplacées par les études médicales.

La physiologie doit être un des principaux objets de l'institution médicale. Cette science, qui a rapport à l'économie animale et à l'usage des différentes parties du corps que l'anatomie nous a fait connoître ; qui consiste à observer dans tous leurs effets la vie et la santé ; qui, précédée de l'étude des lois de la mécanique, et de celle plus importante encore des phénomènes de l'organisation, nous découvre avec évidence les ressorts que la nature avoit vainement cherché à dérober à nos regards ; cette partie importante de la physique devroit être, pour ainsi dire, le but de toutes les autres.

____

(1) On ne devroit faire apprendre aux élèves que cette partie des lois nationales qui est nécessaire à la conduite de chaque citoyen, et qui a quelque rapport à sa destination ; et ils devroient, comme dans les autres classes, être instruits dans ces matières par le magistrat particulier d'éducation de leur collège.

Les écrits lumineux de M. de Buffon ont démontré que, parmi les lois auxquelles sont soumis les
molécules organiques et les corps organisés, il en
est d'essentiellement différentes de celles qui dirigent la matière dans l'état de mouvement, de repos
ou d'inertie. Vouloir expliquer l'économie animale
par les seules lois de la mécanique, c'est s'exposer
à tomber dans de grandes erreurs ; et beaucoup de
médecins ont donné l'exemple de ces fausses expli-
cations.

Mais il ne faut pas confondre l'abus de la mécanique en physiologie avec le véritable usage qu'on
en peut faire. Si l'un a fait naître tant de faux systèmes et tant d'erreurs, à quelle foule de vérités
importantes et lumineuses l'autre n'a-t-il pas conduit, et combien encore n'en eût-il pas fait découvrir, si l'on eût suivi les traces de cet illustre savant
d'Italie, de ce génie sublime, de cet observateur
géomètre, qui le premier appliqua la mécanique à
la physiologie, et le premier montra la véritable
manière de faire servir l'une à l'autre ! Le savant,
l'infatigable Borelli nous a appris que la physiologie doit se servir de la mécanique pour apprécier et
déterminer les faits, et non pour les deviner ; pour
s'assurer, autant qu'il est possible, des opérations
actuelles des corps animés, et non pour rechercher
quelles sont leurs opérations possibles.

La physiologie, qui considère le corps humain
dans l'état de santé, doit toujours être suivie, comme
elle l'est en effet dans l'institution médicale des modernes, de la pathologie, qui considère le corps

humain dans l'état de maladie et de désordre.

Suivant le principe que j'ai si souvent répété de ne point séparer des instructions qui doivent être toujours unies, quoique entièrement étranger à l'étude de la médecine, j'ose condamner l'usage de ceux qui font une instruction séparée de la séméiotique.

Si cette partie de la médecine théorétique a pour objet les signes généraux de la santé et de la maladie, par quel motif la sépare-t-on des deux autres dont j'ai parlé? Pourquoi ne pas combiner la séméiotique de la santé avec la physiologie, et la séméiotique de la maladie avec la pathologie? Pourquoi diviser des instructions qui, réunies, exigeroient moins de temps, et seroient exposées avec plus de clarté.

On devroit mêler à ces instructions une autre étude extrêmement importante pour l'exercice de la médecine, mais trop négligée dans l'institution ordinaire, et qui pourroit, avec beaucoup de succès, être liée à celle de la séméiotique. Je veux parler de l'art de conjecturer, qui, à cause de son imperfection, a le plus de besoin d'être soumis à des régles, et dont l'usage habituel est si nécessaire dans l'exercice de la médecine. La facilité de réduire cet art à un petit nombre de régles, et l'application de ces régles aux faits ou aux signes qui sont l'objet de la séméiotique, deviendroient pour les éléves un grand moyen d'instruction : elles pourroient prévenir l'abus qu'on a coutume de faire de cet art de conjecturer; elles pourroient le renfermer dans ses bornes

naturelles ; elles serviroient à se garantir de la préci-
pitation du jugement, à diminuer la masse des
erreurs et de leurs déplorables effets ; elles préserveroient le médecin de la malheureuse facilité des
pronostics, et mettroient cette profession et ceux
qui l'exercent à l'abri de la défaveur que fait naître
si souvent cette habitude ; enfin elles donneroient
aux jugements des médecins, comme à leur langage, cette sagesse, cette exactitude, cette mesure,
si nécessaires et si rares, qui, à la vérité, ne rendent
pas un homme imposant aux yeux du vulgaire, qui
peuvent même lui donner un air d'ignorance aux
yeux d'un sot ou d'un étourdi ; mais qui n'en est pas
moins le vrai caractère auquel un homme sage et
éclairé reconnoît son égal, et par lequel il sait dé-
masquer l'imposture, l'ignorance, et la folie.

De même que la physiologie, dont l'objet est la
constitution du corps humain dans l'état de santé,
doit précéder la pathologie, qui s'occupe de cette
constitution dans l'état de maladie ; l'hygiène, qui
concerne les moyens de conserver la santé, doit précéder la thérapeutique, qui a rapport aux moyens
de la rétablir lorsqu'elle est altérée.

L'hygiène étoit cultivée avec beaucoup de soin
par les anciens, parcequ'ils savoient que l'art de la
médecine a bien plus de puissance pour conserver
la santé que pour la rétablir. Elle est négligée par
nos modernes instituteurs, parcequ'ils voient que le
vulgaire a beaucoup plus d'estime pour le médecin
qui fait croire qu'il a rendu la santé à un malade,
que pour celui qui véritablement la conserve à

l'homme qui se porte bien. Cette partie de l'institution médicale, sur laquelle Hippocrate, Galien et
Celse nous ont laissé tant d'excellentes idées, devroit être un des principaux objets de l'éducation
scientifique du collége dont nous parlons (1).

Enfin la thérapeutique terminera, comme on a
dit, le cours de cette institution médicale. Les instructions de l'histoire naturelle et les expériences
chimiques, introduites dans ce plan d'éducation
scientifique, offriront les plus grands secours pour
cette partie de la thérapeutique qui a pour objet la
pharmacie; il en sera de même des instructions anatomiques, par rapport à cette partie de la chirurgie
qu'un médecin doit connoître, quoique l'exercice de
cet art appartienne aujourd'hui à une autre classe
d'individus.

Je ne parle pas de cette instruction pratique de
l'art médical, qui résulte de l'observation attentive
et journalière des maladies et des guérisons, dans

---

(1) Le profond traité d'Hippocrate *De aere, aquis, et locis,* celui
De diæta salubri, celui *De liquidorum usu,* son livre *De alimento,* et
les autres instructions relatives à cet objet, semées dans le cours de
ses ouvrages, nous montrent combien ce père de la médecine s'étoit
occupé de la plus importante de ses parties.

Les quatre livres de Galien *De sanitate tuendá,* les trois livres *De
alimentis,* le livre *De attenuante victu,* celui *De exercitatione,* et
ceux *De consuetudine, De salubri diæta,* outre ses commentaires sur
les aphorismes d'Hippocrate relatifs à cet objet, enfin tout le premier livre *De re medicá* de Celse, suffisent pour nous montrer combien l'hygiène avoit fixé l'attention des anciens médecins, beaucoup
plus occupés que les modernes du bien de l'humanité, et plus généralement étrangers à cet esprit d'intérêt et de charlatanerie, qui,
dans certains pays, a si fort décrédité cette respectable profession.

les établissements publics dirigés par d'habiles médecins; cette instruction devroit commencer au moment où l'élève seroit sorti de l'éducation publique. Le législateur, quant à cet objet, devroit se borner à fixer, par le conseil des médecins les plus éclairés, la durée de cette instruction pratique, et à indiquer les hôpitaux où il seroit utile de la recevoir, en interdisant, sous des peines rigoureuses, l'exercice de la médecine à quiconque n'auroit pas rempli le temps prescrit par la loi.

CHAPITRE XXIX.

Du collége des chirurgiens.

On divise la théorie de la science chirurgicale en générale et en particulière. La première n'est autre chose que la théorie médicale par rapport aux maladies extérieures. Le chirurgien comme le médecin doivent également la connoître dans toute son étendue ; aussi toutes les instructions médicales proposées dans le chapitre précédent devroient avoir lieu dans l'un et l'autre collége.

La théorie particulière de cette science est relative aux opérations de la main ; elle renferme une longue série de principes et de régles scientifiques, sur la manière et la nécessité d'opérer ; sur le caractère des maladies qui exigent ces opérations ; sur les difficultés qui naissent de la structure des parties et de leur action ; sur les régles que prescrivent la cause et les effets du mal ; sur les remédes qu'exige ce mal ; sur le temps fixé par les circonstances, par les lois de l'économie animale, et par l'expérience ; sur les accidents qui peuvent troubler l'opération, ou en indiquer une autre ; sur les mouvements de la nature et ses secours dans les guérisons ; sur les facilités qu'on peut avoir, ou les obstacles qu'on peut trouver, dans le temps, dans le lieu, et dans la saison ; en un mot, sur toutes les connoissances de cette nature, lesquelles doivent former une partie essentielle de l'institution chirurgicale.

Si cette théorie particulière devoit être l'objet d'une étude séparée et distincte de celle de la théorie générale, l'institution chirurgicale exigeroit beaucoup plus de temps que l'institution médicale; et peut-être ne pourroit-elle pas être renfermée dans l'intervalle que nous avons prescrit pour l'exécution de ce plan universel d'éducation publique. Mais un sage instituteur, combinant la théorie générale avec la théorie particulière, et les faisant marcher ensemble, se servant des principes de l'une pour éclaircir et développer les principes de l'autre, préviendra cet inconvénient, et donnera dans le même temps une plus grande lumière et une plus grande solidité à ses instructions.

C'est en cela que doit consister la différence d'institution entre la médecine et la chirurgie. Dans tout le reste, l'éducation scientifique de ces deux classes sera la même. Dans les instructions anatomiques, on devroit d'ailleurs commencer à exercer la main des élèves aux amputations; opération qui ne seroit pas nécessaire pour les élèves du collége de médecine. Cet exercice préliminaire ne devroit servir qu'à préparer à l'exercice pratique de l'art.

Une longue observation et une assiduité de plusieurs années dans les hôpitaux publics où les opérations chirurgicales sont les plus fréquentes; l'habitude de concourir aux opérations et aux guérisons faites par les plus célèbres professeurs, et de les exécuter sous leur direction immédiate ; cette institution pratique, aussi importante que la première, qui commenceroit à la fin de l'éducation publique, et auroit une durée prescrite par la loi, est le seul moyen par lequel on devroit communiquer aux éléves l'exercice, l'expérience, et l'application de la science, dont, jusqu'à cette époque, ils n'auroient appris que les théories.

CHAPITRE XXX.

Du collége des pharmaciens.

Je passe rapidement sur ces objets, que je négligerois volontiers si l'ordre de ce plan ne s'y opposoit pas, et que je cherche à traiter avec briéveté, soit parceque les idées précédemment développées me permettent de le faire, soit parceque je n'ose qu'avec une grande répugnance parler des choses qui me sont étrangères.

Les éléves de ce collége devroient recevoir une instruction très différente de celle que reçoivent ceux qui se destinent aujourd'hui à l'exercice de la pharmacie. Plongés pour la plupart dans une très grande ignorance, dépourvus de toute théorie, à peine instruits de la langue et du plus grossier mécanisme de l'art, non seulement ils sont incapables de le porter au moindre degré de perfection, mais ils le décréditent par les erreurs meurtrières qu'ils commettent, et ils font retomber ce discrédit sur la science médicale, qui, se servant d'eux, doit éprouver les effets de leur ignorance.

Si les trois règnes de la nature et un grand nombre de produits chimiques sont les objets de l'art pharmaceutique, les instructions de l'histoire naturelle et les expériences chimiques que nous avons

indiquées pour les trois premières époques de l'é-
ducation scientifique des élèves du premier collége,
seront, pour les élèves de celui-ci, l'objet le plus
important de leur institution. Avec une sage économie, on épargnera donc une partie du temps
destiné aux autres études, afin de donner plus d'é-
tendue à celles-ci. Pour leur rendre, autant qu'il
est possible, ces notions familières, pour les préparer par les opérations chimiques à la pratique
de cet art, on leur fera faire des expériences de ce
genre, et le maître parlera à leur esprit, en habituant leurs mains aux opérations et leurs sens à
l'expérience.

Dans la quatrième époque, les études géométriques et physiques que nous avons proposées pour le
premier collége ne seront pas négligées dans celui-ci; mais les autres études qui ont pour objet la
destination particulière de ces élèves y seront remplacées par celles qui ont rapport à la destination
immédiate de cette classe. La philosophie de la chimie et celle de la pharmacie exerceront pendant
ce temps la raison des élèves, tandis que le labora-
toire pharmaceutique, substitué à celui de chimie,
apprendra le mécanisme de l'art.

Le pharmacien, instruit de cette manière, sera
un homme éclairé qui se consacre au métier de la
pharmacie; il portera dans son art les lumières d'un
philosophe; et la passion qu'inspirent les travaux
chimiques, combinée avec les connoissances qu'il
aura acquises dans cette science, pourra le rendre
très utile, non seulement à l'art qu'il professe, mais

à tous les autres arts sur lesquels la chimie a une si grande influence (1).

---

(1) Je n'ai pas parlé de l'instruction qui a pour objet l'intelligence de la langue que les médecins emploient dans l'ordonnance des remèdes. Ce langage symbolique, que les médecins ont tant de peine à apprendre et les pharmaciens à connoître, et qui fait naître de si malheureuses équivoques, devroit être proscrit. Les ordonnances de médecine devroient être écrites avec la plus grande clarté, et il seroit très utile qu'elles le fussent dans la langue vulgaire.

CHAPITRE XXXI.

Du collége des beaux-arts.

Le grand nombre de rapports immédiats que les beaux-arts ont entre eux, les différents objets qui appartiennent à chacun de ces arts, les bornes étroites dans lesquelles je suis obligé de me renfermer par la nature de mon ouvrage; toutes ces considérations m'ont engagé à préférer un plan général d'institution pour tous les beaux-arts à un examen séparé de l'institution particulière qu'on devroit prescrire pour chacun d'eux. Je laisse donc à d'autres le soin d'appliquer ces idées générales à l'usage particulier de chacun de ces colléges, et je tâcherai seulement de les combiner de manière que les hommes de talent dans les différents arts les trouvent propres à être adaptées à chacun de ceux qu'ils exercent.

Si, pour imiter et embellir la nature, cet objet commun des beaux-arts, il suffit de la bien observer, de la présenter avec exactitude, d'en corriger les défauts, ou, ce qui est la même chose, de rapprocher les beautés éparses pour en former un tout; si le beau idéal ne peut être qu'un composé des beautés réelles qui existent dans la nature, mais séparées et divisées; si les idées de ces beautés ne peuvent être acquises que par la perception, conservées que par la mémoire, combinées et composées que par l'imagination; si enfin la raison doit venir au secours de ces trois facultés, pour en diriger les opérations, on voit aisément qu'autant il importe d'acquérir cette facilité des mouvements de la main, qui doit servir à l'intelligence, autant un exercice bien réglé des facultés intellectuelles est nécessaire pour l'instruction de l'artiste, comme pour celle du savant et du philosophe.

Ne nous écartons pas par conséquent du plan que la nature nous a indiqué, et que nous avons fidèlement suivi dans toutes les autres parties de ce système universel d'éducation scientifique. Appliquons-en les principes à l'instruction des élèves qui se destinent aux beaux-arts.

Nous ne parlerons pas de ces instructions préliminaires qui doivent être communes à tous les élèves de cette seconde classe, et que nous avons assignées pour la première année et le commencement de la seconde année de la première époque (1). Nous ne dirons rien de ces exercices qui concernent le simple mécanisme de chaque art, et qui devroient commencer avec l'éducation même. Nous nous occuperons uniquement de rechercher quel est le meilleur usage qu'on pourroit faire des facultés intellectuelles pour l'institution de l'artiste. Nous verrons comment la faculté d'apercevoir, la première qu'on doit employer, peut être dirigée vers ce but.

---

(1) Voyez le chap. XXV.

L'homme a un sens intime du beau. On pourroit établir cette vérité par beaucoup de raisons qu'il n'est pas possible de rapporter ici (1). Il nous suffira, pour en être convaincus, de réfléchir à ce qui se passe en nous en présence des objets. Ce sens intérieur peut, comme les autres sens, être altéré ou détruit, aidé et perfectionné; il peut, s'il m'est permis d'employer cette expression, rester engourdi par le défaut d'usage; il peut être altéré ou détruit par un mauvais usage, être fortifié par un exercice sage et régulier. Il peut rester engourdi dans l'ame du sauvage, être altéré ou détruit dans l'artiste mal instruit, fortifié et perfectionné dans celui qui a reçu une bonne institution. Une mauvaise instruction en ce genre exige plus de temps pour produire le mal, qu'une bonne pour produire le bien; car il est plus difficile de contrarier la nature que de la seconder.

Profitons de cette vérité; dirigeons, d'après ce principe, l'usage de la première faculté. Que, dès le commencement de l'éducation, l'œil du sculpteur, de l'architecte et du peintre s'exerce à voir, et à voir avec soin, les plus belles productions de la nature et de l'art; qu'avant d'apprendre les principes de la proportion, de la symétrie, de l'ordre, de la régularité, de l'unité, combinés avec la variété des contrastes, des rapports, etc., ils en voient, ils en

---

(1) Voyez le savant *Essai sur les beaux-arts* de notre illustre concitoyen François Pagano, qui a défendu les idées de Platon sur le beau contre les critiques de quelques célèbres modernes.

revoient, ils en sentent les effets. Que celui qui se destine à la musique, avant de s'exercer à connoître par le sens de l'oreille cet immense assemblage de régles qui forment, pour ainsi dire, la grammaire de son art, et qui, comme les régles de la grammaire ordinaire, sont difficiles, ennuyeuses, et dangereuses à l'époque dont je parle, se serve de ce sens pour sentir et exécuter ces airs simples et sublimes dont les beautés, puisées dans la nature, n'exigent pas le sentiment exercé d'un artiste, mais sont à la portée de tous les hommes. Que les tendres organes de ces éléves soient exercés pendant long-temps aux simples modulations de la mélopée des anciens, avant de l'être aux sons composés de l'harmonie des modernes. Enfin faisons en sorte que le sens intérieur du beau soit sans cesse fortifié et secondé par ces moyens.

La seconde époque ne sera pas moins utilement employée, lorsque, sans négliger les exercices indiqués, et même en les appropriant au plus grand développement qu'on doit supposer dans cet âge à l'intelligence, on fera de la seconde faculté, c'està-dire de la mémoire, un aussi bon usage qu'on l'a fait de la première.

L'histoire est aussi nécessaire à l'artiste qu'au philosophe et au poëte. L'ignorance de cette partie des connoissances humaines a rendu imparfaits quelques ouvrages des plus habiles artistes, et les a fait tomber dans des erreurs grossières. Pour aspirer à la perfection, et conserver ce qu'on appelle le costume, objet qui forme un des principaux mérites des productions de l'art, il faut connoître non seulement les faits particuliers que l'on veut représenter, mais les circonstances qui les ont accompagnés, ainsi que les usages, les coutumes, le caractère des peuples, et les temps où ils sont arrivés ; l'état physique et politique des lieux ; la nature du gouvernement, de la religion, et du culte ; les vêtements, les armes, et la manière de combattre. Le sculpteur et le peintre doivent avoir toutes ces connoissances, non seulement pour éviter des erreurs nombreuses, non seulement pour faire usage de cette instruction lorsque le besoin l'exige, mais pour offrir plus de matériaux à leur imagination. L'architecte doit avoir ces lumières pour connoître les usages auxquels étoient destinés les anciens monuments encore existants, pour pouvoir avec plus de discernement profiter de ces modéles, en saisir les défauts, et y ajouter, dans l'imitation qu'il se propose d'en faire, ces ornements qu'il doit tirer des autres arts et des autres artistes, mais qu'il doit savoir imaginer et ordonner d'après la grande loi de l'unité et celle de la convenance. Ces connoissances peuvent être encore d'un grand secours à celui qui, se destinant à la musique, doit savoir se pénétrer de l'esprit d'un poëme, et par conséquent bien connoître les matériaux qu'a mis en œuvre l'imagination du poëte. Dans la musique instrumentale même, on ne peut, suivant un grand maître(1), créer rien de beau lorsque l'artiste ne se propose pas un fait, un événement à peindre ; c'est

____

(1) Tartini.

le seul moyen de préserver la musique de symphonie de cette ennuyeuse uniformité qui n'y règne que trop. Enfin, quand même cette instruction n'auroit pas une influence directe et manifeste sur l'exercice d'un de ces arts, elle en auroit toujours une indirecte et cachée, qui ne laisseroit pas d'être très importante, parceque l'imagination, cette faculté si précieuse pour l'artiste, tire son aliment d'une mémoire bien exercée. Pouvons-nous donc faire un meilleur usage de la faculté de la mémoire dans l'institution des élèves qui se destinent aux beaux-arts, qu'en l'employant à acquérir de si importantes notions?

L'instruction de l'histoire, dirigée d'après le plan que nous avons indiqué dans le chapitre XXV de ce livre, et enrichie de ces connoissances particulières qui intéressent le plus l'art et l'artiste (1), sera donc le principal objet de l'usage qu'on fera dans cette seconde époque de la seconde faculté. L'instruction des premières régles que l'on croirain dispensables, dans chacun de ces arts, pour pouvoir dans l'époque suivante commencer à mettre en action l'imagination des élèves, en formera l'autre objet.

---

(1) Pour rendre plus faciles les moyens d'acquérir ces connoissances, je crois qu'il seroit utile d'avoir des estampes où ces objets fussent indiqués. Ce procédé épargneroit beaucoup de temps à l'instituteur, éviteroit aux élèves le dégoût de longues et ennuyeuses descriptions, intéresseroit leur curiosité, flatteroit le goût général qu'ont les jeunes gens pour toute espèce de représentation, et faciliteroit infiniment l'intelligence des choses de cette nature et leur souvenir. Une estampe, par exemple, qui offriroit le vétement d'un Spartiate, ses armes, etc., en donneroit beaucoup mieux l'idée claire et distincte que la description la plus détaillée.

Après avoir ainsi préparé tous ses matériaux à l'imagination, par l'usage bien réglé de la première et de la seconde faculté; après être parvenus à cette époque où nous avons cru que l'on pouvoit sans ris-que mettre en usage cette troisième faculté de l'in-telligence, voyons comment on pourroit la diriger dans les élèves du collége dont il est question, par quel moyen on pourroit la mettre en mouvement ou l'arrêter, comment à cette troisième époque on commenceroit à découvrir dans leurs productions les effets de cette sage instruction.

Je propose d'abord la lecture des meilleurs poëtes, comme étant de tous les moyens le plus propre à donner du mouvement à l'imagination de ces jeunes artistes, et à leur indiquer la manière d'employer les divers matériaux qu'ils ont acquis dans les deux premières époques de l'institution, et même d'en augmenter le nombre. Les poëmes épiques devroient, selon moi, être préférés à tous les autres. D'abord, les grandes et fortes passions qui forment le sujet de ces poëmes peuvent être plus facilement expri-mées par l'artiste que les affections tendres et déli-cates. En second lieu, ces poëmes, étant susceptibles d'images plus éclatantes et plus magnifiques, sont plus propres à communiquer aux productions de l'art ce caractère de grandeur. Enfin les poëmes épi-ques ayant ordinairement pour objet les événements des temps héroïques des peuples, c'est-à-dire de ces périodes de barbarie où les hommes, à peine sortis de l'état d'indépendance naturelle, et n'ayant pas encore pris les formes de la liberté et de la servitude civiles, déploient une diversité et une opposition prodigieuses de caractères, ces poëmes pourroient offrir à l'imagination des élèves un grand nombre de sujets d'imitation, laquelle est toujours plus facile lorsqu'elle s'exerce sur des caractères décidés et contraires.

Par les mêmes motifs, et par une raison encore plus puissante, je voudrois qu'à la lecture des poëmes relatifs aux temps de barbarie on joignît la lecture même des poëtes barbares. Si, dans cet état de société, les grandes différences des objets physiques et moraux, qui effacent les petites différences et les rendent moins intéressantes; l'inconstance de l'observation, laquelle a besoin pour saisir ces nuances du temps et de l'oisiveté de la vie civile; la pauvreté de la langue qui doit les énoncer, et une foule d'autres causes physiques, morales et politiques, ne permettent pas aux hommes de sentir, de chercher, et d'exprimer les petites modifications nécessaires à la perfection du beau, et qui par conséquent doivent manquer aux productions de leur imagination; les grands et vastes tableaux de la nature sont aussi beaucoup mieux sentis, et par conséquent exprimés avec plus de force dans leurs poésies: le merveilleux et le sublime s'y montrent de toutes parts. Dans les sociétés civilisées au contraire, une foule de causes physiques, morales et politiques, préservent l'artiste des défauts dont j'ai parlé; mais un grand nombre d'autres causes de la même nature l'éloignent de cette sublimité, de cette grandeur qui animent les poésies des barbares, et qu'il seroit si utile de pouvoir transporter dans nos productions modernes. Or, si le mérite de l'institution consiste autant à profiter des circonstances favorables qu'à détruire ou adoucir l'action des circonstances contraires, et suppléer à celles qui n'existent pas, les lectures que j'ai proposées me paroissent répondre parfaitement à ce but. Il faut chercher à enrichir et agrandir l'imagination des jeunes artistes avant de l'exercer au raffinement et à la délicatesse. Dans les sociétés civilisées, les circonstances qui conduisent à ce raffinement se présentent d'elles-mêmes : il n'en est pas ainsi de celles qui portent à la grandeur et à l'élévation.

Après avoir offert tous ces secours à l'imagination des jeunes artistes, le grand art du maître sera de la bien diriger dans leurs productions, et d'en corriger les erreurs et les abus. Il leur abandonnera le libre choix du sujet; il ne préviendra jamais leur imagination sur le plan d'exécution : il ne fera que la seconder et l'aider lorsque le plan sera exact, et lui donner une autre direction lorsqu'elle tombera dans le faux, qui consiste à composer et combiner des objets incompatibles de leur nature. Cet inconvénient qui naît de la corruption du goût, de l'absence ou de la stérilité des idées, a déja été en grande partie prévenu par la manière dont nous avons fortifié le sens intérieur du beau, et par le nombre considérable de matériaux que nous avons offerts à l'imagination de nos éléves. Leurs productions n'auront pas ce défaut; mais souvent elles en auront d'autres qu'il est très important de corriger de bonne heure, de peur qu'ils ne deviennent des habitudes

L'attention du maître ne sera jamais inutile sur cet objet; car une beauté, un défaut, exposés avec exactitude, sont bien plus propres à former le goût qu'une foule d'instructions compliquées sur les régles et les principes.

Comme l'usage de l'imagination est l'objet principal de l'instruction, à l'époque dont nous parlons, le maître, après avoir montré à l'éléve les défauts de son ouvrage, ne devra lui permettre de le refaire qu'une seule fois, de peur que son imagination trop long-temps occupée du même sujet ne lui fasse perdre dans cette monotonie d'objets les avantages de l'énergie qu'il pourroit acquérir en variant ses travaux. Il ne faut pas prétendre d'abord à la perfection; il suffit d'indiquer les endroits où elle manque, et de faire sentir en quoi elle doit consister.

Cette indulgence, nécessaire à l'époque dont nous parlons, n'aura pas lieu dans les dernières années de l'instruction. Nous exigerons alors cette perfection que nous devons maintenant nous contenter d'indiquer. Nous obligerons de corriger et refaire plusieurs fois le même travail; et ces opérations, qui pourroient nuire aux progrès d'une imagination non encore suffisamment exercée, ne feront alors que lui donner plus d'exactitude et de perfection.

Dans la quatrième époque, l'usage de la quatrième faculté n'exclura donc pas celui de la troisième. En employant la faculté de raisonner, nous nous garderons bien de laisser inactive celle de l'imagination.

Nous ne ferons que joindre les exercices indiqués

aux instructions qui exigent l'usage de la quatrième
faculté, et qui par conséquent devoient être réser-
vées pour cette quatrième époque où nous avons
supposé la faculté de raisonner parvenue à ce degré
de développement qui nous permet de l'employer
sans risque (1).

Ces instructions auroient pour objet les régles
théoriques de l'art, qu'on ne devoit pas enseigner
avant ce temps, parcequ'il ne falloit pas auparavant
faire usage de la faculté de raisonner (2).

Ces instructions auront encore pour objet, dans
quelques uns des beaux-arts, les sciences sans lesquelles on ne peut les exercer. Une science peut avoir
d'étroits rapports avec l'un des beaux-arts, elle peut
encore être la base de ses principes, et néanmoins
la connoissance peut n'en être pas nécessaire à l'exercice de l'art. Les théories mathématiques, par exemple, ont un rapport tellement direct avec la théorie
de la musique, qu'on peut les regarder comme le
fondement de cet art ; et cependant on peut être un
excellent maître de musique, et ignorer la définition du point et de la ligne. Mais on ne pourroit
dire la même chose d'un architecte ; une partie considérable des théories mathématiques est tellement
nécessaire à l'exercice de cet art, que, sans leur se-

---

(1) Voyez dans le chap. XXV l'âge où doit commencer cette quatrième époque.

(2) Durant le cours de cette instruction, et dans les années qui
la suivent, jusqu'au terme de l'éducation, les élèves du collège d'architecture seront chaque jour conduits dans les lieux où l'on con-
struit quelque édifice. Le même maître qui leur enseignera la théorie les mènera dans ces lieux pour leur apprendre la pratique.

cours, l'architecte, incertain dans ses opérations, seroit à chaque instant arrêté ou induit en erreur.

Sans les théories de l'optique, le peintre seroit souvent exposé aux mêmes dangers ; sans la connoissance de l'anatomie extérieure du corps humain, le statuaire ne pourroit donner à ses ouvrages toute la vérité nécessaire, et il tomberoit dans de grandes méprises. Quoique cette dernière science, qui est uniquement fondée sur l'observation, pût être enseignée dans les époques précédentes, comme nous l'avons dit dans la partie d'institution des médecins et des chirurgiens, nous la placerons cependant pour l'institution de ces deux arts à la quatrième époque, parcequ'un long exercice du dessin peut en rendre la connoissance plus utile.

Sans entrer dans d'autres détails, nous ne proposons donc ici que l'instruction de ces sciences dont la connoissance est nécessaire à l'exercice de l'art dont on veut s'occuper. Une institution plus étendue pourroit produire un grand inconvénient ; on risqueroit d'exercer la raison aux dépens de l'imagination, celle de toutes les facultés de l'intelligence qui doit être la plus chère à l'artiste, et qu'il doit cultiver avec le plus de soin dans son éducation.

L'autre espèce d'instruction que nous avons réservée pour cette quatrième époque, et qui devroit succéder à celles qui ont été proposées, auroit pour objet les principes généraux du goût, que nous avons par tant de moyens cherché à inspirer à nos élèves, et qui recevroit par cette instruction son dernier degré de perfectionnement.

La raison, dont l'objet principal est de diriger les autres facultés de l'intelligence, doit sans cesse guider l'imagination de l'artiste; elle doit en prévenir ou en corriger les erreurs; elle doit lui donner les moyens d'examiner avec impartialité ses propres productions, et la rassurer contre la diversité des jugements qu'elles doivent nécessairement subir.

Le goût n'est point arbitraire : cette vérité n'a pas besoin d'être prouvée, parceque personne ne la conteste (1); elle est également admise, et par ceux qui réduisent le goût à un simple sentiment, et par ceux qui le font consister dans un jugement de l'esprit.

Mais quoique le goût ne soit pas arbitraire, il n'en est pas moins fort rare. L'intérêt, les passions, les préjugés, les usages, les mœurs, les climats, les gouvernements, les cultes, l'ignorance, les lumières, la bonne ou la mauvaise éducation, des événements extraordinaires, et une foule d'autres circonstances peuvent altérer, corrompre ou perfectionner le goût d'un individu ou d'un peuple, comme elles peuvent altérer, détruire ou perfectionner dans l'un et dans l'autre le sentiment intérieur du beau. Ces vicissitudes auxquelles le goût peut être exposé sans qu'elles le rendent arbitraire, doivent précisément nous engager à donner à nos élèves ces principes invariables, qui en sont le véritable fondement, et dont l'application peut, dans quelque circonstance

---

(1) La maxime proverbiale qu'on ne doit pas disputer sur les goûts ne s'applique pas au goût tel que nous le considérons ici.

que ce soit, servir à exécuter et juger un ouvrage quelconque.

Si la cause du plaisir et de l'ennui est uniquement et entièrement en nous, nous n'avons qu'à nous examiner nous-mêmes, qu'à porter dans notre ame un coup d'œil attentif, et nous parviendrons à découvrir et déterminer ces règles universelles et invariables du goût. Nous offrirons ainsi au jeune artiste une règle certaine, d'après laquelle il pourra rassurer son imagination, corriger ses erreurs, juger ses ouvrages et ceux des autres, et dédaigner les jugements injustes de l'intérêt, de l'envie, ou de la corruption du goût.

C'est pour remplir cet objet que je crois devoir développer les idées suivantes.

L'auteur de la nature, en douant les hommes du don inestimable de la perfectibilité, a en même temps rempli leur ame d'affections qui les excitent à user de ce don, et à répondre au grand dessein pour lequel il le leur a accordé. La curiosité est une de ces affections; elle est un de ces ressorts originels de l'esprit humain, destinés à le porter à la perfection; elle est commune à tous les hommes; elle agit dans tous : la force et l'universalité de son action se manifestent continuellement en nous par les plaisirs qui en résultent. Tel est celui d'apercevoir un grand nombre de choses, et de les apercevoir facilement et, pour ainsi dire, d'une seule vue; tel est celui de la variété, opposé à l'ennui de la monotonie; tel est celui de la surprise. Ces plaisirs sont de tous les temps, et sont propres à tous les hommes, parceque dans tous les temps la curiosité est inhérente à l'esprit humain. Ces plaisirs ne sont pas soumis à l'inconstance et aux caprices comme ceux qui naissent des usages et de la mode, parceque l'affection qui les produit est dans l'homme, et non dans les circonstances qui le modifient. Ces plaisirs sont universels, parceque l'affection qui en est la source est commune à tous les hommes.

Or, si la destination immédiate des beaux-arts est le plaisir, comme personne n'en doute, il est certain que, pour que leurs productions aient une perfection constante et commune, générale et éternelle, il faut que les plaisirs qui les produisent soient constants et communs, généraux et éternels ; et si les règles du goût sont destinées à faire connoître tout ce qui, dans ces productions, fait naître ou empêche la perfection, il est également certain que, pour que ces règles soient générales et éternelles, il faut qu'elles soient déduites de la connoissance des causes qui, dans ces productions des beaux-arts, font naître ces plaisirs universels, ou s'y opposent. Je le demande maintenant : quels plaisirs généraux et éternels peuvent naître des productions des beaux-arts, s'ils n'ont leur principe dans la curiosité ? Je laisse le lecteur réfléchir sur cette question. Je vais me borner à exposer les règles du goût, qui sont générales et éternelles lorsqu'on les déduit du principe que j'ai indiqué.

L'homme, ai-je dit, aime à apercevoir un grand nombre de choses, et à les apercevoir facilement, et, pour ainsi dire, d'une seule vue. Les premières régles du goût relatives aux beaux-arts doivent donc être déduites de la connoissance des causes qui, dans les productions des beaux-arts, font naître ou empêchent ce plaisir. Les causes qui le produisent sont, par exemple, la clarté, la simplicité, l'ordre, la symétrie, l'unité, l'invention, l'expression.

Sans la clarté, la curiosité n'est pas satisfaite, ou a besoin pour l'être de beaucoup de réflexion et d'un long examen. Dans le premier cas, le sentiment du plaisir n'est pas excité; dans le second, il est affoibli et suspendu.

Sans la simplicité, la curiosité est trompée dans ses espérances, parceque ce que l'ame trouve est fort audessous de ce que d'abord elle s'attendoit à trouver.

Sans l'ordre, il n'y a point de clarté, il n'y a point de facilité d'apercevoir. La progression des idées de l'auteur ne se combine pas avec la progression des idées de celui qui observe l'ouvrage. L'ame ne devine rien, et ne retient aucune notion; elle est humiliée par la confusion de ses idées, et par l'ignorance où elle reste. Au lieu d'un sentiment de plaisir, elle n'éprouve qu'un sentiment de douleur et d'ennui; ainsi le but de la curiosité est manqué.

Les régles qui concernent la symétrie dépendent du même principe, et tendent à la même fin. Dans un ouvrage composé de beaucoup de parties, qui toutes doivent s'offrir en même temps à l'œil de l'homme, la symétrie plaît à l'observateur, parcequ'elle lui en facilite la perception; elle divise, pour ainsi dire, l'ouvrage en deux parties, et lui permet de l'apercevoir tout à-la-fois. Dans un ouvrage, au contraire, dont les parties doivent être présentées, non à-la-fois, mais successivement, la symétrie est vicieuse ; elle déplaît, parceque, loin de faciliter les opérations de l'esprit, elle les retarde par la monotonie et la privation de cette variété qui lui est si agréable. Voici donc la régle générale de la symétrie. Le rapport exact de parité dans les parties d'un ouvrage sera convenable toutes les fois qu'il servira à en faciliter la perception, et vicieux lorsqu'il produira l'effet contraire. Il sera convenable dans un ouvrage d'architecture, et vicieux dans un ouvrage de peinture ou de sculpture, dans un morceau de musique, et dans beaucoup d'autres productions des arts.

On ne peut pas dire la même chose de l'unité : elle a pour objet, non les rapports de parité, mais ceux de concours à une fin unique ; elle n'exclut pas la variété, elle la dirige et la détermine ; elle ne prive pas l'esprit des plaisirs divers que peut lui procurer la diversité des parties d'un ouvrage, elle exige seulement que ces parties concourent toutes à accroître la force du sentiment que l'ensemble doit exciter. L'unité est nécessaire dans quelque ouvrage que ce soit, parceque sans elle il n'y a pas de tout, il n'y a que des parties ; et l'ame, distraite par cette multitude d'impressions qui se contrarient et se détruisent l'une l'autre, reste dans ce vide dont nous avons vainement cherché à la faire sortir (1).

---

(1) Denique sit quodvis simplex duntaxat et unum.

Horat. , Art. poet.

4.

Un autre principe général du goût répondra au même but. Pour que l'esprit aperçoive un grand nombre d'objets, et les aperçoive facilement, et, pour ainsi dire, d'une seule vue, il ne faut pas que l'artiste exprime dans son ouvrage toutes les choses qui doivent faire naître ce plaisir dans l'ame de celui qui observe. Un grand nombre de ces choses doivent simplement être indiquées ou, pour mieux dire, inspirées. Si l'expression d'une chose donne à mon esprit les idées de différentes autres choses, ma curiosité sera satisfaite par l'expression de la première comme par les expressions distinctes de toutes les autres ; mais le plaisir ne sera pas le même. L'esprit, devant s'arrêter sur chacune des choses exprimées, éprouvera séparément le plaisir que, dans le premier cas, il eût concentré dans un seul point, et ce plaisir deviendra par conséquent beaucoup plus vif.

Si l'artiste, non seulement ne préféroit pas l'expression unique aux expressions distinctes, mais présentoit dans le même temps l'une et les autres, c'est-à-dire si, à l'expression de la chose qui indique les autres, il joignoit les expressions distinctes des choses indiquées ; dans ce cas, non seulement le plaisir seroit diminué, mais il seroit accompagné de douleur, parceque les expressions des choses déja indiquées produiroient l'ennui au lieu de la curiosité, et améneroient la confusion au lieu de l'abondance. Un grand artiste exprimera donc le plus qu'il pourra les choses qui en réveillent un très grand nombre, et n'exprimera jamais celles qui sont réveillées naturellement par les autres. Je dis le plus qu'il pourra, parcequ'il doit concilier l'usage de ce principe avec celui de la clarté, de la convenance, et de l'unité.

L'autre plaisir que l'action de la curiosité excite en nous est, comme je l'ai dit, celui de la variété opposé à l'ennui de la monotonie.

Les autres régles générales du goût naîtront donc de la connoissance de tout ce qui produit ou empêche ce plaisir dans les productions des beaux-arts. Telles sont celles qui marquent exactement les limites de la variété et des contrastes. Si une longue uniformité nous ennuie, une variété excessive nous déplaît. La cause de l'un et de l'autre phénoméne est la même, et elle est très simple. Le plaisir de la variété est, comme je l'ai dit, un effet de la curiosité. L'uniformité nous ennuie, parcequ'elle ne nourrit pas cette affection de l'ame, et la variété nous déplaît lorsqu'elle est excessive, c'est-à-dire lorsqu'elle est telle que l'esprit n'en peut avoir la perception, parcequ'alors elle ne remplit pas son objet, qui est de satisfaire la curiosité.

L'architecture gothique, par exemple, nous rebute, parceque la petitesse de ses ornements variés empêche l'œil de les distinguer, et que leur multiplicité ne permet de se fixer sur aucun d'eux. Le plaisir de la variété n'est pas excité, parceque la variété qui ne peut être aperçue par l'esprit dégénère en une uniformité encore plus désagréable que celle qui naît du défaut opposé; car celle-ci laisse au moins dans l'esprit quelque idée distincte, tandis que l'autre ne produit que confusion et incertitude.

On peut dire à peu près la même chose des contrastes. Pour que le plaisir de la variété existe, il
suffit qu'il y ait de la variété dans la situation des
parties d'un tout. Ce que dâns les beaux-arts on appelle contraste est destiné à remplir cet objet ; sans
ce contraste, les productions des beaux-arts sont privées d'un des principaux ornements du goût ; on n'y
trouve qu'uniformité, et la nature n'est jamais bien
imitée. Sans ce contraste, quel que soit le mérite
d'un ouvrage, le sentiment du plaisir est toujours
foible ; il est toujours accompagné d'ennui, parceque la curiosité ne reçoit pas de toutes les parties
de l'ouvrage une source de jouissance plus grande,
ou différente de celle qui naît d'une seule de ses parties. Mais comme l'excès dans la variété des parties
produit l'uniformité, ainsi l'excès dans la variété des
situations, ou l'excès des contrastes, produit la monotonie et l'uniformité.

Nous trouvons la preuve de cela, non seulement
dans les ouvrages de beaucoup d'artistes, mais dans
les écrits d'une foule d'auteurs de la basse latinité,
tout remplis d'antithèses. L'esprit y trouve si peu de
variété, que lorsqu'il a vu dans les uns la place d'une
figure, il peut tout de suite deviner la place de celle
qui est à côté ; et que lorsqu'il a lu dans les autres
une partie de la phrase, il connoît tout de suite
l'autre partie. Ce contraste continuel, cette opposition éternelle, dégénèrent en une uniformité, en une
monotonie insupportable, plus contraire à la nature
et au goût que celle qui résulte de l'extrême contraire.

Les régles générales du goût, par rapport à la variété et aux contrastes, sont donc les régles suivantes.

1° La variété plaît lorsqu'elle peut être aperçue. Il faut que l'ame sente les différences, les distingue facilement, et puisse se reposer sur chacune d'elles; il faut, en un mot, que la chose soit assez simple pour être aperçue, et assez variée pour être aperçue avec plaisir.

2° Les petites parties ne conviennent qu'à de petits touts : les grands touts ne doivent avoir que de grandes parties. L'architecture grecque, qui a peu de divisions, mais de grandes divisions, est fondée sur ce principe qui n'est qu'une suite de l'autre.

3° Le contraste plaît lorsqu'on ne peut le prévoir; il est beau lorsqu'il semble nécessaire; il est convenable lorsqu'on sent pourquoi il existe dans l'ouvrage, et non pourquoi l'auteur a voulu le montrer (1).

Le plaisir de la surprise qui, comme les deux autres, manifeste en nous l'action de la curiosité, sera l'objet des deux autres régles générales du goût dont il me reste à parler.

J'appelle plaisir de la surprise ce sentiment qui est excité dans notre ame par la perception d'une

---

(1) Ce vers de Lucain :

Victrix causa diis placuit, sed victa Catoni,

est un modèle des contrastes qu'en littérature on nomme antithèse. L'illustre Pagano, dans son *Essai sur les beaux-arts,* cite avec raison ce vers comme un exemple du sublime.

chose que nous n'attendions pas du tout, ou du moins que nous n'attendions pas comme elle s'offre à nous. Le sublime, le merveilleux, le nouveau, l'inattendu, sont les sujets de cette surprise et les sources de ce plaisir. Les beaux-arts peuvent les employer pour le faire naître. Nulle production du goût ne méritera ce nom si elle ne produit cet effet. Le grand artiste ne se contentera pas d'exciter ce sentiment; il cherchera à le prolonger. Le chef-d'œuvre de l'art consiste à faire en sorte que la surprise, qui, dans son principe, est médiocre, se soutienne, s'augmente, et soit enfin portée par degrés jusqu'à l'admiration. Tel est l'effet que produisent, et ce temple le plus beau de l'Europe, et cet antique Panthéon élevé au milieu des airs par le génie de Michel-Ange, dans le dôme de ce temple où cette masse immense semble si légère, à cause de la proportion qu'on a donnée à sa base. Tel est l'effet que produisent presque tous les ouvrages de Raphaël, et généralement dans les beaux-arts, en poésie comme en éloquence, toutes les choses qui ont véritablement ce caractère du sublime, qui consiste dans l'expression simple d'une grande idée.

Telles sont les régles générales du goût que je voudrois qu'on enseignât et qu'on développât aux éléves de ce collége dans le dernier période de leur instruction; elles sont générales, et, comme telles, susceptibles d'un grand nombre d'applications, d'observations, de conséquences. Je n'ai fait que les rapporter, et les déduire du grand principe de la curiosité, pour montrer qu'elles sont générales et éter-

nelles, c'est-à-dire qu'elles sont les mêmes pour tous
les peuples et dans tous les temps. C'est au maître
particulier de chaque art à exécuter ce que je ne
puis ici que proposer. Ses soins ne devront pas se
borner à les bien développer, mais à les appliquer
à celui des beaux-arts qu'il enseigne; à les faire
sentir dans les plus beaux ouvrages qui existent; à
montrer à ses élèves dans leurs productions les endroits où ils les ont suivies, et ceux où ils les ont négligées ou violées; enfin à leur indiquer la manière
de réparer cette négligence ou ces erreurs, en re-
commençant leurs ouvrages.

Cette instruction, loin de troubler l'imagination
de nos élèves, seroit très utile à son développement.
A l'instant de la composition, dans ce moment où
toute espèce de frein est si importune, ils s'aban-
donneroient avec la plus grande hardiesse à tout le
mouvement de leur imagination. Sa marche ne res-
teroit pas incertaine, ou ne seroit pas sans cesse arrêtée par la crainte. Sûrs de l'infaillibilité de la règle
qui détermineroit leur jugement ultérieur, ils laisseroient leur imagination s'exercer avec la plus
grande liberté possible, et attendroient l'instant où
elle doit être épuisée, pour appeler à eux la raison
qui corrige et perfectionne. Revenant alors sur les
premières ébauches de leurs productions, substituant au vol indépendant et rapide de l'imagination la marche lente et mesurée de la réflexion,
s'appuyant sur les principes et les règles qu'elle leur
auroit enseignés, ils conserveroient et perfectionneroient tout ce qui est l'effet d'un véritable enthou-

siasme, et rejetteroient tout ce qu'a produit la trop grande chaleur, ou, pour mieux dire, l'ivresse de l'imagination.

C'est ainsi que se créent les chefs-d'œuvre de l'art, et tel est l'objet de l'instruction que j'indique. Ses principes, ses régles, seroient destinés à éviter les erreurs, et non à produire des beautés; à servir de frein à l'imagination qui s'égare, et non à diriger celle qui s'abandonne à son impulsion naturelle; à venir au secours de l'artiste après qu'il a créé, et non à le conduire au moment qu'il crée; en un mot, à former le juge, et non l'auteur.

Que l'artiste philosophe examine ces idées; qu'il observe sans prévention comme sans partialité le plan entier d'institution que j'ai proposé, et qu'il juge. Je me repose sur son discernement et son expérience.

CHAPITRE XXXII.

Du collège des prêtres.

Le prêtre qui encense la Divinité qu'adore le citoyen; qui prêche les dogmes qui forment la croyance du peuple; qui, dans quelques pays plus heureux, enseigne et propage cette morale que la philosophie la plus profonde ne put trouver que d'une manière imparfaite sous le voile des passions dont elle étoit couverte, et que, sans le secours d'une révélation divine, on auroit vue, éternellement combattue, toujours obscure et incertaine, former à peine le patrimoine exclusif de quelques philosophes vraiment dignes de ce nom, au lieu d'acquérir, comme elle l'a fait par son union avec la religion, une force et une étendue qu'elle n'auroit pu obtenir des simples enseignements de l'école; le prêtre, dis-je, dans les lieux où il exerce, soit toutes ces fonctions, soit seulement une partie d'entre elles, doit être élevé et instruit sous la direction du gouvernement et des lois. Citoyen comme les autres, puisqu'il participe aux mêmes droits et aux mêmes obligations; magistrat comme les autres, puisqu'il est revêtu d'un caractère public, et qu'il exerce des fonctions publiques; utile ou dangereux à l'état, ainsi que tous ceux qui le servent, suivant qu'il remplit, néglige ou viole les devoirs de son ministère et ceux de sa condition civile originaire ; il doit, comme tous les autres, se préparer dès l'enfance à concourir au grand objet de la loi par l'institution qu'elle a prescrite.

Mais quel doit être ce plan d'institution pour le collége des prêtres ?

Je l'exposerois volontiers ici ; je ferois remarquer en quoi il doit être conforme au plan des autres classes secondaires dans lesquelles se subdivise cette seconde classe principale, et en quoi il doit différer de ce plan ; je montrerois quels inconvénients on pourroit prévenir par ce moyen, quels biens il pourroit faire naître, si j'eusse développé auparavant cette partie de mon système législatif qui a pour objet les lois relatives à la religion. Pour ne pas exposer mes idées au danger d'être calomniées par ceux qui ignoreroient des principes qui ne peuvent être exposés ici sans intervertir l'ordre de mon travail, je renvoie mes lecteurs au cinquième livre de cet ouvrage. Il me suffit d'avoir remarqué que cette classe de la société ne doit pas être exclue de ce plan d'éducation publique.

CHAPITRE XXXIII.

De l'émancipation publique des élèves de cette seconde classe.

Les formes d'émancipation publique de cette seconde classe devroient être les mêmes que celles qui ont été proposées pour les élèves de la première. Il n'y auroit d'autres différences que celles qui doivent résulter de la diversité de leur destination. Il est si facile de les saisir que nous croyons inutile de les indiquer ici. Il suffit de relire le chapitre où nous avons parlé de cette émancipation pour voir en quoi devroient consister les modifications dont je parle.

Nous allons terminer ce plan d'éducation publique par l'examen d'un objet important qu'il n'est pas possible d'en séparer.

CHAPITRE XXXIV.

De l'éducation des femmes.

Les femmes sont chargées de l'éducation de l'es-péce humaine dans les premières années de la vie. Ce sont elles qui jettent dans nos ames naissantes les premières semences du vice ou de la vertu ; qui nous communiquent les premières erreurs ou les premières vérités ; qui affoiblissent ou accroissent nos chagrins, nos craintes, nos espérances ; qui versent la coupe de la douleur ou du plaisir au sein de ces petites sociétés domestiques dont se compose la grande société de l'état. Sans avoir part au gouvernement, elles en dirigent quelquefois le pouvoir ; sans briser leurs liens, elles commandent souvent à leurs maîtres ; sans leur disputer les apparences de l'autorité, elles en partagent, elles en envahissent même la réalité.

Cette grande et intéressante portion de la société doit-elle participer à l'éducation du magistrat et de la loi ?

Platon, dans sa République, veut qu'on donne aux femmes les mêmes exercices qu'aux hommes (1). La différence du sexe, et les effets qui résultent de cette différence, ne paroissent pas à ce philosophe devoir

____

(1) *De Republ.*, dialog. 5 et dialog. 7.

suffire pour établir quelque différence dans leur éducation. Je ne suis pas surpris de cette idée de Platon ; elle est une conséquence nécessaire de son plan. Ce génie sublime voyoit tout, prévoyoit tout. Il vouloit prévenir une objection que peu d'hommes auroient eu d'ailleurs le talent de lui faire (1). Ayant ôté de sa république toutes les familles particulières, et ne sachant plus que faire des femmes, il se vit contraint d'en faire des hommes.

Mais cette unité de famille, cette promiscuité civile entre les deux sexes qui en résulte, et qui est tout autre chose que cette prétendue communauté de femmes qu'on a si faussement imputée à Platon, ne pouvoient avoir lieu que dans le plan d'une république conçue par ce grand homme, non pour instituer un peuple, mais pour donner une idée exacte de la justice. Comme notre but est différent du sien, nos moyens ne peuvent être les mêmes.

La société dont nous nous occupons doit être composée de familles, et l'administration intérieure de la famille exige que l'un de ses membres porte sur elle toute sa vigilance et tous ses soins. La femme, sédentaire par la nature de sa constitution physique ; moins forte, mais plus vigilante que l'homme ; exclue par son sexe de la plus grande partie des fonctions civiles ; rejetée des autres par l'usage, l'opinion, et les lois ; la femme semble destinée par la nature, et appelée par l'esprit des institutions sociales, à cette administration intérieure. Nous voyons en effet

____

(1) *Émile*, liv. IV

les femmes consacrées à ces soins domestiques dans tous les pays et dans tous les temps où elles n'ont vécu ni dans l'excès de la servitude ni dans celui d'une indépendance absolue.

Cette administration intérieure rend l'éducation domestique nécessaire pour les femmes. L'éducation publique, en les empêchant d'acquérir les habitudes et l'espèce d'instruction particulière dont elles ont besoin, les éloigneroit de leur destination naturelle, les rendroit moins propres à en supporter les désagréments, à en sentir les douceurs ; en leur donnant une institution plus sociale, si je puis m'exprimer ainsi, on les rendroit plus étrangères à la vie domestique.

L'expérience justifie cette opinion. Les femmes élevées dans des couvents deviennent d'ordinaire de très mauvaises mères de famille ; et dans les pays où cet abus n'existe pas, on trouve dans les femmes plus de vertus domestiques, plus d'ordre dans les familles, plus de bonheur dans les mariages.

Si l'éducation domestique est la seule qui convienne aux femmes, elles ne doivent donc pas avoir part à celle du magistrat et de la loi ; car le magistrat ne doit pas pénétrer dans les murs domestiques, et la loi ne doit prescrire que ce que le magistrat peut faire exécuter.

Telle est la raison pour laquelle l'éducation des femmes ne sera pas comprise dans ce plan d'éducation publique ; mais elles n'en recueilleroient pas moins les premiers effets. Exclues de l'éducation immédiate et directe de la loi, elles ne seroient pas

privées de l'éducation médiate et indirecte qui naîtroit de la sagesse même de ces institutions.

La loi, en formant les hommes, formeroit indi-
rectement les femmes. C'est une erreur de croire
que l'homme se modifie d'après la femme; ce seroit
là une contradiction à cette loi éternelle et constante
de la nature, qui veut que le plus fort soit toujours
le premier à donner la loi au plus foible. Il est vrai
qu'un sexe cherche toujours à plaire a l'autre; mais
cette ambition, unique dans la femme, est unie dans
l'homme à une foule d'autres ambitions. Sur lequel
des deux sexes ce desir agira-t-il donc avec plus de
puissance et d'étendue?

Si les vices du gouvernement et les erreurs de la
législation corrompent les mœurs du peuple, quel
est le sexe qui fait les lois et gouverne l'état? quel est
le sexe qui a le plus de frein contre la corruption,
et le moins de force pour la répandre? La pudeur,
qui donne tant de puissance aux graces de la femme;
la pudeur, dont la vanité s'efforce de conserver l'i-
mage lorsque le sentiment n'en est plus dans le
cœur; la pudeur n'est-elle pas la preuve que la dépravation de l'ame commence par les hommes, et
que cette dépravation, se communiquant ensuite
aux femmes, devient alors l'éternel aliment du mal
dont elle n'a été que l'effet. Si dans les temps de
chevalerie l'estime d'une femme entraînoit un amant
à la joûte, aux tournois, aux croisades; si le cimier,
la cuirasse, l'épée, ornés des rubans qu'avoit noués
la main de la beauté, étoient autant de monuments
de courage, d'adresse et de valeur guerrière; si dans

les temps heureux de la liberté et de la vertu de la
Grèce et de Rome les femmes conduisoient les citoyens à la victoire, repoussoient les fugitifs dans le
camp, répandoient des larmes de joie sur les corps
de leurs époux et de leurs enfants morts pour la patrie, couronnoient les défenseurs de la liberté et les
meurtriers des tyrans, marchoient lorsqu'il le falloit contre l'ennemi du dehors, s'armoient de fer et
de poison contre l'usurpateur du dedans, et ache-
toient par une mort volontaire la vie et la liberté de
la patrie; si à Sparte on vit plus d'une fois les mères
tuer leurs propres enfants fugitifs ou timides, souvent les accabler de reproches ignominieux, et pleu-
rer sur ceux qui, sans être coupables d'erreur ou de
foiblesse, revenoient vaincus dans les foyers domestiques (1); si à Rome les mêmes lois qui donnoient
aux maris une si grande autorité sur leurs femmes,
qui accordoient aux uns le droit du divorce et le re-
fusoient aux autres, qui élevoient au sein de la famille un tribunal épouvantable, où la femme étoit
jugée, mais où elle ne pouvoit s'asseoir, où elle étoit
condamnée à mort, mais où elle ne pouvoit venger
et punir les outrages faits à son père ou à son époux;
si à Rome ces mêmes lois furent tant de fois défen-
dues par les femmes; si trois fois ces femmes sau-
vèrent la patrie, et la préservèrent des vengeances
de Coriolan, de l'avidité de Brennus, et des armes
victorieuses d'Annibal; si trois fois elles méritèrent

---

(1) Voyez les différents traits de ce genre rappelés par Nicolas
Cragius, *De Republ. Lacedæm.*, lib. III, tab. 12, §§. 11 et 13, *apud
Gronov. Thesaur.*, tome **V**.

de la part du sénat un décret public de reconnoissance : ne sont-ce pas là autant de preuves incontestables de l'influence que le sexe le plus fort exerce
sur le caractère, les mœurs, et l'opinion du sexe le
plus foible ?

Formons donc les hommes, et nous formerons en
même temps les femmes ; et comme, par une suite
nécessaire des combinaisons sociales, ce qui d'abord
n'a été qu'un effet devient ensuite un appui de la
cause même, ainsi le perfectionnement des mœurs
et des opinions des femmes, précédé et né d'un perfectionnement semblable dans les hommes, deviendra lui-même la cause des bonnes mœurs et des
vertus publiques.

Les lois dont j'ai parlé sont destinées à préparer
ce changement salutaire ; celles dont il me reste à
parler sont destinées à le fortifier et à le perfectionner. Celles-là avoient pour objet le jeune homme
sous l'éducation du magistrat et de la loi ; celles-ci
ont pour objet l'homme déja sorti de cette éducation, et abandonné à l'empire de sa propre volonté :
les unes sont relatives à la première éducation du
citoyen ; les autres, à la seconde.

SECONDE PARTIE.

Des lois relatives aux mœurs.

CHAPITRE XXXV.

Objet de cette partie de la science de la législation.

L'homme ne peut être heureux sans être libre, sans vivre avec ses semblables; mais il ne peut vivre avec ses semblables sans gouvernement et sans lois. L'homme pour être heureux doit donc être libre et dépendant: mais la liberté n'exclut-elle pas la dépendance, comme la dépendance exclut la liberté? Si la liberté est le pouvoir de faire tout ce qu'on veut, comment pourra-t-on la concilier avec la dépendance, qui suppose l'obligation de faire ce qu'on doit? Est-il quelque moyen de rapprocher ces extrêmes, de concilier des choses si contraires en apparence?

Heureusement pour les hommes ce moyen existe; mais quel est-il, et où le trouve-t-on?

Si le devoir sans la volonté exclut la liberté; si la volonté sans le devoir exclut la dépendance, en voulant ce qu'on doit on conserve la liberté sans détruire la dépendance. La volonté de faire ce qu'on doit est donc le lien qui unit la liberté avec la dépendance. Lorsque le citoyen desire ce que la loi prescrit; lorsque, courant où sa volonté le porte, il va où les lois l'appellent, il est dépendant, parcequ'il vit sous les lois; il est libre, parcequ'il suit sa volonté, et qu'il feroit tout ce qu'elles prescrivent quand même elles ne lui auroient rien ordonné.

Tel est le moyen que l'on cherche; mais où le trouver? Cette question est plus facile à résoudre que l'autre. Imaginez une société où l'intérêt et les passions de l'individu soient assez bien combinés avec l'intérêt de la société même, pour que l'un ne puisse chercher son bonheur sans contribuer à celui de l'autre, et vous y trouverez le moyen proposé; vous y trouverez la plus grande partie des individus voulant tout ce qu'ils doivent; vous ne verrez d'exceptions que dans les imbéciles, les fous, ou ceux que des événements extraordinaires ont conduits à la dépravation et au crime.

Mais à quoi tient cette combinaison sublime? est-elle possible? où trouver ce moyen de concilier la liberté avec la dépendance, qui seul peut établir la félicité humaine sur des fondements inébranlables? Telle est la troisième et la plus importante des questions proposées, et tel est l'objet de cette partie de la science de la législation. Le chapitre suivant en offrira les premières idées.

CHAPITRE XXXVI.

De la possibilité de remplir l'objet indiqué.

La nature a fait l'homme pour la société, et lui a donné l'amour de soi. La sagesse des vues de la nature, qui se manifeste sur-tout dans le rapport des moyens, des forces et des buts, nous oblige de supposer un rapport entre les propriétés de l'être et sa destination, entre l'amour de soi et la sociabilité. Pourquoi donc l'expérience nous fait-elle trouver entre ces deux objets moraux un rapport négatif plutôt qu'un rapport positif? Pourquoi voyons-nous plus souvent dans l'amour de soi les causes de la destruction de la société, que celles de sa conservation et de sa force? La nature, si admirable dans toutes ses productions, auroit-elle cessé d'être régulière dans le plus beau et le plus auguste de ses ouvrages? auroit-elle mis dans l'homme une force qui le porte vers la société, et une autre force qui l'excite à la détruire? Si cette contradiction pouvoit exister, on en retrouveroit les effets chez tous les peuples et dans tous les temps. La nature n'est-elle pas la même dans tous les lieux et dans tous les âges? et les effets qui naissent de la nature des choses n'ont-ils pas le même caractère d'universalité, de constance, que les causes qui les produisent? Mais l'expérience ne nous montre-t-elle pas que chez tous les peuples et dans tous les siécles, la société a trouvé dans l'amour de soi le plus exalté, lorsqu'il a reçu une direction régulière, une force et un appui qu'elle n'eût obtenus d'aucun autre principe d'action. Si l'amour de soi, comme personne n'en doute, est la source unique de toutes les passions, et si les plus grandes vertus comme les plus grands forfaits supposent les plus fortes passions, qui en fut plus agité que Scévola, qu'Attilius, que Curtius, que les Décius? qui fut animé à un plus haut degré de l'amour de soi? qui plus qu'eux servit la société et la patrie?

A l'instant où les hommes se réunissent en société, la nature de cette réunion est telle, que chacun en travaillant pour soi fait tourner à l'utilité des autres le produit de ses actions particulières. Si on réfléchit à cette vérité, on verra que les actions même les plus indifférentes en apparence ne sont pas exclues de cette loi. Cette vérité devient encore plus évidente, si l'on songe au lien nécessaire qui unit chaque partie avec les autres et avec le tout. Le plus admirable et en même temps le plus incontestable effet de la société est donc en ce que, sans nous empêcher de travailler pour nous-mêmes, elle nous transporte toujours hors de nous; que, sans détruire ce principe unique d'activité qui est en nous, et qui tend à ne nous faire occuper que de nous-mêmes, et même en rendant ce principe plus actif et plus énergique par les besoins qu'il excite en notre ame et par les occasions d'agir qu'il multiplie, elle nous force en même temps d'agir hors de nous; de manière que notre propre intérêt s'évanouit précisé-

ment par les soins que nous mettons à le suivre.
Mutius fait brûler sa main avec intrépidité ; Régulus abandonne une patrie qui l'adore, pour reprendre les fers d'un ennemi qui lui a préparé la mort ;
Curtius se précipite dans le gouffre ; les trois Décius se dévouent à la patrie, et achètent son salut par la perte de leur vie. Quels besoins, quelle passion dut éprouver chacun de ces héros pour se déterminer à de telles actions ! Ces besoins, cette passion, avoient sûrement leur origine dans le même principe qui dicta à Sylla tant de proscriptions, qui fit commettre à Catilina tant de crimes, qui avilit jusqu'à la trahison l'ame de César ; mais les effets étoient dans les premiers si éloignés des causes qui les avoient produits, qu'ils leur avoient fait perdre de vue l'intérêt personnel pour lequel ils agissoient. Voilà pourquoi le caractère le plus commun des grandes passions est de cacher la conformité de leur objet avec la principale cause qui les a produites ; voilà pourquoi aux yeux de l'observateur peu attentif elles paroissent entièrement détachées de cet amour de soi, qui en est l'unique, la vraie, l'universelle origine, indépendamment des différents rapports de la société, qui lui donnent une bonne ou une mauvaise direction.

Si l'amour de soi peut donc resserrer et renforcer, relâcher ou affoiblir les liens de la société, le but que je propose ici n'est point chimérique. Puisque ce n'est ni dans la nature de l'homme ni dans celle de la société qu'est l'obstacle qu'on doit vaincre, il ne sera pas impossible de le surmonter.

Laissons donc les moralistes vulgaires s'épuiser en vaines déclamations contre ce principe commun d'activité ; laissons-leur la vaine et puérile prétention d'affoiblir ou de détruire cette force qui peut conduire l'homme aux plus grandes vertus, comme elle l'entraîne malheureusement aux plus grands forfaits. Ayons plus de respect pour la nature, et ne combattons que les causes qui rendent cette force dangereuse ; ne nous élevons que contre le gouvernement et les lois qui ne savent pas la diriger.

CHAPITRE XXXVII.

De l'unique passion originaire de l'homme, et des effets de ses modifications dans les diverses passions dominantes des différents peuples.

L'amour de soi est la seule passion naturelle de l'homme : toutes les autres ne sont que factices ; elles ne sont que des modifications de cet amour, produites par des causes étrangères. Cette passion anime le cœur de l'homme dans l'état d'indépendance primitive et dans l'état de servitude civile, dans la république et dans la monarchie, dans l'anarchie et sous le despotisme. En un mot, l'homme a l'amour de soi dans tous les temps, dans tous les lieux, dans tous les climats; mais il n'a pas toujours l'amour de la gloire, il n'a pas toujours l'amour des richesses.

Dans l'état sauvage, il n'aimoit pas le pouvoir, qui suppose la perte de l'indépendance et le desir de la recouvrer; il ne connoissoit pas l'amour de la patrie, qui en suppose l'existence ; il ne connoissoit pas l'avarice, qui suppose l'établissement de la propriété et l'esprit de prévoyance. Il aimoit plus que l'homme civilisé l'oisiveté et le repos, parcequ'il avoit moins de besoins que lui et plus de facilité de les satisfaire. Il avoit plus de penchant que lui à la vengeance, parcequ'il avoit moins de freins contre cette passion et plus de motifs de s'y livrer, parcequ'il ne connois-

soit pas de force publique qui l'enchaînât, le dé-
fendît, et le vengeât.

Dans l'état de barbarie, il commença à aimer le
pouvoir, parcequ'il commença à perdre l'indépendance. Il connut les premières impressions de l'avarice, parcequ'il devint propriétaire, et de l'amour
de la patrie, parcequ'il commença à en avoir une.
Il sentit le premier aiguillon de la gloire, parcequ'il
éprouva le desir de se distinguer et le besoin du suf-
frage d'autrui. Ces passions devenoient plus fortes,
et celles qui naissent de celles-là se multiplioient à
mesure que les liens sociaux se resserroient davantage, et que les causes qui les produisoient acqué-
roient plus de force.

Enfin, dans l'état civil, les causes des passions
devinrent presque infinies ; mais les circonstances
physiques, morales, et politiques de chaque peuple
en affoiblirent et même en détruisirent quelques
unes, en même temps qu'elles donnèrent plus de
force aux autres. Ainsi quelques passions furent
proscrites, d'autres naquirent et se fortifièrent ; et
c'est à cette circonstance plus qu'à toute autre que
furent attachés la destinée des peuples et l'état de
leurs mœurs. La société prospéra, les mœurs furent
bonnes, lorsque les passions qui s'introduisirent et
se fortifièrent dans la société eurent un rapport immédiat avec le grand objet que nous nous sommes
proposé pour but de cette partie de la législation,
c'est-à-dire lorsque leur force tendit à concilier la
volonté avec le devoir. L'état périt, les mœurs se cor-
rompirent, lorsque ce rapport s'évanouit, lorsque les

passions, loin de produire cette combinaison salutaire, portèrent la volonté au point d'où le devoir
tendoit à l'éloigner.

Mais est-il vrai que cet événement naisse des circonstances physiques, morales, et politiques d'un
peuple? et s'il dépend en effet de la combinaison de
ces circonstances, de quelle manière les lois peuvent-elles entrer dans cette combinaison? quelle est,
outre cette influence immédiate et directe, leur influence médiate et indirecte? quelle est l'influence
qu'elles peuvent avoir sur les autres circonstances,
pour rendre les unes propres à produire cet effet, et
les autres à ne pas l'empêcher?

CHAPITRE XXXVIII.

Des circonstances physiques, morales, et politiques qui concourent à former les passions dominantes des peuples, et de la double et principale influence de la législation.

Si nous nous proposions de rechercher le degré d'influence de chacune des circonstances physiques, morales, et politiques d'un peuple, nous tomberions dans l'inconvénient que nous nous sommes proposé d'éviter; nous perdrions notre temps, et nous n'aurions pour résultat de nos efforts que le malheur de nous être trompés.

Pour mesurer la valeur d'une chose, il faut que cette chose soit simple, qu'elle soit toujours la même, que son action soit constante, ou que sa variabilité soit soumise à une régle exactement connue par nous. Lorsque toutes ces conditions viennent à manquer, le fil du raisonnement est rompu, et une incertitude compléte est le résultat de nos vaines recherches. Le chimiste connoît la force d'un corps composé; en le divisant, il parviendra encore à connoître la force particulière de chacune des parties qui le composent: mais il ne pourra malgré cela apprécier le degré d'efficacité de chaque force déterminée, dans le concours de l'action des autres forces composantes.

La même chose arrive dans le sujet dont nous

nous occupons. Nous voyons quelques instruments de passions affoiblis ou proscrits chez un peuple, d'autres multipliés ou renforcés ; nous voyons quelques passions dénuées de toute espèce de force chez ce peuple, quelques autres pleines d'énergie et d'efficacité. Nous sentons que cet effet ne peut naître que des circonstances particulières de ce peuple, parceque autrement le même fait devroit être aperçu chez tous les autres peuples. Nous commençons à examiner quelles sont les circonstances qui ont pu concourir à produire cet effet, et nous les découvrons par une observation attentive ; nous les trouvons dans les circonstances physiques, morales, et politiques de ce peuple ; nous voyons comment de leurs forces combinées résulte l'effet indiqué : mais nous ne pourrons jamais parvenir à mesurer, à déterminer l'efficacité de chaque force dans le concours de l'action des autres forces. Tout ce que nous pourrions faire seroit de voir si, entre ces causes, il y en a une qui, outre la part qu'elle a dans l'action, puisse encore unir et combiner les autres causes pour les faire concourir ensemble ; et, dans ce cas, nous l'appellerions cause principale. Un exemple pourra éclaircir cette idée.

Dans Sparte, je vois ou proscrits ou affoiblis tous les ressorts de la cupidité, de la vanité, de la crainte ; j'y vois multiplier tous les ressorts de l'amour de la gloire, de l'amour de la liberté. Pendant plusieurs siècles, nul sentiment d'avarice, de vanité, de crainte, ne se manifeste dans les ames ; la passion de la gloire, de la patrie, de la liberté, agit seule, et agit avec une force invincible. L'effet est constant ; j'en cherche les causes, et j'en trouve plusieurs de différente nature. Je vois que la fertilité de son sol lui permet de prohiber le commerce extérieur, et par conséquent de proscrire l'or et l'argent ; je vois dans le caractère originaire de ce peuple une certaine fierté qui ouvre toutes les ames aux passions fortes et grandes, et les ferme aux passions foibles et viles. Sa situation au milieu de peuples belliqueux, près de l'épouvantable puissance du grand roi, du monarque de la Perse, me montre une circonstance qui doit engager le législateur à en faire un peuple guerrier, à le pénétrer de la passion de la gloire militaire et de la liberté, à le rendre inaccessible à la crainte, à l'accoutumer aux fatigues, aux privations, aux périls de l'état de guerre. Je vois dans les ilotes des instruments préparés pour remplir le but du législateur ; j'y vois des esclaves créés pour dispenser des travaux de l'agriculture et des arts des citoyens qui doivent faire la guerre ; pour préserver leur ame de l'amour du gain, que l'exercice d'un art doit nécessairement inspirer ; pour faciliter l'établissement de ces salles publiques, école du patriotisme et de la sobriété ; enfin pour offrir sans cesse à leurs regards l'image de la servitude, et réveiller, par le spectacle des maux qu'elle produit, l'idée des biens inestimables qui naissent de la liberté. Je vois dans la forme de son gouvernement la circonstance la plus propre à fortifier et multiplier les ressorts de l'amour de la patrie, et à rendre cette passion commune à tous les citoyens. Chacun d'eux est membre de l'autorité souveraine dans les assemblées ; chacun d'eux a l'espérance d'entrer un jour dans le sénat: nulle charge, nulle magistrature ne lui est interdite. Quelle constitution a jamais pu être à un plus haut degré l'objet de l'amour des citoyens (1)?

J'observe enfin les lois de ce peuple ; et non seulement je vois la part immédiate et directe de la législation, non seulement je distingue son action dans le concours des deux autres forces, mais je remarque encore la cause qui unit et combine toutes les circonstances favorables, remédie à celles qui ne le sont pas, et les dirige toutes vers le but que le législateur s'est proposé.

Les lois sacrées, qui établissoient le culte des dieux armés (2) et la plus grande frugalité dans les sacrifices (3); les lois funéraires, qui interdisoient le faste

----

(1) Voyez Xénophon, *de Republ. Laced.*

(2) Toutes les statues des dieux et des déesses à Sparte devoient être armées. Plut., *Instit. laconic.* Le législateur voulut placer dans le ciel la vertu guerrière, afin de la faire plus facilement descendre sur la terre. Vénus elle-même étoit armée chez ce peuple. Outre l'autorité de Pausanias, lib. III ; de Lactance, *Divin. institut.*, cap. 20 ; de Quintilien, lib. II, cap. 4 , on trouve sur ce sujet plusieurs épigrammes grecques. Je transcrirai ici la version latine de l'une d'elles :

> Et Venus Spartæ, non urbibus ut in aliis
> Posita est, molles induta stolas :
> Sed in capite quidem habet galeam pro mitra,
> Pro aureis autem acubus hastam.
> Non enim oportet sine armis esse conjugem
> Thracii Martis, et Lacedæmoniam.
>
>   (*Antholog.*, lib. *IV*, cap. 12, *épigr.* 23.)

(3) Plutarq. *in vitâ Lycurg.*; idem, *in Apophthegm*

et la plainte dans les funérailles (1), et privoient de l'honneur d'une inscription sépulcrale le citoyen qui n'étoit pas mort pour la défense de la patrie (2); les lois agraires, qui régloient le partage des fonds de terre (3), et fixoient l'égalité des propriétés (4); les lois du cens (5), les lois héréditaires (6) et dotaires (7), qui la maintenoient; les lois monétaires, qui bannissoient l'or et l'argent, et punissoient de mort ceux chez qui l'on en trouvoit (8); les lois qui interdisoient au citoyen l'exercice de tout art mécanique (9), de tout trafic, de tout service mercenaire (10); les lois somptuaires, qui ordonnoient l'égalité et la simplicité dans les vêtements (11), et vouloient qu'on

---

(1) Plutarq., *Instit. laconic.*

(2) Idem, *Instit. laconic.*, et *in vitâ Lycurg.*

(3) Héraclid., *de Politiis*, et Plutarq. *in Agyde.*

(4) Polyb., lib. VI, et Justin., lib. III.

(5) Plutarq., *Instit. laconic.* C'étoient les lois qui proportionnoient le nombre des *sorts* à celui des citoyens. Lorsque celui-ci excédoit l'autre, on avoit recours au transport dans les colonies. La longue durée de cet établissement est attestée par les différentes colonies de Sparte, dont parlent Platon, Aristote, Hérodote, Thucydide, Pausanias, et Isocrate.

(6) Les biens du père se partageoient également entre ses enfants, et les biens du citoyen qui mouroit sans enfants passoient à celui qui en avoit le plus. *Instit. laconic.*, et *in vitâ Lycurg.*

(7) Les dots étoient prohibées. Justin., lib. III; Plutarq. *in Apophth.*; Ælian., lib. VI.

(8) Plutarq., *Instit. lacon.*; Nicolaus, *De moribus gentium*, apud Stobæum; Xénoph., *de Republ. Laced.*; et Athæn., lib. VI.

(9) Plutarq., ibid.; Ælian., *Var. Hist.*, lib. VI, cap. 6, et lib. XIII, cap. 19; et Isocrate, *Panathenaic.* On y voit que l'agriculture faisoit partie des arts prohibés.

(10) Xénoph., *de Republ. Laced.*, et Nicolaus, *De moribus gentium*, apud *Stobæum.*

(11) Aristot., *Politic.*, lib. IV, cap. 9; Justin., lib. III; et Xénoph.,

ne se servît que de meubles grossièrement faits (1) ; les lois syssiziaques, qui prescrivoient les tables publiques et la quantité des aliments que l'on devoit y servir (2), et qui mettoient l'embonpoint au nombre des délits qu'il falloit punir (3) ; les lois qui ordonnoient que les enfants seroient élevés aux dépens du public (4) ; qui, au moment de leur naissance, les enlevoient des foyers paternels ; qui, dès les premières années de leur vie, les accoutumoient à la douleur, à la faim, aux ténèbres (5) ; qui ordonnoient les combats des jeunes gens (6) ; qui privoient des prérogatives

---

de Republ. Laced. En montrant l'attention qu'eut le législateur de détruire tous les motifs d'avidité, il parle de la simplicité des vêtements. « Nec vestitûs causâ pecuniam quæri necesse est : nam illi non pretiosâ veste, sed corporis egregiâ constitutione ornantur. » Voyez encore Thucydid., lib. I.

(1) On ne pouvoit, comme tout le monde sait, les exécuter qu'avec la hache et la scie. Plutarq. *in Lycurg.*

(2) *Ut luxum inhiberet, et divitiarum studium tolleret, syssitia instituit.* Plutarq.— Xénophon regarde ces tables publiques comme une école de sobriété, comme le lien de l'amitié, comme le plus puissant instrument du patriotisme. Quant aux qualités des aliments, voyez Plutarque, *Inst. laconic.* ; Ælien, *Var. Hist.*, lib. III, cap. 34 ; et Cicéron, *Tuscul.*, lib. I, n. 34, dans l'endroit où il parle de la sausse noire, qu'on regardoit comme le mets le plus exquis de ces tables publiques.

(3) Ælien, *Var. Hist.*, lib. XIV, cap. 7.

(4) Plutarq., *Instit. laconic.*, et *in vit. Lycurg.*

(5) Voyez Plutarque dans l'endroit où il parle des devoirs des nourrices, et des fustigations qu'on faisoit subir aux enfants sur l'autel de Diane, pour les accoutumer à supporter la douleur avec constance. Voyez encore Ælien, lib. III ; et Cicéron, *Tuscul.*, lib. II, n. 14.

(6) Voyez la description de ces combats de jeunes gens dans Pausanias *in Laconicis.* On ne peut lire ces détails sans le plus grand étonnement

de la cité celui qui n'auroit pu profiter de l'institution publique (1) ; les lois qui, établissant la dépendance des jeunes gens envers les vieillards, apprenoient à chaque Spartiate à voir sa famille dans la
patrie, et son père, son fils ou son frère dans son
concitoyen (2) ; enfin les lois qui jetoient dans le
cœur du citoyen à l'instant de sa naissance les germes
de ces passions qui devoient un jour le maîtriser ; les
lois militaires qui défendoient d'élever des murs
autour de la ville (3), qui donnoient à chaque soldat une couronne avant qu'il allât au combat (4),
qui privoient de toute espéce d'intimité avec les citoyens les hommes vils, timides, et ceux qui avoient
pris la fuite (5) ; qui assuroient de grandes distinctions au plus courageux, au plus intrépide (6) ; qui
rendoient la condition du guerrier plus heureuse

---

(1) Plutarq., *Instit. laconic.* et *vit. Lycurg.*

(2) Plutarq., ibid. ; et Xénophon, *deRepubl. Laced.* En rapportant les différentes lois relatives à cet objet, ils nous montrent
combien cette institution concourut non seulement à maintenir le
bon ordre, mais à fortifier le patriotisme des Spartiates.

(3) Plutarq., *Apophtheg.* et *vit. Lycurg.* Voyez aussi Ovide,
Métamorph. On connoit le mot célèbre de quelques Spartiates qui,
passant sous les murs de Corinthe, demandèrent : « Quelles femmes
habitent cette ville? « Ge sont des Corinthiens, leur répondit-on.
« Hommes vils et pusillanimes, s'écrièrent-ils, ils ne savent pas que
les seules murailles inexpugnables d'une cité sont des citoyens
déterminés à mourir ! »

(4) Xénophon, *de Republ. Laced.*, et Plat. *in Lycurg.*

(5) Xénophon, ibid. ; et Nicolaus, *de moribus gentium apud Stobœum.*

(6) Voyez le traité de Nicolas Cragius, *de Republ. Laced.*, lib. IV.
cap. 9, vol. 5, du Trésor de Grævius et Gronovius.

4.

dans le camp que dans la cité (1) ; enfin les lois qui, pour remédier aux effets d'un climat qui invitoit trop à l'amour et à ses excès, défendoient au mari d'habiter avec sa femme ; qui ne lui permettoient de la conduire dans sa maison qu'à la dérobée, et pour quelques instants (2) ; qui faisoient combattre toutes nues les jeunes filles avec les garçons (3) ; qui les privoient de la pudeur pour les priver de leurs charmes : toutes ces lois et une foule d'autres ne tendoient-elles pas à détruire ou affoiblir les ressorts des passions viles qu'on vouloit proscrire ; à multiplier, fortifier les ressorts des passions qu'on vouloit introduire ou conserver ; à combiner et diriger les autres circonstances favorables qui pouvoient concourir à cette opération ; à prévenir ou diminuer les obstacles que d'autres circonstances pouvoient faire naître ?

Voilà comment les circonstances physiques, morales et politiques d'un peuple peuvent affoiblir ou proscrire quelques passions, en introduire, en fortifier d'autres ; voilà comment, sans entreprendre de mesurer le degré de force avec laquelle chacune de ces circonstances agit dans le concours des autres,

---

(1) Le passage de Plutarque sur cet objet mérite d'être lu ; en voici la version latine :

« Exercitationibus utebantur per bella mollioribus, et reliquam quoque vitam minus adstrictam et obnoxiam dabant juventuti. Ita solis inter mortales respiratio exercitationis bellicæ erat ipsum bellum. » Plut. *in Lycurg.*

(2) Plut., *Inst. laconic.* et *in vitâ Lycurgi*.

(3) Plut. *in vit. Lycurg.*; Xénoph., *de Rep. Laced.*; et Properce. lib. III, élég. Il y décrit ces combats d'une manière très élégante.

nous pouvons assigner la première place à la législation, parceque, outre la part directe qu'elle a dans le concours de l'action, elle a encore celle qui résulte de son influence sur les autres circonstances pour rendre les unes propres à produire, et les autres à ne pas empêcher l'effet qu'on desire obtenir.

CHAPITRE XXXIX.

De la liaison des idées précédentes, et de l'examen auquel elles conduisent.

Revenons sur nos pas, et rappelons au lecteur la liaison de nos idées et l'ordre de notre raisonnement.

Nous avons vu que l'homme ne peut être heureux sans être libre et dépendant. Nous avons vu que pour concilier la liberté avec la dépendance, il faut concilier la liberté avec le devoir; que cette combinaison n'est pas impossible, parcequ'elle n'est ni contre la nature de l'homme, ni contre celle de la société, et qu'elle n'est pas impraticable, puisque l'expérience nous montre qu'on l'a plusieurs fois obtenue. Nous avons vu de plus, que comme les lois déterminent le devoir, l'amour de nous-mêmes détermine la volonté; que cet amour est l'unique passion originaire de l'homme, inséparable de sa nature, et par conséquent universelle et constante. Nous avons vu que les autres passions ne sont ni originaires, ni universelles, ni constantes, parceque si l'homme les éprouve dans un état de choses, elles lui sont inconnues dans un autre état; que si elles maîtrisent quelques hommes, quelques peuples dans certaines circonstances, elles sont sans force chez d'autres hommes, chez d'autres peuples, dans

d'autres temps. Nous avons vu que les autres passions ne peuvent être appelées naturelles, que lorsqu'on les considère comme des modifications de
cette passion originaire; qu'elles sont toutes factices,
parceque ces modifications sont produites par des
causes extérieures. Nous avons vu enfin que ces
causes extérieures, que nous avons appelées instruments de ces passions factices, se multiplient à mesure que les hommes s'éloignent de l'état sauvage,
et s'approchent de l'état civil.

Nous avons ajouté que les différentes circonstances physiques, morales et politiques des peuples,
affoiblissant ou proscrivant les ressorts de quelques
passions, renforçant ou multipliant les ressorts des
autres, affoiblissent ou détruisent par ce moyen
quelques passions, en créent, en fortifient d'autres,
et que cette opération, beaucoup plus qu'aucune
autre, décide de la destinée des peuples et de l'état
de leurs mœurs. Nous avons dit que le peuple est
heureux, que les mœurs sont bonnes, lorsque les
passions sont propres à produire la combinaison de
la volonté avec le devoir; que le peuple est malheureux, que les mœurs sont corrompues, lorsque les
passions tiennent constamment la volonté séparée
du devoir.

Nous avons examiné la première de ces propositions, et nous avons vu comment, du concours des
circonstances physiques, morales et politiques d'un
peuple, naissent véritablement ses passions dominantes; nous avons vu que la législation mérite de
tenir la première place entre ces circonstances, par-

cequ'outre la part directe qu'elle a dans le concours de l'action, elle a encore celle qui résulte de son influence sur les autres circonstances, pour les combiner, les diriger, et les modifier. Nous avons vu comment elle peut accroître la force de celles qui sont favorables, affoiblir l'action de celles qui sont contraires, et rendre les unes propres à produire, et les autres à ne pas empêcher l'effet qu'on desire.

Après avoir développé cette première proposition, examinons la seconde; voyons comment le but qu'on se propose dépend véritablement de la formation des passions dominantes des peuples; comment ces passions unissent ou séparent la volonté et le devoir; et comment de cette union ou de cette séparation résulte la destinée des peuples et l'état de leurs mœurs.

CHAPITRE XL.

De l'influence des passions dominantes du peuple sur l'objet indiqué.

N'abusons pas du mot de passion; ne le donnons pas à ces desirs éphémères qui remuent notre ame, sans y former d'impression profonde. L'homme qui est accoutumé à ne recevoir des objets extérieurs que des sensations légères, n'éprouvera jamais l'énergie des passions; toutes ses actions porteront l'empreinte de la foiblesse et de l'inconstance des causes qui les produisent; et le sentiment de l'amour de soi, séparé en une foule de directions diverses, perdra de cette énergie, qui diminue toujours à mesure qu'il s'éloigne de l'unité de son action. Il n'y a que l'unité, ou du moins la supériorité d'un desir sur tous les autres qui puisse constituer la passion. «Qui que tu sois, disoit Omar, qui, aimant la liberté, veux être riche sans biens, puissant sans sujets, sujet sans maître, apprends à mépriser la mort: les rois trembleront devant toi; toi seul ne craindras personne.»

Voilà la nature, le caractère de la passion : elle concentre l'amour de soi dans son unique objet; elle exclut la variété des desirs, ou du moins leur égalité; elle les proscrit, ou les domine; elle suppose l'unité ou la supériorité d'un desir sur tous les autres;

de sorte que quand ils viendroient tous lutter à la-fois contre lui, tous céderoient à sa force invincible.

Sous ce point de vue, quoique tous les hommes soient susceptibles de passions, tous les hommes ne les éprouvent pas. Un grand nombre, flottant dans la variété de leurs desirs, ne savent pas distinguer d'eux-mêmes quel est le desir qui les domine; ou s'il en est un qui les agite plus souvent, il n'est pas assez fort pour surmonter la résistance de tous les autres. Leur volonté ayant toute la foiblesse, toute l'inconstance de leurs desirs, change continuelle-ment de direction avec les causes qui la déterminent.

Il n'en est pas de même d'un homme agité d'une forte, d'une véritable passion. Sa volonté, dominée par elle, sera, comme elle, forte et constante; l'u-nité ou la supériorité du desir la rendra active et uniforme comme la force qui la détermine; et si cette passion se combine avec le devoir, si cette passion le porte vers un grand objet, alors il voudra forte-ment, il voudra constamment ce qu'il doit vouloir.

Sans d'autres desirs, ou avec d'autres desirs, mais tous inférieurs à celui qui forme sa passion dominante, et qui concilie sa volonté avec son de-voir, il ne trouvera aucun obstacle à surmonter; ou s'il en trouve, ces obstacles seront trop foibles pour éloigner sa volonté de la direction vers laquelle sa passion dominante le détermine.

Les passions sont donc nécessaires pour établir cette alliance de la volonté avec le devoir. Pour l'ob-tenir, il faut donc des passions déterminantes. Voyons en quoi consistent ces passions.

CHAPITRE XLI.

Suite du même sujet. Des passions déterminantes.

Si la cupidité qui conduisit dans le Nouveau-Monde les compagnons de Cortez les fit triompher, avec un courage aussi impétueux que constant, des obstacles combinés du climat, du besoin, du nombre des hommes, de leur valeur; si la même passion fit des Flibustiers le peuple guerrier le plus extraordinaire dont l'histoire ait conservé le souvenir; si l'espoir imaginaire des jouissances physiques d'une vie à venir fit d'un Scythe fugitif (1) le conquérant du Nord, et de ses disciples autant de guerriers fanatiques, qui, pour me servir de l'expression d'un de leurs poëtes, « avides de la mort, la cherchoient avec fureur dans le combat, et la recevoient en souriant »; si les mêmes passions, si la même espérance créèrent les mêmes prodiges dans le Midi; si les Arabes, sous les étendards de Mahomet, soumirent plus de peuples en un siècle, que les Romains n'en avoient subjugué en six cents ans de

______

(1) Sigès, fils de Tridulfe, prince scythe, s'enfuit de sa patrie, lorsque Pompée, ayant vaincu Mithridate, répandit l'épouvante parmi tous les alliés du roi de Pont. Il alla vers le nord de l'Europe; et après avoir subjugué quelques peuples celtes, il prit le nom d'Odin, peut-être parceque c'étoit le nom du dieu suprême de ces peuples, dont il se fit sans doute le prêtre et le pontife. Voyez l'*Introduction à l'Histoire de Danemarck*, par M. Mallet.

guerres et de triomphes; si le pont religieux qui offroit un passage dans le ciel à l'homme courageux et
vaillant, et faisoit précipiter l'homme vil et pusilla-
nime « dans la gueule horrible du serpent qui habite
la caverne obscure de la maison de la fumée (1) »; si
les belles Houris qui attendoient le guerrier intrépide après sa mort, dans le palais du plaisir; si
cette foule de délices d'une vie à venir, exprimées
par la brûlante et féconde imagination du prophéte
inspirèrent plus de courage aux Sarrasins que l'a-
mour combiné de la gloire, de la patrie, de la liberté, n'en inspirèrent aux Grecs et aux Romains:
l'Espagnol, le Flibustier, le Celte, le Sarrasin ne
trouvoient pas, dans la passion qui les rendoit si terribles à la guerre, le sentiment qui devoit les rendre
vertueux dans l'intérieur de la cité. Hors du camp,
le héros disparoissoit, et les murs domestiques n'offroient plus que les funestes effets de l'avidité, de
la volupté, de l'absurde superstition. L'histoire de
ces peuples, leur destinée, l'état de leurs mœurs,
sont des preuves incontestables de cette vérité.

On ne peut dire la même chose des Grecs et des
Romains. La passion qui les rendoit héros dans le
camp, en faisoit des hommes vertueux dans la cité;
ils étoient les mêmes en présence de l'ennemi du
dehors et de l'usurpateur du dedans. La disposition

---

(1) L'Éternel, disoit le prophéte, a jeté un pont sur l'abyme des
enfers. Ce pont est plus étroit que le tranchant d'un cimeterre.
Après la résurrection, l'homme courageux le passera avec légèreté
pour s'élever au ciel, et le lâche se précipitera de ce pont dans la
gueule de l'épouvantable serpent qui habite la caverne.

d'esprit étoit semblable, lorsqu'il falloit obéir au consul dans la guerre, au magistrat dans la paix. Le même bras qui attaquoit l'ennemi, sauvoit la vie du citoyen. Dans le sénat, dans la place publique, dans le camp, la même force imprimoit la même direction ; et la même cause qui rendit Camille la terreur des Herniques, des Falisques, des Veïens, des Volsques, des Éques, des Toscans, en fit un illustre censeur, lui mérita dans le sénat le nom de second fondateur de Rome (1), lui fit restituer, dans un siége, les otages avec le traître qui les lui avoit conduits, le porta à s'exiler lui-même, et le fit retourner dans sa patrie pour la délivrer deux fois des attaques des Gaulois.

Si toutes les fortes, si toutes les véritables passions conduisent à de grands effets, elles ne conduisent pas toutes à celui que nous nous proposons, et que doit se proposer un sage législateur. Quelques unes rendront un peuple formidable à la guerre, et non vertueux dans la cité ; lui donneront une prospérité apparente et passagère, et feront succéder à quelques instants d'ivresse une éternelle léthargie : telles sont les passions qui sont fondées sur les prestiges et sur l'erreur ; telles sont celles qui tiennent à l'aveuglement de l'esprit, et non à l'élévation de l'ame, celles qui animent les sectateurs d'Odin et de Mahomet. D'autres passions conduiront aux richesses, aux conquêtes, aux plus hardies entreprises, et non à cette vertu civile qui combine la volonté avec le

---

(1) Voyez Plutarque, *Vie de Camille*, et Aurélius Victor, cap. 23.

devoir, et qui seule peut constituer la félicité humaine; c'est la passion qui animoit les conquérants du Nouveau-Monde, et qui rendoit les Flibustiers indomptables; c'est la cupidité. D'autres passions armeront un peuple contre un autre peuple, produiront des prodiges de valeur et d'intrépidité, créeront des guerriers et des martyrs, et non des citoyens: tel est l'esprit de rivalité entre les nations; tels sont le fanatisme religieux, l'absurde intolérance. D'autres agiront dans un gouvernement, et ne produiront aucun effet dans un autre; tel est l'amour de la liberté dans les républiques. D'autres ne se manifesteront qu'en certains temps, en certaines circonstances; tel est le sentiment de la vengeance d'un peuple contre un autre peuple, pour une insulte particulière; tel est l'espoir de se défendre contre un ennemi redoutable, celui de détrôner un tyran, de chasser un usurpateur. D'autres produiront les plus grands effets dans un individu, et seront sans action chez un peuple; tels sont l'amitié et l'amour. D'autres porteront au crime ou au vice plutôt qu'à la vertu; telles sont l'envie, la haine, et la vanité. D'autres engageront le citoyen à faire ce qu'il doit, mais non à le vouloir, l'éloigneront du crime, sans le conduire à la vertu; telle est la crainte. En un mot, si on réfléchit avec soin sur toutes les passions dont le cœur humain est susceptible, on n'en trouvera que deux qui soient constantes et invariables dans tous les temps et dans toutes les circonstances, dans la guerre et dans la paix, dans la république et dans la monarchie, dans l'individu comme dans le peuple. Ces passions sont l'amour de la patrie et l'amour de la gloire; mais elles ont besoin d'être combinées, soutenues et dirigées par le législateur. La première, source de toutes les vertus sociales, rend la seconde propre à produire les mêmes effets; elles se fortifient et s'aident mutuellement. Lorsque l'amour de la patrie anime la plus grande partie des citoyens, de quel sentiment peut être occupé celui que domine l'amour de la gloire? Le bien public, mesure unique de l'estime générale, devient l'objet de toutes ses pensées et de tous ses efforts. L'ame qui est pénétrée de cette sublime passion, qui est persuadée qu'elle ne peut la satisfaire que par ses travaux pour la patrie, ne la cherchera que dans les actions, que dans les discours qui tendent à ce but. Semblable à ces astres bienfaisants qui répandent la lumière et la vie dans la sphère de leur activité, d'où elles tirent à leur tour leur éternel aliment, son exemple, ses sacrifices, ses triomphes rendront plus énergique et plus actif dans les autres l'amour de la patrie, par le spectacle majestueux de ses vertus qu'il offre à leurs regards, et par la portion de sa gloire qu'il leur communique.

L'histoire de l'Égypte, de la Perse, de la Grèce, de Rome; les annales de tous les peuples célèbres par leurs vertus, et par le bonheur dont elles furent la source, sont une preuve incontestable de cette vérité. Examinons les moyens par lesquels le législateur peut faire naître, combiner, étendre et fortifier ces passions dans la nation qu'il se propose d'instituer.

CHAPITRE XLII.

De l'amour de la patrie, et de l'influence qu'a sur cette passion la sagesse des lois et du gouvernement.

Ne donnons pas le nom d'amour de la patrie à cet amour de la terre natale, qui est un effet des inconvénients des unions civiles, et que l'on peut également retrouver dans la société la plus corrompue, comme dans la plus perfectionnée. Dans l'une et dans l'autre, l'homme ne jouit, pour ainsi dire, des bienfaits de la nature que pendant les premières années de sa vie ; à mesure que ses forces et son esprit se développent, il perd de vue le présent, pour s'occuper de l'avenir. L'âge des plaisirs, ce temps précieux que la nature a destiné aux jouissances, s'écoule dans de vaines spéculations de l'esprit, ou dans les angoisses de l'ame. Agité par la crainte et par l'espérance, maîtrisé par des passions nobles ou viles, le cœur se refuse tout ce qu'il souhaite, se reproche tout ce qui lui est permis, et est également tourmenté par l'usage et par la privation des biens, qui sont l'objet de ses desirs. Courant sans cesse après une félicité imaginaire qui lui échappe toujours, l'homme jette en soupirant un coup-d'œil de regret sur ses premières années, sur ces années où une multitude d'objets nouveaux tenoit son ame dans un sentiment continuel de curiosité et de bonheur. Le souvenir de ces douces jouissances vient se mêler à la sensation présente de ses maux, et embellissant l'image de son berceau, le fait rester dans sa patrie, ou l'y ramène.

Telle est la cause universelle de cet amour de la terre natale, qu'on retrouve dans toutes les espèces de sociétés civiles; mais cette affection est bien différente de l'amour de la patrie dont nous allons parler.

Cette passion est, comme toutes les autres, une modification de l'amour de nous-mêmes; elle peut être dominante et ignorée, sans force chez un peuple, et pleine d'énergie chez un autre : la sagesse des lois et du gouvernement la font naître, la répandent, la fortifient; leur imperfection la détruit ou l'affoiblit.

Pour être convaincu de cette vérité, supposons un peuple institué d'après le système de législation qui forme l'objet de cet ouvrage. La partie politique et économique des lois a concouru à diviser les propriétés, et à multiplier le nombre des propriétaires; elle a détruit ou prévenu les causes qui produisent d'un côté l'excès de l'opulence, de l'autre l'excès de la misère; elle a facilité les mariages, en facilitant les moyens de subsistance; elle a beaucoup diminué le nombre des hommes qui n'ont point de patrie, parcequ'ils n'ont ni propriété, ni famille; elle a aboli ces troupes mercenaires qui ruinent les peuples, et les avilissent en les effrayant; elle leur a substitué ces troupes civiles qui maintiennent la sûreté publique au-dedans et au-dehors, qui protégent l'exercice et non l'abus de l'autorité, et qui rendent tout à-la-fois l'état plus fort, le gouvernement moins arbitraire, les lois plus énergiques, le peuple moins ombrageux, le citoyen plus libre, et la dépendance moins odieuse. Cette partie de la législation, en détruisant les obstacles qui s'opposoient aux progrès de l'agriculture, des arts et du commerce, a accru le bonheur du peuple et la prospérité publique. En rectifiant le système des taxes, elle a fait cesser les vexations, les injustices, les violences et les haines entre ceux qui gouvernent et ceux qui sont gouvernés, et tous les autres maux dont nous souffrons dans l'état actuel des choses. Cette partie du système des lois, relative à la conservation du peuple, a été suivie de celle qui a rapport à sa tranquillité. Une bonne législation criminelle a fondé la liberté civile du peuple sur la sécurité de l'innocence et l'effroi des coupables. Un plan d'institution publique, conforme aux principes que nous avons établis, a fait de tous les citoyens des enfants de la patrie, leur a donné l'éducation du magistrat et de la loi, a détruit ou prévenu leurs erreurs, a diminué l'ignorance, a préparé les moyens de rectifier l'opinion publique, a multiplié et resserré les liens de l'union civile, a rapproché les diverses conditions, et prévenu une grande partie des tristes effets de leur inégalité. En élevant les ames des dernières classes, et prévenant la vanité et l'orgueil des classes supérieures, elle a rendu les unes et les autres capables d'éprouver l'empire des deux passions qu'on veut inspirer; l'exemple, les instructions, les discours des magistrats, et les autres moyens directs et indirects que nous avons indiqués, ont concouru à produire cet effet. L'autre partie de la législation, qui a pour objet l'établissement des connoissances et de l'instruction publique, achevant ce que l'éducation a préparé, a donné au peuple assez de lumières pour lui faire sentir l'avantage inestimable d'appartenir à une patrie, et d'être soumis à des lois qui le rendent heureux. La partie du système législatif relative à la religion, en même temps qu'elle maintient cette force morale utile sous plusieurs rapports à la société, en a détruit les funestes abus, et faisant disparoître la différence absurde qu'on vouloit établir entre les intérêts et les maximes du sacerdoce et de l'empire, elle a dirigé vers le même but les exhortations du prêtre et les décrets du législateur, les préceptes du croyant et les devoirs du citoyen. L'autre partie de la législation, relative à la propriété, substituant la clarté, l'uniformité, et la précision à l'incertitude, à la confusion, aux contradictions des lois qui composent aujourd'hui cette partie du droit, a substitué des sentiments de sécurité, de concorde, de paix, à l'esprit de haine et de dissension qui aujourd'hui tourmente et sépare les citoyens. Les lois relatives à la puissance paternelle et au bon ordre des familles auront porté dans les murs domestiques ces sentiments de bienveillance et d'attachement si nécessaires au bonheur de tous les jours et de tous les instants. La sagesse des lois, combinée avec la forme du gouvernement, aura déterminé avec tant d'exactitude la division des pouvoirs et l'exercice de l'autorité, que

4.   22

nul individu n'aura perdu, par la nature de sa condition, la possibilité d'y participer. L'amour du
pouvoir sera constamment uni à l'amour de la patrie, et le premier sentiment servira toujours à fortifier et maintenir le second (1). Enfin la sagesse du
gouvernement ajoutant un nouveau degré de force à
celle des lois, en maintiendra l'esprit, et préviendra
cette funeste opposition que nous voyons chez tant
de peuples entre la législation et l'administration.

Dans la supposition que nous avons faite, et que
nous avons droit de faire, puisqu'elle n'est autre
chose que l'exécution du système législatif que nous
avons proposé, on voit aisément que l'amour de la
patrie naîtroit de toutes parts chez un tel peuple, et
y acquerroit un très grand degré d'énergie. On voit
que tous les desirs, les intérêts, les espérances du
citoyen se combineroient avec cette passion; la volonté seroit sans cesse unie avec le devoir, et pour

---

(1) Si on me demandoit pourquoi je n'ai pas fait de l'amour de
la patrie plutôt que de l'amour du pouvoir le principe d'activité de
tous les gouvernements, je répondrai ce que j'ai déja dit, que l'amour
du pouvoir existe dans la société, et que celui de la patrie doit y
être introduit; que le législateur ne doit faire autre chose qu'employer l'amour du pouvoir, mais que l'amour de la patrie doit être
d'abord réveillé, ensuite dirigé; que l'amour du pouvoir existe dans
une société corrompue; qu'il n'en est pas de même de l'amour de
la patrie; que le législateur doit se servir de ce principe, qui est
universel, pour introduire une force qui n'est pas universelle. De
même qu'en physique une force qui résulte de l'union de plusieurs
forces concourantes est supérieure à la force de chacune de ses
causes; ainsi l'amour de la patrie, né de la réunion de tant de
forces, seroit supérieur à l'amour du pouvoir qui concourt à la former: l'une auroit toutes les propriétés de la passion; l'autre n'offriroit qu'un desir incapable de résister à la moindre opposition.

porter l'amour de la patrie jusqu'à cet enthousiasme qui est le dernier degré de la passion, il ne faudroit qu'offrir au peuple des exemples fréquents de ces vertus extraordinaires que le législateur doit chercher dans la seconde des deux passions que nous avons choisies comme déterminantes. Cette passion, comme nous l'avons dit, lorsqu'elle anime une partie des individus d'une société où règne l'amour de la patrie, reçoit d'elle une direction utile, lui sert de frein, conduit au même but tous ceux qu'elle domine, communique aux autres, par ses effets, toute son énergie, et produit dans la masse entière du peuple ces prodiges que nous lisons avec étonnement dans l'histoire de quelques peuples, prodiges qui seront toujours regardés comme fabuleux et impossibles par les hommes qui observent les effets sans examiner les causes, et qui, trop étrangers aux grandes passions, ignorent jusqu'où peut aller dans les hommes le fanatisme de la vertu. Le chapitre suivant éclaircira cette vérité.

CHAPITRE XLIII.

Suite du chapitre précédent. Des effets de l'amour de la gloire dans un peuple où règne l'amour de la patrie.

Lorsque, par une cérémonie imposante et terrible, le Romain se dévouoit au salut de la patrie; lorsque dans les calamités publiques, ou les horreurs d'une défaite sanglante, les crédules enfants de Quirinus effrayés par les signes de la vengeance des dieux et de la conjuration des divinités infernales cherchoient la sûreté commune dans le sacrifice d'un seul; lorsque le citoyen illustre, le guerrier ou le consul, ayant à ses côtés le pontife, invoquoit sur sa personne toute l'exécration des dieux, et exécutoit, après la cérémonie, son horrible promesse (1); lorsque Curtius se précipitoit dans le gouffre (2), et que

---

(1) Tite-Live, liv. VIII, chap. 9, fait la description du dévouement de Decius dans la guerre contre les Latins, des effets qu'il produisit, et des solennités qui accompagnèrent cette cérémonie. Je vais rapporter la formule du discours que prononçoit dans cette occasion celui qui se dévouoit, parcequ'il me paroit porter le vrai caractère de la grandeur et de la vertu romaine. « Jane, Jupiter, Mars Pater, Quirine, Bellona, Lares, Divi Novensiles, Dii indigetes, Divi, quorum est potestas nostrorum, hostiumque, Diique Manes, vos precor, veneror, veniam peto feroque, uti populo Romano Quiritium vim victoriamque prosperetis, hostesque populi Romani Quiritium, terrore, formidine, morteque afliciatis. Sicut verbis nuncupavi, ita pro Republicâ Quiritium, exercitu, legionibus, auxiliis populi Romani Quiritium, legiones, auxiliaque hostium, mecum, Diis Manibus, Tellurique devoveo. »

(2) Tit. Liv., lib. VII, cap. 6.

les trois Decius se jetoient au milieu de l'armée ennemie (1), c'étoit peut-être l'amour de la gloire, plutôt que l'amour de la patrie, qui étoit la cause immédiate de ces prodiges. Mais cet amour de la gloire
qui en France portoit Richelieu à envoyer le même
jour prier Corneille de lui céder le *Cid*, et ordonner à ses confesseurs de publier qu'il n'avoit jamais
commis un péché mortel, afin d'avoir l'honneur
d'une égale supériorité à la cour, au consistoire, au
théâtre et à l'autel (2); cet amour de la gloire ne pro-
duisoit dans Rome que les actions nécessaires ou
utiles au salut de la république, parceque, chez un
peuple où régnoit l'amour de la patrie, il n'y avoit
que ces actions qui fussent dignes de l'estime publique et des applaudissements universels.

Tel est le premier effet de l'amour de la gloire
chez un peuple où règne l'amour de la patrie. Un
autre effet naît de celui-là.

La multitude, quoique animée chez un tel peuple
par la passion énergique de l'amour de la patrie, a
besoin cependant de quelques aiguillons, de quelques exemples propres à lui communiquer cette vigueur extraordinaire qui, dans certains cas, est absolument nécessaire au salut de la république, et
qui peut seule la mettre à l'abri de grands dangers,

---

(1) Tit. Liv., lib. VIII, cap. 9, et lib. X, cap. 9. Cicéron attribue
la même gloire au consul Decius, fils du second Decius, qui commandoit l'armée de Rome contre Pyrrhus à la bataille d'Ascoli.

(2) Voyez Dumaurier, *Mémoires pour servir à l'histoire de la Hol-
lande*, article *Grotius*. C'est une chose bien extraordinaire de voir
le cardinal de Richelieu briguer avec tant d'ardeur la gloire de la
canonisation.

ou la soustraire à l'action des événements imprévus.

Lorsque, par un effet de l'amour dominant de la patrie, celui de la gloire ne peut produire que des prodiges de vertu patriotique, ces exemples sont ordinairement offerts par ceux qu'agite et tourmente la plus forte de toutes les passions, l'amour de la gloire. Scevola, Curtius, Regulus, les trois Decius, avides de la gloire, la cherchent dans les tourments et dans la mort pour le salut commun. Le peuple n'observe pas la cause, mais il voit les effets. L'enthousiasme de l'individu se communique à la multitude. Une passion se fortifie de l'énergie de l'autre. Le peuple court où le héros l'appelle; et ce que l'amour de la gloire a produit dans un seul, l'amour de la patrie le produit ensuite dans une nation tout entière, parcequ'elle n'avoit besoin que d'un exemple pour sentir jusqu'à quel degré de force peut s'élever la vertu. L'histoire nous offre des preuves innombrables de cette vérité.

Chaque page de Tite-Live, de Plutarque, etc., est remplie de traits de ce genre. Méditons-les pour bien sentir les heureux effets de l'amour de la gloire chez un peuple où règne l'amour de la patrie, pour apprécier l'énergie que l'un reçoit de l'autre; pour montrer au législateur combien il importe de faire naître, d'établir et de fortifier cette passion de l'amour de la gloire, la plus sublime de toutes, et la plus généralement inconnue aux hommes. Les moyens que la législation doit employer seront l'objet du chapitre suivant.

CHAPITRE XLIV.

Des moyens que la législation doit employer pour faire naître,
établir, et fortifier la passion de la gloire.

Comme toutes les parties d'une bonne législation se prêtent un secours mutuel; comme chacun
de ses effets est toujours le résultat du concours de
plusieurs causes, dont la plus immédiate ne fait
que donner la dernière impression ; ceux qui ignorent cette dépendance, cette action secrète, ou qui
ne la comprennent pas, bornant leur observation à
la dernière cause, à la plus immédiate, à la plus
apparente, sont surpris de voir la petitesse du moyen
et la grandeur de l'effet; et ils trouvent sans cesse
prodigieux et impossible ce qui n'est que commun
ou nécessaire : ils attachent l'idée de prodige à un
fait très simple, et celle d'impossibilité à des idées
qu'ils appellent des rêves platoniques, de vaines et
obscures spéculations d'une philosophie insensée.
Ce langage fut autrefois celui de l'ignorance des
forces de la nature et de leur concours. Nos barbares
aïeux trouvoient par-tout des miracles et des magi-
ciens; et, aveuglés par une égale injustice, ils portoient dans le même temps quelques hommes sur
les autels, et d'autres au bûcher ou au pilori.

Sans doute ils ne seroient pas tombés dans de si
déplorables erreurs, s'ils eussent été instruits que

l'auteur de la nature produit tout par le concours des causes et des forces; que ce qu'on croit être la cause absolue d'un effet, n'en est que la cause la plus immédiate et la plus apparente; qu'un nombre immense d'autres causes concourent avec son action; et que de la même manière que plusieurs petites forces réunies composent une grande force, ainsi le moyen qui, isolé, seroit trop foible pour produire cet effet, devient très efficace lorsqu'il est joint à plusieurs autres moyens, à plusieurs autres causes, à plusieurs autres forces.

La nature produit les plus grands effets par les plus petites causes; mais de quelle manière? **En détruisant l'équilibre.** Un demi-grain peut faire passer du repos au mouvement deux masses d'un poids énorme, lorsque le repos dépendoit de l'équilibre; le demi-grain l'a détruit. Mais l'action du demi-grain auroit-elle produit cet effet sans l'action de la masse entière à laquelle elle a été jointe? La seule action du demi-grain frappe les yeux vulgaires; celle de la gravité de la masse entière reste ignorée. Voilà la source du merveilleux, du prodigieux, de l'impossible, de ces jugements si communs dans la bouche de l'homme ignorant et léger, si rares dans celle de l'homme sage et instruit.

Les moyens que je proposerai ici pour faire naître, établir, fortifier l'amour de la gloire, ne seront autre chose que les causes les plus immédiates, les plus apparentes de cet effet; mais elles supposent le concours d'une foule d'autres causes, forces et moyens qui résultent de tout l'ensemble du système de législation qui est l'objet de cet ouvrage. Elles supposent la destruction de tous les maux, et la réforme de tous les abus qui avilissent, dégradent, oppriment une partie du peuple, et rendent l'autre orgueilleuse et insolente; qui font naître et perpétuent d'un côté l'excès de la misère, de l'autre, l'excès de l'opulence; qui soumettent la masse entière d'une société à tous les délires de la tyrannie, et enhardissent quelques individus aux actes de violence les plus coupables. Elles supposent l'existence énergique et durable de ces lois qui, multipliant et facilitant les moyens de subsistance, ouvrent le cœur de chaque citoyen à tous les sentiments que repoussent la misère et l'oppression; de ces lois qui, plaçant les forces individuelles de tous les membres de la société sous la dépendance commune de la force publique, établissent l'égalité de liberté civile, sans détruire l'inégalité des conditions. Elles supposent enfin les dispositions que nous avons indiquées dans ce plan d'éducation publique, pour vaincre les obstacles et favoriser l'établissement des deux passions déterminantes dont on a parlé. Toutes ces causes, et celles qui y sont attachées, doivent concourir avec celles que je vais proposer, si on veut obtenir l'effet qu'on desire.

Voyons maintenant quels sont les moyens qu'on doit simplement considérer comme les causes dernières, immédiates et directes, dans cette foule de causes nécessaires pour faire naître, établir et fortifier l'amour de la gloire. On ne sera pas surpris de me voir parler d'abord d'une chose dont nos lois ne parlent pas, d'un moyen dont les gouvernements modernes ne font pas d'usage, ou dont ils abusent; des honneurs et des récompenses.

Nos gouvernements n'ont point aperçu le rapport qui existe entre ce moyen et la fin que nous nous proposons; ils l'ont négligé, et ils devoient le faire. Dans l'absence de toutes les causes dont j'ai parlé, quel effet auroient-ils pu obtenir de cette cause toute seule? Ils devoient donc abandonner le moyen, ou l'appliquer à un autre usage. C'est ce qu'ils ont fait. Ils accordent des honneurs, ils distribuent des ré-compenses; mais ni les uns, ni les autres n'ont le moindre rapport avec la passion à laquelle nous voulons les faire servir. Ils emploient l'argent pour récompenser le mérite, et les honneurs pour déco-rer la naissance, les conditions, les emplois; ils ali-mentent la cupidité et la vanité, seules passions qui malheureusement régnent parmi nous, et qui puis-sent régner au milieu des vices de nos lois et des erreurs de la politique moderne. Mais comment ex-citent-ils la passion de la gloire?

Il faut donc recourir aux siècles antiques, si l'on veut connoître le rapport qui existe entre ce moyen et la fin pour laquelle il doit être employé. Il faut consulter les histoires de ces peuples chez qui la pas-sion de la gloire a eu le plus de force et d'étendue, pour en voir l'usage, en sentir la puissance, en dé-terminer les règles. C'est dans la patrie des Miltiade et des Aristide; c'est dans celle des Camille et des Fabius; c'est sur ce théâtre de la gloire et des im-mortelles vertus que nous devons porter nos regards. L'antiquité nous offriroit peut-être d'autres peuples chez qui nous pourrions trouver les mêmes lumières, mais les mœurs et les lois des premiers nous étant mieux connues, c'est à eux qu'il faut s'arrêter de préférence.

Malgré toutes les causes qui, à Athènes et dans Rome, concouroient à élever les ames et à inspirer l'amour de la gloire, les législateurs de ces deux républiques sentirent également combien les honneurs et les récompenses avoient de pouvoir pour soutenir, fortifier et étendre cette passion sublime : ils sentirent que, pour rendre plus énergique et plus commun l'amour de la gloire, il fallait en quelque sorte le personnifier, revêtir d'une forme matérielle et sensible cet être moral, et donner à l'opinion publique des signes qui en exprimassent les suffrages, qui indiquassent les divers degrés d'estime et d'applaudissement, qui fussent capables de prévenir tout sentiment d'incertitude et de doute, soit par rapport à celui qui avoit mérité ce prix de l'opinion publique, soit par rapport à ceux qui le distribuoient (1). Telle est l'origine, tel est l'ancien et véritable usage des honneurs et des récompenses. Ils étoient les signes de l'admiration publique ; ils étoient en quelque sorte les trophées de l'estime publique qu'on avoit conquise ; ils étoient le spectacle

______

(1) Une ancienne loi d'Athènes, parlant des couronnes et du motif qui les faisoit accorder, indique cette idée d'une manière très expresse, « afin, dit-elle, que ceux qui les obtenoient fussent contents de l'opinion de leur patrie. » Potter, *Archæolog. græc.*, lib. I, cap. 25.

que la raison offroit aux sens pour émouvoir les cœurs. C'est sous cet aspect qu'ils furent considérés par les sages législateurs de ces peuples : alors le rapport entre les moyens et la fin fut exact; et la manière dont ils s'en servirent fut très judicieuse.

Un coup d'œil rapide sur cette partie de leurs lois nous montrera les principes qui les dirigèrent, et nous fera par conséquent trouver ceux qui devroient diriger des législateurs déterminés à parvenir au même but par les mêmes moyens.

1° L'argent ne fut jamais un objet de récompense, ni à Athènes, ni à Rome. Les tables du Prytanée ne pouvoient pas certainement être regardées comme une exception à cette régle (1); elles étoient une distinction honorable, non une récompense lucrative. La frugalité qui y régnoit (2), et l'importance qu'attachoient à cet honneur les hommes les plus riches de la république (3) ne permettent pas d'en douter.

---

(1) C'étoit le droit de participer aux repas que la république préparoit dans le Prytanée pour ceux qui avoient bien mérité d'elle. Ceux qui s'étoient distingués dans les ambassades avoient un droit particulier à cet honneur.

(2) « Solon autem, iis qui in Prytanæo alebantur, placentam præbere jubet, panem verò diebus festis apponere, etc. » Athæn. *Deipnosoph.*, lib. IV.

(3) Les descendants d'Hippocrate, d'Armodius et d'Aristogiton jouissoient de cette distinction. Démosthène et ses parents, qui, à cause de lui, y furent admis, s'en glorifioient. Voyez Plutarque, *Vie de Démosthène*. On sait quelle fut la richesse de Démosthène; sa seule contribution pour le rétablissement des murs d'Athènes, qui fut la cause de sa célèbre harangue *pro coronâ*, suffit pour le faire mettre au nombre des plus riches citoyens d'Athènes.

Les législateurs de ces peuples sentirent donc que la vertu ne s'achéte pas, mais qu'on l'honore; que la récompense du serviteur et de l'esclave ne doit pas être la même que celle du citoyen et du héros; que l'homme qui aime la gloire ne desire pas les richesses, mais les distinctions et les applaudissements; que tout ce qui accroît sa fortune ne fait que le mettre au niveau des hommes plus riches que lui, sans le distinguer d'eux; que pour inspirer, étendre, et fortifier l'amour de la gloire, il faut nourrir cette passion, et non celle qui lui est le plus contraire; que les récompenses pécuniaires deviennent une charge publique; qu'elles doivent cesser lorsque le poids en devient supérieur aux forces qui doivent le supporter; qu'elles empêchent de parvenir au but qu'on se propose; qu'elles détruisent même le moyen par l'usage qu'elles en font; qu'enfin, tandis qu'elles ne servent qu'à faire naître le vice et l'ingratitude, les honneurs ont le double avantage d'élever les âmes, d'émouvoir les cœurs, parceque, lorsque le bienfait produit la gloire, celui qui le reçoit s'efforce de le faire paroître encore plus grand par la grandeur même de la reconnoissance.

2° La loi prescrivoit la récompense; les hommes ne faisoient que l'accorder d'après ses décrets (1).

---

(1) Voyez la célèbre harangue d'Eschyne contre le décret rendu pour la couronne de Démosthène. A Rome, l'espéce des couronnes destinées aux différentes sortes de mérite étoit déterminée par la loi, non par le caprice des hommes. Celui qui avoit vaincu des ennemis peu dignes de la valeur romaine pouvoit aspirer à l'honneur de l'*ovation*, et non à celui du *grand triomphe*, c'est-à-dire à la cou-

Les législateurs sentirent donc qu'il falloit donner un but constant et déterminé à la passion qu'on vouloit faire naître; ils sentirent qu'il ne falloit pas abandonner la distribution des honneurs et des récompenses à l'incertitude et aux caprices; que sans l'intervention de la loi, le bruit d'une action plus brillante qu'utile pouvoit, dans un moment d'admiration aveugle, produire un très grand mal, c'est-à-dire détruire cette proportion aussi nécessaire entre les vertus et les récompenses, qu'entre les délits et les peines; car toute injustice exercée contre la vertu est moins contraire à l'objet que doivent produire les récompenses, que la partialité en faveur de la médiocrité. La ciguë donnée à Socrate fut moins funeste que la statue élevée à Phryné (1).

3° Il y avoit un grand nombre d'espéces d'honneurs et de récompenses (2). La grandeur du mé-

---

ronne *ovale*, et non à la couronne *triomphale*. Celui qui pouvoit obtenir la couronne *rostrale* ne pouvoit obtenir pour la même espéce d'action la couronne *castrense* ou la couronne *murale*, et celui qui obtenoit l'une ou l'autre ne pouvoit avoir au lieu de celle-là la couronne *civique* ou la couronne *obsidionale*. Il falloit reculer les bornes de la république, ou laisser au moins cinq mille hommes tués sur le champ de bataille, pour jouir de l'honneur du grand triomphe. Tout, en un mot, étoit prescrit par la loi; l'armée, le consul, le sénat ne faisoient qu'en exécuter les ordres.

(1) On sait que cette célébre courtisane fut honorée après sa mort d'une statue d'or, qu'on plaça dans le temple de Delphes entre les statues de deux rois.

(2) Les anciens écrivains nous en ont conservé les détails, quoique le temps en ait fait disparoître un grand nombre. On connoît l'espéce de prix qui consistoit à Athènes à occuper la première place dans les spectacles publics, dans les festins, dans les assemblées, et imposoit aux personnes qui se trouvoient dans ces lieux l'obli-

rite détermina d'abord la valeur de la récompense,
et celle-ci indiqua ensuite la grandeur du mérite.
Par ce moyen, on établit une juste proportion entre
les vertus et les récompenses ; et sans restreindre l'u-
sage de cette monnoie précieuse, on empêcha qu'elle
ne s'avilît. S'il y avoit beaucoup d'hommes honorés
et récompensés, il y en avoit peu qui eussent part
au même honneur, à la même récompense. La passion de la gloire étoit souvent excitée, et l'étoit par
des ressorts qui ne s'affoiblissoient jamais.

4° Une grande solennité accompagnoit toujours
l'honneur et la récompense, sage disposition qui a
le rapport le plus immédiat et le plus direct avec la
fin pour laquelle on emploie ce moyen. En ce genre
de choses, le spectacle est également utile et à celui qui en est l'objet, et à celui qui le considère.
L'amour de la gloire se fortifie dans l'ame de l'un,
et s'éveille dans l'ame de l'autre.

---

gation de se lever et de céder leur place. Voyez Aristoph. *in Equitib.*,
et son scoliaste. On connoît l'espéce d'honneur dont jouissoit un
citoyen à qui l'on érigeoit une statue, ou dont on plaçoit l'image
dans un des lieux publics de l'antiquité. Demosth., *De fals. legat.*
On sait quel étoit le prix de la couronne à Athènes, et les deux
plus beaux morceaux de l'éloquence grecque nous en instruisent
assez. Esch. *in Ctesiphont.* et Demosth. *Pro coroná.* Nous avons
parlé des tables publiques du Prytanée. Il y avoit encore plusieurs
autres espéces de récompenses militaires ; telles étoient les couronnes avec l'inscription du nom et des actions glorieuses de ceux
qui les avoient méritées ; telles étoient les colonnes et les statues
où étoient décrites les victoires remportées par le général à qui on
accordoit un si rare honneur, et une foule d'autres qu'on peut voir
dans Potter, *Archæolog. grec.*, lib. III, cap. 13. Je ne parle pas des
différentes espéces d'honneurs et de récompenses des Romains,
parceque tous ces objets sont assez connus.

5° Chez l'un et l'autre peuple, il y avoit des honneurs et des récompenses après la vie. Leurs législateurs sentirent que la mort, qui sépare l'homme de tous les êtres qui ont existé près de lui, peut être considérée sous un autre aspect par l'homme que domine et dirige cette passion. En effet, abréger le cours de son existence en faveur de la patrie, c'étoit, pour l'Athénien et le Romain, la même chose que prolonger la durée de sa propre gloire. La loi de Solon, qui défendoit d'écrire le nom des morts sur le tombeau, et exceptoit de cette prohibition l'homme qui avoit péri pour la défense de la patrie (1); les autres lois qui prescrivoient les pompes funébres relatives à cette circonstance (2); les deux lois des douze tables concernant cet objet (3),

---

(1) Elle en exceptoit encore les femmes qui mouroient en couches. Voyez Plutarque, *Vie de Solon.* Il sembloit que ce législateur eût considéré comme mortes pour le salut de la patrie les femmes qui mouroient pour lui donner des citoyens.

(2) Voyez Potter, *Archæolog. græc.*, lib. IV, cap. 8, dans l'endroit où il parle des honneurs funébres qu'on rendoit à Athènes à ceux qui étoient morts pour la défense de la patrie. Les trois discours funébres, l'un de Périclès, rapporté par Thucydide; l'autre de Démosthène, en mémoire de ceux qui périrent dans la bataille de Chéronée; et l'autre, que Platon fait prononcer par Aspasie dans son Ménexène, nous donnent une très grande idée de cette espèce d'honneurs.

(3) Ces deux lois sont rapportées par Cicéron; l'une dans le second, l'autre dans le troisième livre du traité *De legibus:* la première ordonnoit que ceux qui seroient morts pour la défense de la patrie seroient exceptés de la loi générale, qui défendoit d'ôter un membre du corps d'un homme mort pour lui faire de nouvelles funérailles; la seconde ordonnoit que l'on chantât publiquement dans les funérailles les louanges de ceux qui s'étoient distingués

toutes ces dispositions étoient destinées à créer pour le citoyen des espérances de gloire au-delà de la vie.

6° Toutes les espéces de mérite et de vertus ne portoient pas avec elles leur récompense. A Athènes, le magistrat qui se distinguoit par quelque heureuse entreprise pendant sa magistrature étoit ensuite couronné (1): mais à Rome la même loi n'existoit pas; et quelques espéces de mérite qui étoient récompensées à Rome ne l'étoient pas à Athènes. Malgré cela, les vertus qu'on récompensoit à Rome étoient aussi communes à Athènes que celles d'Athènes l'étoient à Rome. Quel est donc le principe que suppose ce fait?

---

par leur zèle pour la patrie, ou qui étoient morts pour sa défense. Elle y ajoutoit l'honneur de ces chansons lugubres appelées *neniæ*, qui étoient exécutées au son de la flûte. Cicéron, dans son traité *De claris oratoribus*, cite un passage de Caton, qui, dans ses Origines, parloit de quelques morceaux qu'on avoit coutume de chanter dans les repas, au commencement de la république, en l'honneur des citoyens illustres. « Utinam extarent, dit-il, illa carmina, quæ multis sæculis ante suam ætatem in epulis esse cantitata à singulis convivis, de clarorum virorum laudibus, in Originibus scriptum reliquit Cato! » On est fondé à croire que cet honneur étoit encore réglé et prescrit par la loi. Il n'est pas possible d'en douter quant à ce qui regarde les éloges funèbres. Nous lisons dans Denys d'Halicarnasse que le fils d'Appius eut besoin de l'ordre du consul et des tribuns pour prononcer l'éloge de son père en présence du peuple; et Dion Cassius, parlant d'un Romain illustre, dit que le sénat après sa mort décréta pour lui une statue, et l'honneur d'un éloge public. Dans les beaux temps de la république, c'étoit une récompense que la loi promettoit et que le magistrat accordoit à celui qui avoit bien mérité de la patrie. Dans la suite, ce ne fut plus qu'un hommage de vanité que l'adulation offrit au pouvoir et aux richesses, et qui ne servit, comme dit Cicéron, qu'à embarrasser et obscurcir l'histoire. Cicéron, ibid.

(1) Après qu'il avoit rendu ses comptes. Eschin. *in Ctesiphont.*

L'observation que nous venons de faire prouve incontestablement que les législateurs de ces peuples ont connu l'importante vérité qui a été établie ci-dessus; c'est-à-dire que dans un pays où règne la passion de l'amour de la patrie, il suffit d'inspirer celle de la gloire pour que celle-ci reçoive de l'autre sa direction, et que le véritable objet des récompenses n'est que de faciliter le développement de cette passion. Ces législateurs sentirent qu'il ne falloit pas chercher dans les récompenses un prix de la vertu, mais un aliment de la gloire. Lorsqu'ils étoient arrivés à ce but, ils avoient tout obtenu du moyen dont ils s'étoient servis. Les vertus que la loi ne récompensoit pas étoient récompensées par l'opinion. Lorsque la passion de la gloire les faisoit naître, la gloire qu'elles procuroient en étoit le prix. Il suffisoit donc de récompenser une partie des vertus pour contribuer à l'existence de l'autre, parcequ'il suffisoit de nourrir, de fortifier, d'étendre la passion de la gloire, pour obtenir toutes les vertus qui naissent de cette passion. La statue de Miltiade contribua peut-être autant aux vertus de Socrate qu'à celles de Thémistocle.

Que le législateur ne croie donc pas être obligé de récompenser toutes les vertus; que l'exemple des peuples chez lesquels ce moyen fut employé avec tant de sagesse et de succès l'encourage et le dirige; qu'il suive les principes que nous avons découverts en méditant sur les lois de ces peuples, et qu'il ne doute pas de leurs effets. C'est ainsi qu'il donnera à la passion de la gloire toute l'étendue et l'énergie qu'elle doit avoir.

¡CHAPITRE XLV.

Continuation du même sujet.

Ouvrons de nouveau les fastes de la gloire; retournons à l'histoire et aux lois de ces peuples chez qui cette passion a acquis le plus de force et d'étendue, et ne rejetons pas ces précieux dépôts de la sagesse antique sans en avoir emprunté tous les moyens qui conduisent à la fin que nous nous proposons, et qui, avec quelques modifications, pourront être employés dans tous les temps, chez tous les peuples, et sous toutes les formes de gouvernement. Le système des anciens spectacles va nous donner des lumières sur le sujet dont il est ici question.

Les spectacles ne furent pas chez les anciens, comme ils le sont chez nous, de foibles sources de plaisir, des remèdes contre l'ennui, des aliments du vice et de la mollesse. La force du corps, qui a une si grande influence sur celle de l'ame, l'adresse, l'agilité, l'énergie, le courage, n'étoient pas les seuls avantages que l'on combinât avec le plaisir dans les exercices de la Grèce et de Rome, et dans les spectacles auxquels on les faisoit servir. La passion de la gloire étoit nourrie et fortifiée dans ces spectacles, où Socrate se faisoit un devoir de paroître, où Platon trouvoit une si grande utilité (1), et Tigrane de

----

(1) *Dialog. 8 de legibus.*

si fortes raisons de redouter l'ennemi qu'il avoit à combattre (1), où Alcibiade obtint trois prix (2), où Caton se préparoit dans sa jeunesse à devenir ce qu'on le vit dans un âge avancé (3).

Les couronnes d'olivier, de laurier, d'herbe séche ou verte, qu'on donnoit aux vainqueurs des différents jeux dans la Grèce (4); les prix à peu près semblables qu'on décernoit à Rome pour le même objet, préparoient à ceux qu'on obtenoit ensuite par la vertu et les talents. La même passion qui faisoit mériter les uns rendoit digne d'obtenir les autres. Dans le cirque et dans le camp, dans le gymnase et sur la place publique, les sacrifices étoient différents, mais ils avoient pour objet la même divinité.

Le motif qui avoit donné naissance à ces divers spectacles, et en régloit le retour périodique, avoit

____

(1) Ce général des troupes de Xerxès, ayant vu à quoi se réduisoit le prix du vainqueur dans ces jeux, se tourna vers Mardonius qui commandoit l'armée, et dit : « O ciel! quels hommes nous allons combattre! Insensibles à l'intérêt, ils ne se battent que pour la gloire, et ne connoissent nulle autre passion. » Hérodote, liv. VIII, n° 26.

(2) Il remporta le premier, le second, et le quatrième prix à la course dans les jeux olympiques. Voyez Athénée, dans l'endroit où il parle de la magnificence de l'athlète Leophron.

(3) Lorsque Sylla ordonna le tournoi sacré des jeunes gens, il nomma Sestus, neveu du grand Pompée, l'un des capitaines des deux bandes. Tous les jeunes gens déclarèrent qu'ils n'iroient pas à la course. Sylla leur laissa le choix du capitaine, et ils nommèrent Caton. Sestus lui-même lui céda cet honneur, comme à un homme qui en étoit plus digne que lui. Quelle foule de réflexions fait naître ce seul fait!

(4) Voyez les Odes de Pindare.

été souvent de rappeler et de perpétuer la gloire des citoyens qui avoient rendu quelque grand service à la patrie, soit en ajoutant à sa prospérité, soit en empêchant sa ruine.

En voyant les athlètes dans les jeux *éleuthères* ou *de la liberté* (1), les spectateurs contemploient en même temps la gloire des héros qui avoient vaincu à Platée, les talents, les vertus, la valeur de Pausanias et d'Aristide, le sang des citoyens versé sur le champ de bataille pour le salut de la patrie. Les louanges d'Harmodius et d'Aristogiton étoient un sujet de récompense dans les luttes musicales et poétiques instituées par Périclès dans les panathénées d'Athènes (2). On y ajouta ensuite celles de Trasybule pour récompenser la même vertu par le même honneur (3). Les *jeux honoraires* des Romains n'étoient appelés ainsi qu'à cause de leur objet; ils servoient à honorer ceux qui avoient rendu à la patrie quelque service important.

Les *jeux populaires* étoient destinés à rappeler l'expulsion des rois et la vertu de Brutus (4). Le quatrième jour des *grands jeux* perpétuoit la gloire de Camille, qui avoit réconcilié le sénat et le peuple (5). Les *jeux capitolins* en faisoient encore mieux sou-

---

(1) Pausanias *in Bœoticis.*

(2) Meursius, *Græcia feriata.*

(3) Idem, ibidem.

(4) Rosin., *Antiquit. rom.*, lib. III, cap. 20; Pitisc., *Lexicon antiquit. roman.*

(5) Dans cette occasion, les jeux appelés *magni*, qui duroient trois jours, furent changés en jeux *maximi*, dont la durée étoit de quatre jours. Tite-Live, liv. V.

venir (1). Ceux de *Castor* et de *Pollux* rappeloient les dangers où Rome avoit été exposée lorsque, pour l'en délivrer, Posthumius fut revêtu de la dictature (2). On sait enfin combien les *jeux triomphaux* concouroient au but que s'étoient proposé ceux qui les avoient institués.

C'est ainsi qu'une foule d'idées différentes se trouvoient associées chez ces peuples par la sagesse des lois, pour réveiller continuellement celles qui avoient pour objet la passion qu'on vouloit exciter ; c'est ainsi que de sages législateurs trouvèrent dans les plaisirs mêmes tant de moyens d'exciter, d'étendre et de fortifier la passion qu'ils vouloient établir dans leurs sociétés ; c'est ainsi que, donnant aux spectacles un caractère d'utilité générale, ils en firent pour les hommes une source d'affections nobles et fortes, et empêchèrent qu'ils ne devinssent une source de plaisirs dangereux ; enfin c'est ainsi qu'ils surent se servir de l'instinct qui porte les jeunes gens à l'action et au plaisir, pour leur donner les habitudes de l'ordre, de la fatigue, de la force du corps, de l'énergie de l'ame, de l'enthousiasme de la gloire, et les préserver de l'oisiveté, de l'ennui, de la frivolité, et des vices qui détruisent les passions grandes et utiles.

Que pourrons-nous comparer à ces sortes de plai-

---

(1) Ils rappeloient l'irruption des Gaulois et le siége du Capitole délivré par Camille, qui, comme l'on sait, mérita le nom de second fondateur de Rome. Tite-Live, liv. V.

(2) Voyez Hospinien, *De origine festorum*, et Pitisc., *Lexicon antiquit. roman*

sirs? quel usage nos lois font-elles d'un tel moyen?
quelle en est la nature, quels en sont les effets chez
les peuples modernes de l'Europe?

Ah! cet examen seroit trop affligeant, ce paral-
léle seroit trop peu honorable pour nous; mais c'est
nos modernes faiseurs de lois qu'il en faut accuser,
et non les peuples qui en sont les victimes. Que
pourrions-nous être en effet, lorsque les lois ne
nous permettent pas d'être autre chose que ce que
nous sommes? N'avons-nous pas fait sans leur secours tout ce que nous pouvions faire? Qui a ré-
formé notre théâtre? qui nous a appris à lutter avec
les anciens dans la tragédie, à être supérieurs à eux
dans la comédie? quelle loi a dicté les chefs-d'œuvre
de Racine, de Corneille, de Maffei, de Voltaire?
quelle loi nous a invités à mettre la vertu sur le
théâtre, pour en faire l'objet de la gloire ou de l'a-
mour, pour la montrer toujours grande et toujours
forte, même dans sa dépression? quelle loi nous a
inspiré de l'aversion et du mépris pour le jeu, la
débauche, l'intrigue, la galanterie, la mauvaise foi,
l'hypocrisie, la fausse amitié, la perfidie? quelle
loi nous a fait employer avec tant de succès l'arme
puissante du ridicule contre le préjugé, l'ignorance,
la frivolité, la vanité? enfin par quelle loi avons-
nous employé la tragédie à montrer aux rois et à
leurs conseils les effets épouvantables de l'ambition
et du fanatisme, de la foiblesse et de la cruauté,
de l'autorité arbitraire du monarque et de la servitude des peuples, des délires de l'un et des vengeances de l'autre? Ce qui prouve que tous nos re-

proches à cet égard doivent tomber sur les lois, ce sont les obstacles qu'elles opposent à nos efforts. Dans le même temps où notre théâtre pourroit offrir constamment des exemples de vertu et de bon goût, ne souffrent-elles pas qu'il soit souvent souillé par le vice et l'ignorance? Tandis que des hommes de génie s'efforcent, en unissant le talent du poëte à celui du musicien, de réveiller par cette combinaison de grandes et nobles affections, les lois n'autorisent-elles pas sur nos théâtres une espéce de drame et une musique dont l'unique objet est de faire rire par des scènes de grossièreté et d'obscénités qui, applaudies sur le théâtre, deviennent bientôt des habitudes du peuple? Tandis que le génie élevé de quelques poëtes offre aux regards du public les vertus de Scipion, de Régulus, de Caton, de Brutus, les lois ne traitent-elles pas comme infames les hommes qui doivent les représenter? ne sont-ce pas elles qui, les dévouant à une absurde et dangereuse ignominie, les forcent ainsi très souvent de la mériter? car une fausse accusation a produit plus d'une fois de véritables délits (1).

Quel effet peuvent produire les plaintes vertueuses de Caton et les discours énergiques de Brutus dans la bouche d'un homme à qui la loi défend de

(1) Cette raison doit rendre encore plus respectables aux yeux des sages les hommes qui ont su de cet état d'abjection s'élever aux plus sublimes vertus. Le théâtre nous a offert et nous offre chaque jour des personnes dignes de la plus grande estime, non seulement pour leurs talents, mais pour leurs vertus et l'élévation de leur caractère.

rendre témoignage, ou dont la voix altérée par une honteuse mutilation nous fait douter, lorsque nous l'entendons, si c'est nos oreilles ou nos yeux qui nous trompent? quel effet peuvent produire les maximes d'une Lucrèce qui d'un lieu de débauche a passé sur la scène, et a déja partagé d'avance les heures du reste de la nuit entre les admirateurs de ses hautes vertus? Le théâtre, que des hommes de génie ont tâché de ramener à sa première origine, dont ils ont voulu faire de nouveau l'école de la vertu et la source de la gloire, n'est-il pas devenu, par les fausses vues et le coupable oubli de nos législateurs, l'asile de la dépravation et des vices? la corruption de nos épouses et de nos filles n'est-elle pas l'ouvrage de la corruption de cette foule d'hommes qu'ont pervertis les femmes de théâtre? leurs graces étudiées, leur imagination voluptueuse, leur dissimulation, leur impudence, ont dû trouver des imitatrices dès qu'elles ont eu des adorateurs. Le génie qui s'efforçoit d'élever au théâtre, sur les ruines du vice, les trophées de la vertu, est devenu par un effet de ces lois la cause innocente d'un triomphe contraire.

C'est ainsi que notre législation, loin de profiter des avantages des spectacles anciens, a empêché les bons effets que pouvoient produire les spectacles modernes. Les uns et les autres pourroient être utiles à la passion que nous voulons exciter, si la législation les dirigeoit vers ce but, et les faisoit concourir à cet objet avec les autres causes dont j'ai parlé. Pour y parvenir, elle devroit remédier aux in-

convénients qui existoient dans les spectacles anciens (1), et à ceux que les lois ont introduits dans
les spectacles modernes; elle devroit modifier l'ancienne gymnastique, et purifier le théâtre moderne;
elle devroit proscrire de l'une l'indécence et la férocité (2), et de l'autre la frivolité, la séduction, la débauche. Elle devroit imiter la législation ancienne,
en offrant à la jeunesse des plaisirs et des exercices
propres à fortifier le corps et l'esprit, et en établissant pour ces exercices des prix qui excitassent l'a-
mour de la gloire; mais le choix de ces exercices
devroit être réglé par la nature des temps et des
lieux, et par le grand principe de la convenance (3).

Elle devroit donner à ces exercices une certaine

---

(1) On connoît les obscénités qui s'introduisirent dans les jeux
floraux de Rome. La sixième satire de Juvénal en offre une peinture horrible. Voyez encore Valère Maxime, liv. VI, chap. 10; et
Sénèque, épît. 97.

(2) On voit bien que je veux parler ici de la nudité des athlètes
dans la Grèce, et des combats des gladiateurs chez les Romains.
L'une souilloit aux yeux du sage l'auguste majesté de ces jeux, où
cet abus s'introduisit fort tard, selon Thucydide, c'est-à-dire à la
87e olympiade; les autres, nés de la grossière superstition qui faisoit honorer par le sang humain la mémoire des morts, ne méritoient pas certainement de faire partie de ces spectacles où la passion
de la gloire conduisoit dans l'arène de libres et vertueux citoyens.
Mais il n'y a pas malheureusement une seule institution humaine
qui ne soit altérée par quelque imperfection.

(3) Cet ordre de choses seroit d'autant plus facile à exécuter, que
la jeunesse auroit déja, d'après notre plan d'éducation publique,
acquis l'habitude et le goût de cette espèce de plaisirs et d'exercices, et qu'elle seroit bien aise de les continuer dans les années qui
succèdent à l'émancipation, et qui exigent, comme on a dit, une
seconde éducation.

variété, et une mesure qui en augmentât la jouissance et en prévînt la triste satiété. Elle devroit les
soumettre à des régles inflexibles, pour en empêcher l'altération, et pour faire aimer par le plaisir
l'exactitude de la discipline. Elle devroit, par ces
exercices, instituer des spectacles, et par ces spectacles rappeler les vertus et la gloire des grands citoyens.

Elle feroit servir le théâtre à inspirer l'amour de
la gloire, en dirigeant l'opinion publique dans la
distribution de l'éloge et du blâme, et en célébrant
les actions des hommes illustres. Elle y introduiroit
cette espéce de musique dont Platon regardoit le
changement comme une des causes de la décadence
de sa patrie (1). Pour faciliter et multiplier les effets
d'un théâtre dirigé d'après ces principes, il faudroit
en ouvrir l'entrée à chaque citoyen. Il ne faudroit
pas placer une porte vénale entre le peuple et les
leçons de la vertu; il ne faudroit pas seulement détruire l'infamie de ces hommes que la raison doit
regarder comme les prêtres de la gloire; il ne faudroit pas seulement rendre les acteurs citoyens: il
faudroit encore, comme à Athènes, que les citoyens
pussent devenir acteurs (2). De cette manière, outre

---

(1) Voyez son Traité des lois.

(2) Démosthène nous a conservé deux lois grecques sur cet objet.
— « Ignominiosos in choro saltantes de scena deturbare fas esto.—
Hospes in choro ne saltato : si secus fecerit, choragus mille drach-
mis mulctator. » Vid. Demosth., *Leptinea.*

Ces deux lois d'Athènes avoient rapport à celle qui régloit la
condition des personnes qui pouvoient combattre dans les jeux

l'utilité que la législation pourroit retirer des plaisirs et des spectacles publics, elle y trouveroit une foule d'autres moyens propres à établir, fortifier, et étendre la passion de la gloire.

---

olympiques. Chaque athlète devoit être présenté au peuple avant d'entrer dans l'arène, et le héraut devoit crier : « Y a-t-il quelqu'un qui puisse accuser cet homme d'être esclave, voleur, ou infame ? » Si l'accusation avoit lieu, l'athlète devoit se justifier ou s'abstenir de paroître dans l'arène. Meursius, *loco citato*.

CHAPITRE XLVI.

Objection.

Approchons-nous encore davantage de l'évidence; jetons sur cette partie de la science de la législation toute la lumière dont elle est susceptible; prévenons une objection que quelques personnes ne manqueroient pas certainement de faire. Il n'y a point d'historien, de moraliste, de poëte, qui, parlant de la corruption des mœurs d'un peuple, ne l'attribue aux richesses et à leurs effets. Aucun d'eux n'a soupçonné qu'il fût possible de trouver une simple exception aux faits, aux raisonnements, et aux déclamations sur lesquels s'appuie cette opinion. L'impossibilité de créer, étendre, et soutenir, dans l'état actuel des choses, la prospérité d'un peuple, sans créer, conserver, et multiplier la richesse publique; cette impossibilité, dont j'ai tant de fois parlé dans cet ouvrage, seroit peut-être aux yeux de mes lecteurs une preuve invincible contre le système que j'ai cherché à élever.

Pour détruire cette objection, il faut examiner quelles sont les véritables causes qui ont rendu ou peuvent rendre les richesses des moyens de corruption pour les peuples; il faut voir ensuite si ces causes existeroient chez un peuple où le système de lois établi dans cet ouvrage seroit entièrement adopté. Tel est le sujet des deux chapitres suivants.

CHAPITRE XLVII.

Des causes qui ont rendu ou peuvent rendre les richesses des sources de corruption pour les peuples.

L'auteur de la nature a-t-il séparé sur la terre la vertu du bonheur, ou ne les a-t-il pas plutôt unis par des rapports inaltérables? Le vulgaire, qui croit les voir plus souvent séparés que réunis, a-t-il des idées justes de la vertu et du bonheur? Ses jugements, fondés sur l'opinion, peuvent-ils prévaloir sur ceux de la philosophie, fondés sur la vérité (1)? Quelle a été sur cet objet la manière de penser des philosophes anciens? Ont-ils jamais douté de l'union indissoluble de la vertu et du bonheur? En quoi consistoient la félicité de Socrate et la volupté d'Épicure? Si l'un cherchoit le bonheur dans la vertu, et l'autre la vertu dans le bonheur, cette différence apparente d'opinions ne supposoit-elle pas qu'ils se réunissoient en un point, celui de l'union inséparable des deux?

Tout le traité de la République de Platon, ce chef-d'œuvre de la sagesse antique, si souvent cité, tant décrié, et si mal entendu, ce tableau politique destiné à établir une seule vérité morale, n'est qu'une

______

(1) Voyez les belles idées de Platon sur cette différence de l'*opinion* et de la *vérité*, dans les sixième et septième dialogues de la République.

démonstration sublime et profonde de l'union dont je parle. L'impassibilité stoïque étoit-elle autre chose qu'un effort insensé pour rendre le bonheur indépendant des choses extérieures, pour lui donner cette constance qu'on vouloit par lui communiquer à la vertu? Les principes de Zénon et le Tableau de Cébès ne nous prouvent-ils pas que les écoles, que les sectes les plus différentes entre elles, se réunissoient sur cette idée d'union du bonheur et de la vertu (1).

Ne faisons pas au lecteur l'injure de lui démontrer de pareilles vérités; passons à l'objet pour lequel nous avons rappelé ce principe, et appliquons-le à la question dont il s'agit ici.

Pourquoi les richesses, en conduisant un peuple à la félicité, ne pourroient-elles pas le conduire à la vertu? Si l'expérience nous montre que la corruption de quelques peuples marche avec leurs richesses, quelle en est la raison? Ne doit-on pas dire que, dans ces états, les richesses, au lieu de conserver et d'accroître le bonheur de ces peuples, ont diminué et détruit celui dont ils jouissoient?

Pourquoi de ces faits particuliers et de ce principe général ne pas tirer une conséquence qui concilie les uns avec l'autre, et qui en naisse également? Pourquoi ne pas conclure que les richesses s'opposent à la vertu d'un peuple lorsqu'elles s'opposent à son bonheur, et sont utiles à sa vertu lorsqu'elles le sont à son bonheur?

____

(1) *Diog. Laert.*, lib. VII; *Epicteti Enchiridion*: *Cebetis Thebani Tabula.*

Faisons de cette conséquence le sujet de notre examen; voyons par quelles causes les richesses peuvent empêcher ou détruire le bonheur d'un peuple.

Si un peuple pauvre et vertueux subjugue un peuple riche; si l'armée victorieuse emmène dans sa patrie, avec les prisonniers, les trésors immenses dont elle les a dépouillés; si les prestations et les tributs auxquels elle les soumet prolongent et assurent les avantages de la victoire, ce passage rapide de la pauvreté aux richesses fera-t-il le bonheur de ce peuple, ou ne le privera-t-il pas plutôt de celui dont il jouissoit? Ces richesses, qui ne sont pas le produit des travaux de l'agriculture, de l'industrie de l'artisan, des spéculations du négociant, mais de la violence et de la ruse, quels effets produiront-elles sur le peuple qui s'en voit le possesseur? la haine du travail; le goût de l'inaction; la vaine recherche de tous ces plaisirs factices qui ne peuvent composer le bonheur lorsqu'ils ne sont pas préparés par le travail; l'ennui, ennemi de toute félicité comme de toute vertu; les cabales, les intrigues; et tous ces désordres devenus nécessaires à une ame oisive, pour lui faire éprouver le sentiment de son existence. L'esprit militaire et les institutions anciennes pourront résister quelque temps à la funeste action de ces forces destructives, mais ils seront à la fin obligés de succomber. Telle fut la situation de Rome et de plusieurs autres peuples de l'antiquité.

Si, par des moyens moins violents, un état acquiert des richesses, mais que, par les erreurs des lois et les vices du gouvernement, ces richesses se concentrent en un petit nombre de mains, cette inégalité de répartition sera-t-elle favorable ou contraire au bonheur du peuple? La pauvreté qu'on peut souffrir dans l'état d'égalité, ne deviendra-t-elle pas insupportable à l'aspect de l'opulence? Les privations, indifférentes en elles-mêmes lorsqu'on ne connoît pas les jouissances, ne deviendront-elles pas de vrais supplices lorsque ces jouissances seront connues? L'humiliation, se joignant à la misère, n'en rendra-t-elle pas le sentiment plus douloureux? La subsistance ne deviendra-t-elle pas plus difficile dans un état où la multitude sera pauvre, et où un petit nombre sera comblé de biens, que chez un peuple où tout le monde est dans le même état de pauvreté (1)? La liberté civile, qu'on ne peut affoiblir sans détruire la félicité sociale, pourra-t-elle conserver toute son énergie entre l'excès de l'opulence et l'excès de la misère?

Si le bonheur d'une multitude pauvre est diminué et détruit chez ce peuple, le petit nombre des riches en sera-t-il plus heureux? Objet éternel de la haine et de l'envie, leur situation leur offrira-t-elle une félicité plus réelle? L'inaction et l'ennui ne viendront-ils pas sans cesse empoisonner leurs plaisirs, déja si affoiblis par l'excessive facilité de la jouissance? La disproportion entre les besoins et les moyens de les satisfaire n'est-elle pas toujours con-

____

(1) Voyez les chap. III et IV du second livre de cet ouvrage.

4.   24

traire au bonheur? Après avoir joui et abusé de tous les plaisirs, n'arriveront-ils pas à ce point où les extrêmes se touchent, et où commence la douleur? Leur restera-t-il autre chose que l'absence de toutes les passions? La vaine et fatigante recherche de desirs nouveaux ne sera-t-elle pas aussi douloureuse pour eux que le sera pour la multitude l'inutile recherche des moyens de satisfaire ses besoins? L'activité de l'ame qui accompagne d'ordinaire la médiocrité de la fortune, et y attache un sentiment si doux, n'est-elle pas également éloignée de l'excès de la misère et de l'excès de l'opulence?

Si, après avoir considéré l'influence qu'a cette espèce de richesse sur le bonheur du peuple, nous considérons celle qu'elle a sur ses mœurs , nous verrons que la même cause qui la rend destructive du bonheur, en fait aussi une source de corruption. Lorsque les richesses tendent nécessairement à se concentrer en un petit nombre de mains, pourquoi prendroit-on la peine de les acquérir par le travail? la bassesse, l'intrigue, la fourberie, ne seront-elles pas l'unique moyen de passer de la misère à la richesse, de l'oppression à la tyrannie? Dans un tel état de choses, le pauvre qui veut devenir riche ne doit-il pas parcourir tous les degrés de l'abjection, c'est-à-dire tous les degrés de vices qu'elle suppose? La cupidité, qui peut ne pas être la passion dominante d'un peuple riche, lorsque les richesses y sont bien distribuées, pourra-t-elle ne pas l'être chez un peuple où elles sont si mal réparties? l'homme qui a les moyens de pourvoir suffisamment à ses besoins par un usage modéré de ses forces, est-il disposé à cette passion comme celui qui languit dans l'indigence? Si, chez un peuple où les richesses sont bien distribuées, les distinctions qu'elles produisent sont en petit nombre, et si elles sont très-nombreuses chez le peuple où elles sont mal réparties, dans lequel des deux seront-elles le plus desirées, le plus ambitionnées? Si l'un de ces peuples peut être dominé par des passions grandes et nobles, comme nous l'avons prouvé, en sera-t-il ainsi de l'autre? La vanité ne régnera-t-elle pas dans le petit nombre des riches, comme la cupidité dans le grand nombre des pauvres? L'ennui, qui mène à la frivolité, ne conduira-t-il pas aussi à la vanité, qui en est une suite inévitable? et ces trois forces combinées, outre les vertus qu'elles empêchent de naître, outre les vices qu'elles produisent, n'améneront-elles pas cette licence moderne des mœurs connue sous le nom de galanterie, pour terminer cet œuvre de corruption générale?

La débauche publique peut exister dans un état au milieu de l'héroïsme et de la vertu. La Grèce et Rome avoient des courtisanes dans les temps les plus célébres par les bonnes mœurs : mais la galanterie suppose l'absence de tout héroïsme et de toute vertu, parcequ'elle ne peut exister avec les passions qui les font naître; parcequ'elle est le produit d'une foule de petites passions; parcequ'elle ne peut naître et s'étendre que par l'oisiveté, l'ennui, et la frivolité. Chez un peuple où règne cette habitude de mœurs, la dépravation du sexe le plus fort se communique au sexe le plus foible, et la dépravation de celui-ci soutient, étend, et fortifie celle de l'autre.

La corruption commence par les hommes; mais les femmes, à l'instant où elles en deviennent les victimes, lui donnent une force invincible : elles la propagent par leur exemple, par leurs conseils, par le ridicule, bien plus funeste encore; par leurs graces, par l'adresse de leur esprit, par leurs larmes, par leur douleur, par leur crédit en faveur des hommes dignes de leur intérêt, par l'empire qu'elles acquièrent dans leurs familles, et qu'elles étendent ensuite sur les lois et les magistrats.

Que deviennent les mœurs, lorsque l'asile de l'innocence est violé, lorsque le sanctuaire des vertus conjugales est souillé par le vice? quel homme aura de la pudeur lorsque les femmes ne rougissent plus? quel frein aura le peuple, lorsque ceux qui devroient lui servir de modéles triomphent dans l'opprobre, et, par le plus honteux égarement de l'opinion, ennoblissent le vice et la dépravation morale?

Tel est l'état où se trouvent aujourd'hui la plupart des peuples de l'Europe. C'est ainsi que la même cause qui rend les richesses destructives de leur félicité, c'est-à-dire l'excès de l'opulence d'une part, et l'excès de la misère de l'autre, sert encore à corrompre leurs mœurs. Continuons cet examen.

Si dans un état qui posséde des mines abondantes, et une balance de commerce extrêmement avantageuse, les lois n'ont pas su donner un écoulement convenable à la quantité superflue de numéraire qui s'y accumule, quel sera l'effet de cet excès de richesse sur le bonheur du peuple? La prospérité apparente et éphémère qu'elles lui auront donnée, ne se changera-t-elle pas bientôt en une véritable calamité? Lorsque l'avilissement du numéraire aura fait croître sans mesure le prix des denrées et des ouvrages manufacturés ; lorsque ne pouvant plus soutenir la concurrence de l'étranger, ils ne pourront plus être ni transportés au-dehors, ni consommés au-dedans, que deviendra le citoyen au milieu de ses trésors (1)? Propriétaire, il ne pourra cultiver son domaine ; cultivateur, il ne trouvera plus à employer ses bras ; artisan, il ne pourra plus exercer son art ; négociant, il ne saura à quoi consacrer son activité et ses spéculations : misérable et inoccupé, la richesse publique ne sera qu'un mot pour lui, et il ne sentira que le poids de la pauvreté individuelle : il renoncera au travail, parcequ'il ne saura pour qui travailler ; et lorsque cet excès de richesse aura disparu, il continuera de détester le travail, par l'habitude d'inaction qu'il aura contractée. L'oisiveté rendra plus terrible encore l'influence de l'ennui, de la frivolité, de la vanité, de la galanterie. Le goût de l'inaction perpétuera la misère ; la misère diminuera le nombre des mariages, et étendra l'esprit de débauche. Telle est la situation de plusieurs peuples de l'Europe.

De quelque manière que nous dirigions nos observations, nous trouverons toujours que les causes

____

(1) Voyez le chap. XXXVIII du second livre de cet ouvrage.

qui peuvent rendre les richesses d'un peuple destructives de sa félicité, sont les mêmes que celles
qui corrompent ses mœurs.

Mais ces causes existeroient-elles chez un peuple
où le système de lois, qui est l'objet de cet ouvrage,
seroit adopté ? Ses richesses, créées et réparties par
les moyens que nous avons proposés, n'ajouteroient-
elles pas à son bonheur, et par ce bonheur à ses
vertus ?

CHAPITRE XLVIII.

De l'absence de ces causes chez un peuple où seroit adopté le système de législation qui est l'objet de cet ouvrage.

Lorsque dans le second livre de cet ouvrage nous nous sommes occupés des richesses, et des moyens de les faire naître et de les distribuer dans un état, quelle est l'idée que nous avons attachée à cette expression? quelle est l'idée que nous nous sommes formée d'un peuple riche? quelle est la richesse que nous avons desiré de faire naître? quelle est celle que nous avons cru devoir être proscrite.

Nous n'avons pas proposé à un peuple pauvre la conquête d'un peuple riche; nous n'avons pas considéré la force des armes et les dépouilles de la guerre comme une source de fortune publique; nous n'avons pas mis toutes ces choses au nombre des moyens qui doivent amener dans l'état des richesses nouvelles.

Nous n'avons pas appelé riche le peuple où l'on trouve un petit nombre d'hommes opulents, et un grand nombre de pauvres.

Loin de vanter la prospérité d'un peuple, parceque la richesse de ses mines, ou les profits de son commerce lui ont procuré une quantité excessive de numéraire, nous avons montré les maux qui naissent de cet excès, et les moyens de le prévenir ou de le détruire.

Nous avons cherché les richesses dans l'agriculture, dans les arts, et dans le commerce, dans les revenus solides et paisibles du travail des hommes, et de leur industrieuse et énergique activité. Nous avons appelé riche le peuple où les richesses dérivent de cette source, et où elles sont assez bien distribuées pour que chaque citoyen, par un travail modéré de sept à huit heures par jour, puisse facilement pourvoir à ses besoins et à ceux de sa famille, et où la quantité de numéraire existante ne soit ni par défaut, ni par excès, contraire à la jouissance et à la conservation de cet état de prospérité.

Pour y parvenir, nous avons indiqué des lois propres à diviser les propriétés, et à multiplier les propriétaires ; à détruire ces grandes masses qui font l'opulence de quelques-uns, et la misère de tous ; à mettre dans la circulation des fonds qui aujourd'hui restent concentrés dans les mêmes mains ; à séparer et vendre ce qui aujourd'hui est indivisible et inaliénable.

En détruisant les obstacles qui s'opposent aux progrès de l'agriculture, des arts, et du commerce, ces lois feroient disparoître tous les maux qui créent les misérables et les oisifs ; qui détruisent la proportion qui doit exister entre le travail et le salaire, pour que ce travail soit agréable, utile et commun ; qui anéantissent l'industrie, parcequ'ils la privent de a liberté nécessaire à son mouvement et à ses effets ; qui, en un mot, condamnent une partie de la nation à l'oisiveté, et l'autre à l'indigence, et les con-

duisent toutes deux aux malheurs et aux vices qui
doivent naître de pareilles sources.

De bonnes lois substitueroient à cette foule de
maux des avantages propres à donner au peuple
l'activité sans laquelle il n'est point de bonheur, l'é-
nergie sans laquelle il n'est point de vertu. Fermier
ou propriétaire, négociant ou artisan, le citoyen,
également éloigné et de l'excès du travail et de l'oisiveté, trouveroit dans les différents objets de son
occupation et de son industrie un moyen de bonheur, un appui à sa vertu. Le besoin de vivre, ou
le desir d'améliorer son sort, ne le conduiroit pas
dans la demeure du riche, et ne l'entraîneroit pas
dans les combinaisons de l'intrigue et les expédients
de la bassesse. Les forces de son corps et les facultés
de son esprit lui offriroient des moyens plus faciles
de vivre, ou de plus grandes espérances.

Les capitales ne seroient plus le gouffre des richesses et des hommes : les uns et les autres se dis-
tribueroient plus également par les mêmes moyens.
Les villes seroient moins peuplées; les campagnes
le seroient davantage; et les hommes, plus unis et
moins pressés, trouveroient dans cette situation nouvelle la paix, le bonheur, et la vertu.

La richesse publique et l'absence de l'oisiveté, en
multipliant les mariages et empêchant la galanterie, seroient pour les hommes et pour les femmes
une source de félicité, et établiroient dans les foyers
domestiques le doux empire des bonnes mœurs.

Les larmes de l'indigence et les peines de l'ennui
ne fermeroient plus l'ame des citoyens aux deux

passions qui doivent les dominer, si l'on veut que
la vertu domine. L'amour de la patrie et l'amour
de la gloire seroient fortifiés et par le sentiment du
bonheur, et par l'élévation que ce sentiment donne
à l'ame, et par l'énergie que cet état de prospérité
communiqueroit à toutes les classes du peuple (1).

Les impositions que nous avons proposées, soit
par leur nature ou leur quotité, soit par leur mode
de perception, n'empêcheroient aucun de ces effets,
n'accoutumeroient aucune portion des citoyens aux
injustices, aux oppressions, aux fraudes, et ne produiroient aucun des innombrables malheurs qui
naissent de cette source, et des vices qui naissent de
ces malheurs.

Le luxe, que nous avons regardé comme un
moyen de faciliter la répartition et l'équilibre des
richesses, ne consisteroit pas en cette vaine ostentation qui diminue les plaisirs de la vie au lieu de
les accroître, et ne sert qu'à nourrir la vanité. Les
lois, protectrices de l'agriculture, des arts, et du commerce, feroient sortir des antichambres du riche
cette foule d'hommes inutiles qui y sont entassés;
ces lois mêmes préserveroient une nation entière du
poison de la vanité, en séparant l'ostentation du
luxe. Le luxe, réduit à la jouissance des choses qui
augmentent le bien-être et les simples et utiles plaisirs de la vie, auroit alors une influence favorable
sur la félicité, et par conséquent sur les mœurs. Le
lien qui unit le bonheur et la vertu se manifesteroit

---

(1) Voyez les chap. XLII et XLIV de ce livre.

encore par l'aliment que le luxe donneroit aux beaux-arts, et par les effets résultants du rapport secret qui existe entre le beau et le bon.

L'empire de l'amour de la gloire et de l'amour de la patrie, s'étendant sur tous les objets des actions civiles, s'exerceroit encore dans l'usage des richesses particulières. Une route publique à construire, un édifice public à élever, une calamité générale à réparer, une famille respectable à secourir, une découverte utile à encourager : tels seroient souvent les objets de dépenses des hommes riches, et de leur bienfaisante et honorable émulation. La seule nation de l'Europe où ces deux passions conservent encore quelque énergie, quoiqu'elles y soient bien loin de ce qu'elles pourroient être dans un autre système de législation, nous offre plusieurs faits de cette nature qui suffisent pour justifier nos espérances. Les souscriptions libres, si fréquentes en Angleterre, et si rares ailleurs ; ces souscriptions qui tant de fois ont protégé la sûreté de la nation et en ont maintenu la gloire ; ces souscriptions qui distinguent si bien les riches d'Angleterre de ceux des autres nations, nous montrent assez comment les richesses peuvent nourrir les vertus, lorsque la vertu est elle-même nourrie par les passions.

Concluons. On voit aisément d'après tout ce que nous avons dit, qu'aucune des causes qui peuvent faire des richesses une source de corruption publique, n'existeroit chez un peuple qui auroit adopté le système de législation que nous avons tracé ; que loin de produire aucun mal, ces richesses y deviendroient un instrument de félicité générale : elles étendroient l'empire des vertus en créant le bonheur ; elles y éterniseroient en quelque sorte l'union de la volonté avec le devoir.

Dans le nombre des causes qui doivent concourir à produire cet effet, nous avons indiqué l'instruction publique. Voyons donc quelle en seroit l'influence ; voyons quelle direction et quel encouragement les lois devroient lui donner.

FIN DU TOME QUATRIÈME.

TABLE

DES MATIÈRES ET DES CHAPITRES

CONTENUS DANS CE VOLUME.

LIVRE QUATRIÈME.

Des lois relatives à l'éducation, aux mœurs, et à l'instruction publique.

PREMIÈRE PARTIE.

Des lois relatives à l'éducation.

Chap. I.   Pag. 1

Chap. II. Des avantages et de la nécessité de l'éducation publique.   11

Chap. III. De l'universalité de l'éducation publique.   19

Chap. IV. De la possibilité de cette entreprise.   22

Chap. V. De la répartition du peuple.   24

Chap. VI. Différences générales entre l'éducation des deux classes principales du peuple.   25

Chap. VII. Vues générales sur l'éducation de la première classe.   28

Chap. VIII. Établissements relatifs à l'admission et à la distribution des enfants de cette première classe.   33

Chap. IX. Idées générales sur l'éducation physique de la première classe.   47

    Art. i. De la nourriture.   50

    Art. ii. Du sommeil.   54

    Art. iii. Du vêtement et de la propreté.   57

    Art. iv. Des exercices.   59

    Art. v. De l'inoculation de la petite vérole.   67

Chap. X. Idées générales sur l'éducation morale de la première classe.   69

   Art. i. Des instructions et des discours moraux.   71

   Art. ii. De l'exemple.   83

   Art. iii. Lectures qui devroient être prescrites aux enfants de cette classe.   86

   Art. iv. Des récompenses.   89

   Art. v. Des châtiments.   95

   Art. vi. De la religion.   101

Chap. XI. Règles générales sur l'éducation scientifique de cette première classe.   105

Chap. XII. Instructions particulières pour les élèves des différentes classes secondaires dans lesquelles cette première classe est subdivisée.   109

Chap. XIII. De la distribution des heures.   115

Chap. XIV. De la durée et du terme de l'éducation de cette classe.   120

Chap. XV. Des cérémonies de l'émancipation publique, et de la manière dont elles doivent être réglées par la loi.   122

Chap. XVI. Moyens de fournir aux dépenses qu'exige ce plan d'éducation populaire.   131

Chap. XVII. De l'éducation de la seconde classe.   136

Chap. XVIII. De l'établissement et de la distribution des colléges pour les élèves de la seconde classe.   140

Chap. XIX. Du lieu que l'on doit préférer pour l'établissement de ces colléges.   143

Chap. XX. De la magistrature d'éducation pour cette seconde classe.   145

Chap. XXI. De l'admission des enfants de cette seconde classe, et de leur destination.   146

Chap. XXII. Idées générales sur l'éducation physique de la seconde classe.   148

   Art. i. De la nourriture.   ibid.

   Art. ii. Du sommeil.   149

   Art. iii. Du vêtement et de la propreté.   ibid.

   Art. iv. Des exercices.   150

Chap. XXIII. Règles générales sur l'éducation morale de la seconde classe.   153

   Art. i. Des instructions et des discours moraux.   ibid.

   Art. ii. De l'exemple.   159

   Art. iii. Lectures qu'on doit proposer pour les élèves de cette classe.   162

Chap. XXIII. Principes généraux par lesquels on doit régler le système de l'éducation scientifique de la seconde classe. 165

Chap. XXIV. Système d'éducation scientifique pour le collège des magistrats et des guerriers. 170

  Art. i. Des instructions de la première année. 171

  Art. ii. Des instructions de la seconde année. 172

  Art. iii. De l'instruction de la troisième année. 176

  Art. iv. Des instructions de la quatrième année. 180

  Art. v. Des instructions de la cinquième, sixième et septième année. 183

  Art. vi. Des instructions de la huitième année. 198

  Art. vii. Des instructions des sept dernières années. 203

Chap. XXVI. Du collège de marine. 255

Chap. XXVII. Du collège des négociants. 257

Chap. XXVIII. Du collège des médecins. 259

Chap. XXIX. Du collège des chirurgiens. 267

Chap. XXX. Du collège des pharmaciens. 270

Chap. XXXI. Du collège des beaux-arts. 273

Chap. XXXII. Du collège des prêtres. 297

Chap. XXXIII. De l'émancipation publique des élèves de cette seconde classe. 299

Chap. XXXIV. De l'éducation des femmes. 300

SECONDE PARTIE.

Des lois relatives aux mœurs.

Chap. XXXV. Objet de cette partie de la science de la législation. 306

Chap. XXXVI. De la possibilité de remplir l'objet indiqué. 308

Chap. XXXVII. De l'unique passion originaire de l'homme, et des effets de ses modifications dans les diverses passions dominantes des différents peuples. 312

Chap. XXXVIII. Des circonstances physiques, morales et politiques qui concourent à former les passions dominantes des peuples, et de la double et principale influence de la législation. 315

Chap. XXXIX. De la liaison des idées précédentes, et de l'examen auquel elles conduisent. 324

Chap. XL. De l'influence des passions dominantes du peuple sur l'objet indiqué. 327

Chap. XLI. Suite du même sujet. Des passions déterminantes. 329

Chap. XLII. De l'amour de la patrie, et de l'influence qu'a sur cette passion la sagesse des lois et du gouvernement. 334

Chap. XLIII. Suite du chapitre précédent. Des effets de l'amour de la gloire dans un peuple où règne l'amour de la patrie. 340

Chap. XLIV. Des moyens que la législation doit employer pour faire naître, établir, et fortifier la passion de la gloire. 343

Chap. XLV. Continuation du même sujet. 355

Chap. XLVI. Objection. 365

Chap. XLVII. Des causes qui ont rendu ou peuvent rendre les richesses des sources de corruption pour les peuples. 366

Chap. XLVIII. De l'absence de ces causes chez un peuple où seroit adopté le système de législation qui est l'objet de cet ouvrage. 375

FIN DE LA TABLE DU TOME QUATRIÈME